## Eine Frage der Herkunft.
Drei Bremer Sammler und die Wege ihrer Bilder im Nationalsozialismus

# Eine Frage der Herkunft.
## Drei Bremer Sammler und die Wege ihrer Bilder im Nationalsozialismus

Herausgegeben von
Dorothee Hansen und
Brigitte Reuter

KUNSTHALLE BREMEN                    WIENAND

# Leihgeber

Galerie Michael Haas, Berlin
    Michael Haas, Christina Haas
Focke-Museum. Bremer Landesmuseum für Kunst und Kulturgeschichte
    Frauke von der Haar, Karin Walter
Übersee-Museum Bremen
    Wiebke Ahrndt, Silke Seybold
Staats- und Universitätsbibliothek Bremen
    Maria Elisabeth Müller, Joachim Drews
Landesmuseum für Kunst- und Kulturgeschichte Oldenburg
    Rainer Stamm, Marcus Kenzler
Galerie Cohrs-Zirus, Worpswede
    Wilfried Cohrs, Ingrid Cohrs-Zirus
Sowie private Leihgeber, die nicht genannt werden möchten

Mit freundlicher Unterstützung von

**ART MENTOR** FOUNDATION LUCERNE

# Inhalt

6 Vorwort und Dank

8 „Wider das Materielle der Zeit" –
Arnold Blome als Kunsthändler und Sammler in Bremen
*Brigitte Reuter*

38 Ein „fanatischer Bilderliebhaber" –
der Bremer Kaufmann Heinrich Glosemeyer
*Brigitte Reuter*

58 „Unser Vertrauensmann in Amsterdam" –
der Bremer Jurist und Kaufmann Hugo Oelze
*Brigitte Reuter*

74 „Look! There's Nothing To It" – der Künstler Arnold Blome
*Henrike Hans*

94 Der Oldenburger Direktor und sein Mäzen Arnold Blome –
Stationen eines gemeinsamen Weges
*Marcus Kenzler*

100 Das Vermächtnis von Helene und Arnold Blome im Focke-Museum
*Karin Walter*

102 „Hiermit danken wir Ihnen vielmals" –
Arnold Blome und das Übersee-Museum Bremen
*Silke Seybold*

105 Verdächtige Erwerbungen. Arnold Blome und die Provenienzforschung
an der Staats- und Universitätsbibliothek Bremen
*Joachim Drews*

106 Im Dienst der Provenienzforschung –
Analyse und Dokumentation von Gemälderückseiten
*Anke Preußer*

108 Katalog der Werke mit ihren Provenienzen
*Brigitte Reuter*

120 Anhang
Abkürzungen, Archivbestände, Bibliografie, Datenbanken
Namensregister
Dank
Abbildungsnachweis
Impressum

## Vorwort und Dank

Provenienzforschung – also die Recherche nach den Vorbesitzern von Kunstwerken – beschäftigt nicht erst seit dem spektakulären Bilderfund in München 2013 die deutschen Museen. Bereits Ende 2010 startete an der Kunsthalle Bremen ein Forschungsprojekt, das für drei Jahre vom Beauftragten der Bundesregierung für Kultur und Medien durch die Stiftung Preußischer Kulturbesitz aufgrund eines Bundestagsbeschlusses gefördert wurde. Das Projekt, das von Dorothee Hansen konzipiert und von ihr koordiniert wurde, befasste sich mit den drei Bremer Sammlern und Kunsthändlern Arnold Blome, Heinrich Glosemeyer und Hugo Oelze, die während der Zeit des Nationalsozialismus und auch danach der Kunsthalle zahlreiche Werke geschenkt oder verkauft haben. Die Kunsthistorikerin Brigitte Reuter untersuchte im Rahmen des Projekts die Herkunft dieser Gemälde, Skulpturen und Handzeichnungen: Es ging um die Frage, ob sie ehemals Verfolgten des Nationalsozialismus, insbesondere jüdischen Sammlern, gehört haben, die beraubt wurden oder gezwungen waren, ihre Kunstwerke zu veräußern.

Der Kunstverein in Bremen als privater Träger der Kunsthalle und Eigentümer der Sammlung bekennt sich zu der Washingtoner Erklärung von 1998 und der darauffolgenden „Erklärung der Bundesregierung, der Länder und der kommunalen Spitzenverbände zur Auffindung und zur Rückgabe NS-verfolgungsbedingt entzogenen Kulturgutes, insbesondere aus jüdischem Besitz" vom 14. Dezember 1999. Damit setzt er sich zum Ziel, die Sammlung auf die Herkunft der Werke zu überprüfen und diese gegebenenfalls an die Erben der ursprünglichen Eigentümer zu restituieren.

Das jetzt abgeschlossene Forschungsprojekt ist ein erster Schritt in diese Richtung. Aufgrund der Ergebnisse wurden die beiden Zeichnungen *Rückenfigur einer Frau in faltigem Gewand* von Giacomo Cavedone und *Madonna mit Kind* von Francesco Trevisani an die Erben des jüdischen Sammlers Michael Berolzheimer zurückgegeben. Zwei weitere barocke Zeichnungen aus der Sammlung Berolzheimer sowie eine aus der jüdischen Sammlung Siegfried Lämmle ließen sich gleichfalls als verfolgungsbedingt entzogene Werke in der Sammlung des Kunstvereins identifizieren. Sie befinden sich jedoch nicht mehr im Museum, denn sie waren während des Zweiten Weltkriegs auf Schloss Karnzow in Brandenburg ausgelagert, das von sowjetischen Soldaten geplündert wurde. Zwei dieser Zeichnungen sind daher verschollen, eine befindet sich in der sogenannten Sammlung Baldin in Moskau.

Diese Konstellation ist charakteristisch für die Komplexität der historischen Umstände: Einerseits hat der Kunstverein in Bremen selbst nach dem Zweiten Weltkrieg immense Verluste erlitten, andererseits hat er – zumindest in einigen Fällen – von der gewaltsamen Enteignung jüdischer Sammlungen profitiert. So kämpft der Verein auf der einen Seite um die Rückgabe seiner verlorenen Werke, andererseits ist er aus moralischen Gründen bestrebt, historisches Unrecht wieder gutzumachen. Sollte daher der Kunstverein die verschollenen Zeichnungen aus den Sammlungen Berolzheimer und Lämmle zurückerhalten, so würde er sie umgehend an die Erben der jüdischen Vorbesitzer restituieren.

Die Ergebnisse des Bremer Forschungsprojekts gehen jedoch über die reine Prüfung der einzelnen Werkprovenienzen hinaus. So wurden die völlig unbekannten Biografien der drei Männer Arnold Blome, Heinrich Glosemeyer und Hugo Oelze erstmals erforscht. Sie erzählen ein Stück bremische Kulturgeschichte, das bisher im Dunkeln lag, und stellen mit Arnold Blome einen äußerst modernen und zugleich zeitkritischen Künstler vor, dessen Werk kaum bekannt war.

Diese Informationen kommen auch anderen Museen und Bibliotheken in Bremen und der Region zugute, die gleichfalls Kunstwerke, Bücher oder Archivalien von diesen drei Sammlern in ihren Beständen haben und die dadurch zu eigenen Forschungen motiviert wurden. So begann 2011 das Oldenburger Landesmuseum für Kunst und Kulturgeschichte mit der Untersuchung seiner Bestände, in denen alle drei Bremer Sammler mit Werken vertreten sind. Auch am Bremer Focke-Museum und dem Übersee-Museum sind deren Spuren zu finden, und die Staats- und Universitätsbibliothek Bremen beginnt noch in diesem Jahr ein eigenes Forschungsprojekt zu den Provenienzen von Büchern aus dem Besitz Arnold Blomes. Die Verbindungen der drei Bremer Sammler reichen aber auch weit über Bremen hinaus, unter anderem nach Amsterdam, Basel, Berlin, Cottbus, Hamburg, Hannover, München und bis zum sogenannten Führermuseum, das Adolf Hitler in Linz bauen wollte. Durch die enge Kooperation und digitale Vernetzung der Provenienzforscher bieten die Bremer Recherchen daher vielfache Synergieeffekte, und auch die Bremer Untersuchungen haben von dieser Zusammenarbeit profitiert.

Aus mehreren Gründen erschien es daher sinnvoll, das Forschungsprojekt der Kunsthalle Bremen im Rahmen einer Ausstellung und eines Kataloges bekannt zu machen. Zum einen geht es darum, das komplizierte Thema der Provenienzforschung einem breiten Publikum anschaulich zu vermitteln, zumal das Interesse seit dem spektakulären Fall Gurlitt ebenso groß ist wie die Verwirrungen und Gerüchte, die sich darum ranken. Zum anderen halten wir es für wichtig, die Ergebnisse des Projektes nicht in Form von Aktennotizen in den Archiven der Kunsthalle verschwinden zu lassen, sondern sie der Öffentlichkeit dauerhaft zugänglich zu machen. Mit der Ausstellung und Publikation zu dem Kunsthändler Alfred Flechtheim und den von ihm erworbenen Werken in der Kunsthalle wurde im letzten Jahr bereits ein beeindruckender Anfang gemacht.

Viel ist noch zu tun, das ist uns bewusst. Wir freuen uns über alle Hinweise, die durch diese Ausstellung und den Katalog angeregt und an uns gerichtet werden. Zugleich arbeitet die Kunsthalle weiter am Thema. Gefördert vom Beauftragten der Bundesregierung für Kultur und Medien untersucht Brigitte Reuter nun systematisch sämtliche Gemälde der Kunsthalle Bremen auf verdächtige Indizien, um in einem zweiten Schritt gezielte Detailforschung bei den betreffenden Werken vorzunehmen. Wir hoffen sehr, dass diese Tätigkeit auch in Zukunft noch weiter unterstützt wird, da der private Kunstverein nicht die Möglichkeiten hat, diese Forschungen allein zu finanzieren. Unser erster Dank richtet sich daher an den Beauftragten der Bundesregierung für Kultur und Medien für die intensive Unterstützung. Insbesondere danken wir ganz herzlich Uwe Hartmann, dem Leiter der Arbeitsstelle für Provenienzforschung, der unser Projekt mit großem Vertrauen, Wohlwollen und Motivation über all die Jahre begleitete.

Die Ausstellung und der Katalog wären nicht möglich gewesen ohne die großzügige finanzielle Unterstützung der Art Mentor Stiftung. Auch die Freie Hansestadt Bremen beteiligte sich an den Kosten der Ausstellung und belegt damit ihr Engagement für das Thema. Dafür sei herzlich gedankt.

Wir freuen uns sehr, dass sich auch andere Institutionen aus Bremen und der Region an der Ausstellung und dem Katalog beteiligen. Unser Dank gilt den Direktorinnen und Direktoren sowie den engagierten Mitarbeiterinnen und Mitarbeitern des Bremer Focke-Museums, des Übersee-Museums, der Staats- und Universitätsbibliothek Bremen sowie dem Landesmuseum für Kunst und Kulturgeschichte Oldenburg für die anschaulichen Texte und die Leihgaben aus ihren Häusern und natürlich den privaten Leihgebern. Insbesondere zu nennen sind die Galerie Michael Haas in Berlin, die sich intensiv um das künstlerische Werk von Arnold Blome bemüht, und Peter Oertel, der uns seine Materialien und Recherchen über Arnold Blome zur Verfügung gestellt hat. Ganz herzlicher Dank gilt Vera und Fritz Vehring: Sie nahmen die Ausstellung zum Anlass, der Kunsthalle ein bedeutendes Konvolut an Arbeiten Arnold Blomes zu schenken.

Dorothee Hansen, die diese Ausstellung federführend konzipiert und realisiert hat und auch die Publikation verantwortet, sind wir zu großem Dank verpflichtet. Sie hat dieses Projekt mit viel Elan, unermüdlichem Einsatz und dem ihr eigenen Scharfsinn auf großartige Weise umgesetzt. Dank gebührt genauso unserer Provenienzforscherin Brigitte Reuter. Mit wissenschaftlicher Kompetenz und großer Ausdauer recherchierte sie in Archiven, Bibliotheken und Datenbanken nach Spuren der Bremer Bilder. Als Mitglied des Arbeitskreises für Provenienzforschung ließ sie andere Wissenschaftler an ihren Arbeitsergebnissen teilhaben und repräsentierte die Kunsthalle Bremen als ein aktives Museum in diesem fachlichen Forum. Gleiches gilt für unsere Restauratorin Anke Preußer, die bei der Analyse der Bildrückseiten half. Danken möchten wir auch unserer wissenschaftlichen Volontärin Henrike Hans, die das Ausstellungsprojekt und den Katalog tatkräftig unterstützte und neue Recherchen über Arnold Blome als Künstler beigesteuert hat. Sie konnte im Rahmen ihrer Ausbildung wichtige Einblicke in die Methoden und Ziele der Provenienzforschung erhalten, die für ihre späteren Tätigkeiten von großem Nutzen sein werden.

Provenienzforschung ist nicht nur, aber insbesondere für den Kunstraub im Zusammenhang mit der Zeit des Nationalsozialismus von großer Bedeutung. Anliegen und wichtiges Ziel unserer Ausstellung ist es, das Bewusstsein von der Notwendigkeit der Provenienzforschung bei den Menschen zu verankern, sodass es zu einer Selbstverständlichkeit in der zukünftigen Museumsarbeit wird.

Bernd Schmielau
*Vorsitzer*

Christoph Grunenberg
*Direktor*

# „Wider das Materielle der Zeit" – Arnold Blome als Kunsthändler und Sammler in Bremen

*Brigitte Reuter*

„Vermächtnis Helene und Arnold Blome" – diesen Sammlerstempel findet man auf zahlreichen Objekten in den Museen und Bibliotheken in Norddeutschland, insbesondere in Bremen und Oldenburg, und auch im Kunsthandel der letzten Jahrzehnte ist Arnold Blome eine häufig angegebene Provenienz (Abb. 1).[1] Als Hauptbegünstigte erhielt die Kunsthalle Bremen in den Jahren 1947 bis 1948 insgesammt 33 Gemälde, 92 Papierarbeiten und eine Skulptur aus dem Vermächtnis. Bereits während des Nationalsozialismus war Blome als Kunsthändler und Kommissionär für die Kunsthalle tätig gewesen und hatte sechs Gemälde und 331 Arbeiten auf Papier an das Museum verkauft. Die vormalige Herkunft der gesamten Erwerbungen von Blome war bisher nicht bekannt.

**1** Sammlerstempel Arnold Blome, verwendet für Gemälde von 1947 bis 1960

Auch die Person und die Lebensgeschichte Arnold Blomes (1894–1972) waren bisher kaum erforscht. In der Nachkriegszeit hatte sich Blome zu einer schillernden Persönlichkeit entwickelt. Seinen Lebensstil als Künstler, Sammler und Bohemien spiegelt seine Wohnung im Bremer Steintorviertel (Abb. 3): Als Kombination aus privatem Domizil, Atelier und Galerie füllte Blome sie im Laufe der Jahre in der Art eines expressionistischen Gesamtkunstwerks mit unzähligen Bildern und Büchern. Wie das Klischee eines Pariser Künstlerateliers auf dem Montmartre war sie nur mit dem absolut Lebensnotwendigen ausgestattet. Damit wird sie zum Gleichnis für den Versuch Arnold Blomes, im geistigen Einklang mit seiner Kunst und seiner sozialistisch geprägten Weltanschauung zu leben. Dabei wollte er in Ablehnung des Materiellen dem Menschlichen und der Utopie einer besseren Zukunft dienen – in den Jahren des bundesdeutschen Wirtschaftswunders mit Sicherheit ein ungewöhnliches und von vielen Zeitgenossen mit Misstrauen beobachtetes Lebensexperiment.

Im Sommer 1966 wurde Blome durch seine Weigerung, die Kündigung seiner Wohnung zu akzeptieren, in der Bremer Öffentlichkeit bekannt.[2] Das Haus Vor dem Steintor 25, in dem er seit mehr als drei Jahrzehnten gelebt hatte,[3] sollte einem lukrativen Neubau weichen (Abb. 2). Blome kämpfte monatelang verzweifelt dagegen an. Schließlich resignierte er und erwarb das Wohnhaus St. Pauli Straße 44, wo er bis zu seinem Tod 1972 lebte.[4] Er bekam damals viel Unterstützung, nicht nur von den Kulturinstitutionen der Stadt.[5] Sein persönlicher Konflikt mit dem Hausbesitzer spiegelte das Aufbegehren vieler Menschen gegen den Abriss historischer Stadtviertel in dieser Zeit und die Kritik an der Immobilienspekulation Ende der 1960er Jahre.

Dem sozialkritischen Zeitgeist entsprechend wurde seine Geschichte von der regionalen, aber auch von der Berliner Presse aufgegriffen (Abb. 4).[6] In einem leidenschaftlichen Interview mit der *Bremer Illustrierten* – „... sonst bleibt mir nur der Freitod!" – erzählte Blome ausführlich von seinem Leben, besonders von seiner Jugend als Matrose, seinem eigenen künstlerischen Werk und seiner Sammlung, die er in Kooperation mit der Kunsthalle Bremen und dem Landesmuseum Oldenburg aufgebaut hatte.[7] Die wunderbaren Porträts des Fotografen Peter Stelljes interpretieren Blome als altersweisen Philosophen in der Tradition der großen Sozialkritiker ihrer Zeit wie etwa Friedrich Nietzsche (Abb. 5–8). Die hier geschilderte subjektive Sicht auf sein Leben bestimmte seitdem das Bild der Öffentlichkeit von der Person und der Kunstsammlung Blome. Doch inwieweit entspricht dies den historischen Fakten?

### „Eine wilde tolle Zeit"[8] – Kindheit, Jugend und Erster Weltkrieg

Arnold Blome wurde am 10. Juli 1894 in dem kleinen Dorf Ellen bei Osterholz geboren, das damals zur bremischen Landgemeinde Oberneuland gehörte.[9] Hermann Arnold Blome war der einzige Sohn von Sophie Maria Blome (1872–1939), geborene Meyer, und Hermann Arnold Blome (1870–1909).[10] Das Ehepaar betrieb eine Bäckerei am Hilgeskamp 41g.[11]

Arnold Blome als Kunsthändler und Sammler in Bremen 9

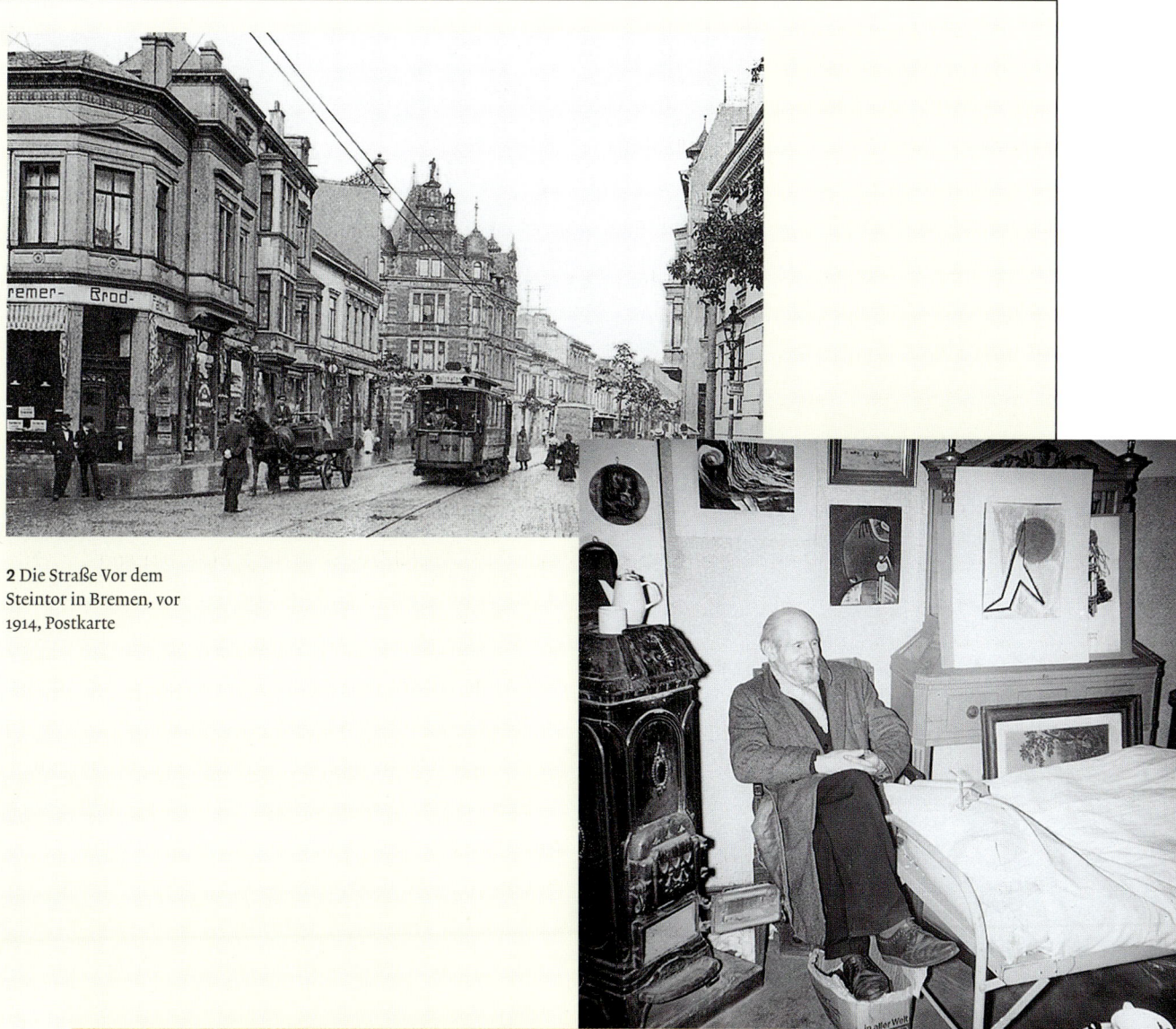

**2** Die Straße Vor dem Steintor in Bremen, vor 1914, Postkarte

**3** Arnold Blome (1894–1972) in seiner Wohnung Vor dem Steintor 25, Bremen, 1960er Jahre

**4** Artikel in den *Bremer Nachrichten* vom 6. Juli 1966

**5– 8** Peter Stelljes, Porträts Arnold Blome, Fotografien, 1966

Aufgrund der Berufstätigkeit beider Eltern und wohl auch aufgrund der schlechten Gesundheit der Mutter nach seiner schweren Geburt verbrachte Blome während seiner Kindheit viel Zeit bei den Großeltern väterlicherseits in der benachbarten Gastwirtschaft Blome am Hilgeskamp 41e[12]. Dieses soziale Umfeld prägte ihn im Gegensatz zum elterlichen Geschäftshaushalt nachhaltig. So berichtete er 1970 rückblickend, dass ihn die politischen Versammlungen der Arbeiter früh vom Sozialismus überzeugt hätten: „Meine Großeltern hatten einen großen Betrieb, auch eine Gastwirtschaft, in der nur Arbeiter verkehrten [...]. Die Arbeiter gingen bei uns ein und aus und hatten bei uns ihre politischen Versammlungen und ich saß abends bei Ihnen unter der roten Fahne und hatte dem unverstandenen Karl Marx sein Kapital in meinem Bücherschrank stehen."[13]

Gegen den Willen der Mutter, aber mit Unterstützung seines Vaters fuhr er nach dem Abschluss der achtjährigen Gemeindeschule zu Osterholz mit 14 Jahren zur See.[14] Zur Ausbildung als Schiffsjunge ging er am 11. Mai 1909 an Bord des Schulschiffs Großherzogin Elisabeth „für eine Reise nach der Nord- und Ostsee und weiter" (Abb. 9).[15]

Nach seiner Rückkehr am 18. März 1910 zwang ihn die Mutter, die Seefahrt aufzugeben und anstelle des verstorbenen Vaters in der Bäckerei zu arbeiten.[16] Blome hielt es gerade mal ein gutes Jahr in Bremen aus[17] und ging dann nach einem heftigen Streit mit der Mutter bei Nacht und Nebel zurück zur See.[18] Anlass für den Streit und die damit verbundenen ersten Prügel seines Lebens sei gewesen, dass er im „mütterlichen Betrieb den Sozialismus propagiert" hätte.[19] Da seine Mutter die Ausweispapiere und das Seefahrtsbuch nicht herausgab, blieb Blome nach eigenem Bericht nichts anderes übrig, als auf einem englischen „Seelenverkäufer" anzuheuern und sich bis zum Ausbruch des Ersten Weltkriegs auf den Weltmeeren herumzutreiben: „Eine tolle aber schöne Zeit meine Jugend aber dann kam der erste Weltkrieg und es gab keinen tango mehr für uns [...]"[20] Zwischenzeitlich kehrte Blome jedoch auch immer wieder für einige Monate nach Bremen zurück.[21]

Am 1. Oktober 1915 wurde Arnold Blome in die IV. Matrosenartillerieabteilung Cuxhaven einberufen.[22] Während des Ersten Weltkriegs war es deren Aufgabe, die Küstenartillerie, Minensperren und Torpedobatterien, zu bedienen.[23] Nach dem Ende des Krieges im Sommer 1918 blieb Blome noch einige Monate lang als Reservist im Dienst und wurde erst am 9. Dezember 1918 „bis auf Weiteres ohne Gebührnisse nach Bremen, Seilerstraße 20, beurlaubt".[24] Wenn Blome später auf seine Kriegserlebnisse angesprochen wurde, betonte er stets, dass ihn der „Große Weltkrieg" zum Pazifisten gemacht habe.[25]

### Die 1920er Jahre in Bremen

Nach dem Krieg begann Blome ein neues Leben. Mit 24 Jahren heiratete er am 31. Dezember 1918 die zwei Jahre jüngere Friseurin Helene Minna Rademann (1896–1946) im Standesamt 1 in Bremen.[26] Das junge Paar wohnte im Haus von Helenes Mutter in der Seilerstraße 20 im Steintorviertel.[27] Der Vater, der Musiker Ferdinand Franz Carl Theodor Rademann, war bereits 1913 im Alter von 59 Jahren gestorben.[28]

**9** Schulschiff Großherzogin Elisabeth, vor 1914

Beruflich versuchte sich Blome in den ersten Jahren seiner Ehe als freier Künstler zu etablieren. Von 1919 bis 1920 ist er im Bremer Adressbuch als Zeichner gemeldet.[29] Wie er später selbst berichtete, belud er tagsüber Schiffe als Hafenarbeiter, während er abends Gastkurse der Kunstgewerbeschule besuchte und sich zudem autodidaktisch im Bereich Kunstgeschichte fortbildete.[30]

Nach einer Abfindung auf Blomes mütterliches Erbe[31] zog das junge Ehepaar im März 1920 in eine eigene Wohnung in der Grundstraße 31 im Steintorviertel.[32] Das Testament des Großvaters, des Schankwirts Hermann Arnold Blome (1841–1931), vom 5. August 1921 offenbart die Unzufriedenheit der Familie mit seinem Lebenswandel.[33] Der Großvater bestimmte, dass Arnold Blome erst dann seinen Anteil am Erbe erhalten solle, wenn er eine sichere Existenz aufgebaut habe.[34] Dies ist sicher mit ein Anstoß für Blome gewesen, im selben Jahr das

„Geschäft für Kunstgewerbe und Innendekoration H. A. Blome" in der Grundstraße 31 zu eröffnen.[35] Später erzählte er, dass er während dieser Zeit zahlreiche Reisen in ganz Europa unternommen habe, um Möbel einzukaufen.[36] Darüber hinaus ist jedoch über sein Leben in den 1920er Jahren nur wenig bekannt. Neben Blomes Kunstgewerbe- und Antiquitätenhandel, der von 1921 bis 1928 im Bremer Adressbuch nachweisbar ist, meldeten Arnold und seine Frau Helene am 31. März 1927 ein Damenfrisiergeschäft unter der gleichen Adresse an.[37] Die Geschäfte der beiden Eheleute müssen während dieser Zeit gut gelaufen sein. Eine Fotografie zeigt sie als elegantes Paar der Bremer Geschäftswelt (Abb. 10).[38]

Blome war während der 1920er Jahre auch intensiv als Künstler tätig.[39] Aus dieser turbulenten, von gesellschaftlichen und politischen Umbrüchen gekennzeichneten Zeit haben sich zahlreiche seiner Aquarelle, Gouachen und Collagen erhalten. Von der eigenen künstlerischen Tätigkeit inspiriert, begann er historische und zeitgenössische Kunstwerke, insbesondere Handzeichnungen, zu sammeln.[40]

Ende der 1920er Jahre freundete sich Blome mit dem Bremer Kunsthändler Heinrich Jördens (1905–1971) an (Abb. S. 42).[41] Vielleicht war es dessen Einfluss, der ihn 1929 dazu bewog, sich als Kunsthändler selbstständig zu machen.[42] Warum Blome sein Unternehmen „Werkstatt und Kunsthandel" bereits Ende März 1931 wieder abmeldete, lässt sich ebenfalls nur vermuten.[43] Deutschland stand am Beginn einer großen Bankenkrise. Kredite und Neuinvestitionen wurden unmöglich und Blomes Geschäfte waren nicht zuletzt durch den massiven Preissturz im Kunsthandel in Mitleidenschaft gezogen.[44]

**10** Das Ehepaar Helene und Arnold Blome, 1920er Jahre

### Arnold Blome und die Kunsthalle Bremen 1932 bis 1942

Obwohl Blome im Bremer Adressbuch immer noch als Antiquitätenhändler verzeichnet war,[45] bestritt er seinen Lebensunterhalt in den Jahren 1932 bis 1936 hauptsächlich vom Erlös aus dem Frisiergeschäft seiner Frau, als dessen gesetzlicher Inhaber er als Ehemann fungierte.[46] Die Einnahmen des Salons, der zeitweise mehrere Angestellte beschäftigte, entsprachen ungefähr dem damaligen Durchschnittseinkommen deutscher Haushalte.[47] Da Blome jedoch weiterhin im Kunsthandel tätig sein wollte, nahm er Kontakt mit der Kunsthalle Bremen auf. Im Jahr 1932 ist sein Name erstmals in deren Inventarbuch verzeichnet.[48] Um eine geschäftliche Beziehung aufzubauen, schenkte er dem Museum eine Zeichnung von Rudolf Grossmann sowie jeweils ein Aquarell von Bernhard Hoetger und Alfred Partikel.[49] Solche Gaben waren eine übliche Praxis im damaligen Kunsthandel: Im heutigen Sinne waren es Werbegeschenke. Blome hatte damit Erfolg. Bereits am 17. und 18. Oktober dieses Jahres besuchte Blome erstmals eine Auktion im offiziellen Auftrag der Kunsthalle. Beim Auktionshaus Paul Graupe in Berlin ersteigerte er für das Museum drei Zeichnungen von Max Beckmann, Hans Purrmann und Waldemar Rösler.[50] Insgesamt verkaufte Blome in den Jahren von 1933 bis 1942 sechs Gemälde und 331 Papierarbeiten (301 Zeichnungen, 24 Aquarelle und einige wenige Druckgrafiken) an den Kunstverein in Bremen.[51] Während dieser Zeit sind keine weiteren Schenkungen von ihm zu verzeichnen.

Soweit man den Zugangsbüchern der Kunsthalle entnehmen kann, war Blome zwischen 1933 und 1940 etwa 20 Mal auf Auktionen in Deutschland und Österreich, um dort auch im offiziellen Auftrag der Kunsthalle auf Kunstwerke zu bieten. Dabei ist zu beobachten, dass die Kunsthalle Blome bis 1937 bevorzugt auf die Auktionen der Berliner Auktionshäuser Paul Graupe, Max Perl und Rudolph Lepke schickte, während man zwischen 1938 und 1940 stärker an den Auktionen von Adolf Weinmüller und Kunstauktionshaus Walz in München sowie der Galerie Valentin in Stuttgart interessiert war (Abb. 11). Für seine eigenen Geschäfte frequentierte Blome neben dem Berliner Auktionshaus Max Perl auffallend häufig das Internationale Kunst- und Auktions-Haus Berlin sowie das Frankfurter Kunsthaus Heinrich Hahn, das Dresdener Kunstantiquariat Franz Meyer sowie C. G. Boerner in Leipzig.[52]

War Blome nun Sammler oder Kunsthändler? Mit dieser Frage hat sich nicht zuletzt das Finanzamt Bremen-Ost wiederholt beschäftigt, nachdem die Ankäufe der Kunsthalle bei Blome von fünf Papierarbeiten im Jahr 1935 auf 127 im Jahr 1936 sprunghaft angestiegen waren. Blome wurde 1937 aufgefordert, sein Gewerbe anzumelden, entsprechende Umsätze und Gewinne seiner Händlertätigkeit offenzulegen und diese zu versteuern.[53] Er lehnte dies mit dem Argument ab, er sei kein Händler, sondern Sammler. Mit einem Schreiben vom 19. Mai 1937 an das Finanzamt eilte ihm der damalige Direktor der Kunsthalle Emil Waldmann (1914–1945) zur Hilfe.[54] Waldmann betont darin, dass er Blome „seit Jahren als einen leidenschaftlichen Sammler kenne" und dass „ein Sammler, der am Ausbau seiner Sammlung arbeitet, gelegentlich aus seiner Sammlung verkauft, um dafür neue, wertvollere Erwerbungen zu machen, durchaus üblich sei".[55] Dies könne keineswegs ein Grund dafür sein, seine Sammlertätigkeit als Kunsthandel zu bewerten oder zu besteuern. Waldmann berichtete dem Finanzamt, dass die Kunsthalle von Blome bis 1937 ungefähr 170 Papierarbeiten und einige Gemälde gekauft habe, was sich anhand der Zugangsbücher bestätigen lässt. Die Kunsthalle habe ihre Ankäufe von Blome aus insgesamt 8000 (!) Papierarbeiten ausgewählt, die ihr Blome seit 1932, das heißt in den letzten fünf Jahren, vorgelegt hätte. Damit widerspricht Waldmann allerdings selbst der von ihm aufgestellten Behauptung von Blome als reinem Sammler, der nur gelegentlich aus seiner eigenen Sammlung verkaufe.

Waldmanns Schreiben zeigt, welche Vorteile das Museum durch den Einsatz dieses engagierten Kommissionärs hatte, der durch den fachlichen Austausch mit den Museumsmitarbeitern zunehmend Erfahrung gewann: „Würde die Kunsthalle als Käufer direkt auftreten, würde sie natürlich als Käufer sehr viel höhere Preise zahlen müssen, als dies einem kleinen, nur über beschränkte Mittel verfügenden Sammler möglich wäre. Auch würden wir zur Beschaffung und Bearbeitung des Materials, das Herr Blome uns dauernd heranschafft, eine neue Hilfskraft einstellen müssen, wozu die Kunsthalle schon aus Geldmangel nicht in der Lage wäre."[56] Der Umsatzsteuerbescheid für 1938 lässt jedoch darauf schließen, dass es nicht gelungen war, das Finanzamt von einer reinen Sammlertätigkeit zu überzeugen.[57] Arnold Blome wird dort als „Kunsthändler" bezeichnet – was er ja letztlich hauptberuflich auch war.

Wie Emil Waldmann in seinem Schreiben an das Finanzamt betonte auch Blome immer wieder, dass er lediglich die Reisespesen einbehalten, ansonsten aber keinen Gewinn durch den Weiterverkauf an die Kunsthalle erzielt hätte.[58] So teilte er Waldmann in einem Brief vom 15. Mai 1939 mit, zukünftig nicht mehr für die Kunsthalle auf Auktionen steigern zu können, „da ihm der Erhalt der Reisespesen [vom Finanzamt, d. A.] als Kunsthändler-Tätigkeit ange-

rechnet würde".[59] Seiner Ankündigung gemäß hielt sich Blome tatsächlich in den kommenden Monaten sehr zurück, was die gewohnte Kooperation mit der Kunsthalle angeht. Dies belegt der Schriftwechsel zwischen dem Kustoden des Kupferstichkabinetts Wilken von Alten (1885–1944) mit dem Dresdner Kunstantiquariat Franz Meyer am 17. Mai und 9.

11 Kataloge von Auktionen, an denen Arnold Blome im Auftrag der Kunsthalle Bremen von 1932 bis 1945 teilnahm

August 1939.[60] Da Blome in letzter Zeit auffallend wenig Interesse gezeigt hatte, schickte Franz Meyer die Ansichtssendung mit Papierarbeiten diesmal direkt an die Kunsthalle.[61] Von Alten bat Meyer daraufhin, seine Angebote doch bitte weiter ausschließlich zunächst dem Sammler Arnold Blome zur Vorauswahl zukommen zu lassen, „da ich andernfalls eine Verärgerung dieses wie gesagt uns befreundeten Sammlers befürchte".[62] Die Kunsthalle erhielt auch über diesen Umweg den üblichen Museumsrabatt von zehn Prozent.[63] Dass Blomes Strategie letztlich doch erfolgreich war, bewies der niedrige Umsatzsteuerbescheid vom 26. August 1939[64] – dem Tag, der als Beginn des Zweiten Weltkriegs in die Geschichte einging.

Waldmanns während der NS-Zeit aufgestellte Behauptung, Blome habe für seine Kunstverkäufe lediglich den Einkaufspreis und die Reisespesen erhalten, hält jedoch einem Vergleich der Schätzpreise der Auktionskataloge mit den Ankaufspreisen der Kunsthalle nicht stand. Zwar machte Blome der Kunsthalle in beiderseitiger Wertschätzung angemessene Preise, die sich in der Regel am unteren Marktwert orientierten, aber angesichts der eher niedrigen Zuschlagspreise bei den Auktionen brachten sie nicht selten bis zu 200 Prozent Gewinn beim Wiederverkauf. Blome belieferte jedoch auch einige Privatsammler im Kunstverein, wie zum Beispiel Heinrich Beckmann in Bremen, von denen er wesentlich höhere Preise verlangte.[65]

Blome nahm während der NS-Zeit auch an einigen Auktionen in Berlin und München teil, auf denen renommierte Kunstsammlungen versteigert wurden, deren jüdische Eigentümer von den Nationalsozialisten enteignet, verfolgt und ermordet wurden. So bot er am 18. und 19. März 1939 auf der Auktion Nr. 19 der Kunsthandlung Adolf Weinmüller in München, auf der die berühmte Sammlung von Handzeichnungen des Münchener Ehepaares Melitta und Michael Berolzheimer versteigert wurde, die 1937 durch die Nationalsozialisten beschlagnahmt worden war.[66] Blome besuchte die Auktion im bescheinigten Auftrag der Kunsthalle Bremen[67] und ersteigerte insgesamt zwölf Zeichnungen aus der Sammlung Berolzheimer,[68] von denen die Kunsthalle ihm anschließend zwei abkaufte.[69] Blome erhielt bei diesem Verkauf an die Kunsthalle mit 50 Prozent nur eine vergleichsweise geringe Gewinnmarge. Aber auch diese Summe ging über einen reinen Ausgleich der Reisespesen deutlich hinaus.

Drei weitere Blätter aus diesem Konvolut verkaufte Blome dagegen etwas lukrativer an den Bremer Sammler Heinrich Beckmann. Nach dessen Tod 1941 wurde die Sammlung bei Reinhold Puppel, vormals Hollstein & Puppel, in Berlin versteigert.[70] Hier erwarb die Kunsthalle eine Kreidezeichnung von Giacomo Cavedone, die ursprünglich aus der Sammlung Berolzheimer stammte, von Blome ersteigert und an Beckmann verkauft worden war (Abb. 12).[71] Der Preisvergleich macht deutlich, dass die während der NS-Zeit beschlagnahmten jüdischen Sammlungen weit unter ihrem damaligen Marktwert versteigert wurden, denn als Teil der Sammlung Beckmann erfuhren die Blätter aus der Sammlung Berolzheimer nur wenig später eine beachtliche Preissteigerung.[72]

Der Vorgang illustriert den Charakter von Blomes Geschäftsbeziehungen mit der Kunsthalle. Er pflegte ein nahezu freundschaftliches Verhältnis zu den leitenden Mitarbeitern des Museums, sodass seine Rolle über die eines reinen Zwischenhändlers hinausging. Obwohl Blome im offiziell bescheinigten Auftrag der Kunsthalle an dieser Auktion teilnahm, gab es jedoch keine Abnahmegarantie für die ersteigerten Blätter, die er dort zunächst nur zur Auswahl vorlegte. Werke, die für die Kunsthalle aus unterschiedlichen Gründen nicht infrage kamen, behielt Blome häufig in seiner eigenen Sammlung, wobei er von der fachlichen Kooperation und Beratung profitierte.[73]

### Arnold Blome als Sammler

Der Umfang von Blomes privater Sammlung lässt sich heute nicht mehr genau feststellen. Nach dem Zweiten Weltkrieg umfassten allein seine Schenkungen an öffentliche Institutionen im Rahmen des Vermächtnisses Helene und Arnold Blome 84 Gemälde und ungefähr 2000 Handzeichnungen, dazu kamen neben Spielzeug, Schiffsmodellen, technischen Objekten und kunstgewerblichen Gegenständen, wie etwa Möbel, mehrere Tausend Sachbücher und unzählige Fotografien und Dokumente.[74]

Den bisher einzigen Einblick in Blomes Privatsammlung vor 1945 ermöglicht die Ausstellung *Aus der Sammlung eines Bremers*, die vom 1. Oktober bis 7. November 1938 in der Kunsthalle Bremen gezeigt wurde (Abb. 13). Sie präsentierte 208 Werke (48 Gemälde und 160 Papierarbeiten) aus seinem Privatbesitz. Es waren überwiegend Bilder des 19. Jahrhunderts, vor allem der Romantik und des Realismus sowie einige Alte Meister.[75] Nur das letzte Kabinett der Ausstellung führte ins 20. Jahrhundert mit Künstlern wie Lovis Corinth, August Gaul und Wilhelm Trübner. Gattungsmäßig dominierten die Handzeichnungen, die zusammen mit den Gemälden präsentiert wurden, was sowohl der Rezensent Waldemar Augustiny von der nationalsozialistischen *Bremer Zeitung* als auch Herbert Wacker von den nationalliberalen *Bremer Nachrichten* wegen des schönen Gesamtbildes der Wände und der guten Vergleichsmöglichkeiten sehr positiv bewertete.[76] Wacker kannte Blome offenbar auch persönlich. Er lobte die Ausstellung als „prachtvolle Dokumentation eines liebenswürdigen Sammlers", die nicht auf große Namen ausgerichtet sei, sondern einen überraschend vielseitigen Querschnitt etwa durch die Kunst des 19. Jahrhunderts biete: „Das Persönliche spricht in diesem Falle vielleicht noch stärker, weil man aus mancherlei Gründen schließen kann, dass

12 Giacomo Cavedone, *Rückenfigur einer Frau in faltigem Gewand*, 16. Jahrhundert, Kreide auf Papier, Kunsthalle Bremen – Der Kunstverein in Bremen

der Sammler nicht einmal mit großen Mitteln gearbeitet hat: umso stärker berührt die edle Leidenschaft des Kunstliebhabers".[77]

Die ausgestellte Sammlung offenbarte jedoch keinesfalls ein Psychogramm Blomes, wie es Wacker in seinem Zeitungsartikel andeutet – das wäre wesentlich besser an Blomes eigenen künstlerischen Werken ablesbar.[78] Seine regimekritischen Papierarbeiten im Stil des Expressionismus, Dadaismus und Konstruktivismus konnte er jedoch zu dieser Zeit weder ausstellen noch verkaufen,[79] zumal diese Kunstrichtungen als „entartet" diffamiert und 1937 aus den deutschen Museen entfernt wurden. Dadaismus und Konstruktivismus entsprachen darüber hinaus während der gesamten Amtszeiten der Direktoren Emil Waldmann und Günter Busch (1945–1984) nicht dem Sammlungsprofil der Kunsthalle. Auch in Blomes Schenkungen nach 1946 tauchen keine Werke dieser Stilrichtungen auf. Blome hat sie offensichtlich auch selbst nie gesammelt.

Die Auswahl aus Blomes Privatsammlung, die er 1938 in der Kunsthalle präsentierte, stimmte hingegen in Bezug auf Künstler, Epochen, Gattungen und Themen vollständig mit seinen Verkäufen an die Kunsthalle zwischen 1933 und 1942 überein. Nach der Machtergreifung der Nationalsozialisten im Januar 1933 hatte die Kunsthalle ihre Sammlungspolitik im gewissen Maß den kulturpolitischen Vorgaben der neuen Machthaber angepasst. Werke der verfemten klassischen Moderne wurden ab sofort weder ausgestellt noch gesammelt. Stattdessen bevorzugte man die Kunst des 19. Jahrhunderts und die Künstler des deutschen und italienischen Barock. Werke im Sinne der nationalsozialistischen Propaganda fanden jedoch keinen Eingang in die Sammlung und wurden auch nicht in den Ausstellungen des Kunstvereins präsentiert. Indem die Kunsthalle im ausgesprochenen Gegensatz zur Sammlungspolitik vor 1933 keine zeitgenössischen Künstler mehr ausstellte, entging sie erfolgreich der dafür erforderlichen Mitgliedschaft in der Reichskammer der bildenden Künste und konnte damit die stets drohende Verstaatlichung abwenden. In dieser Hinsicht war das öffentliche Etikett als Sammler auch für Blome sehr hilfreich: Neben deutlichen Steuervorteilen bewirkte es, dass er sich der seit 1. November 1933 gesetzlich gültigen Verpflichtung für Kunsthändler entziehen konnte, Mitglied der Reichskammer der bildenden Künste zu werden.[80]

Die konzeptionelle Nähe zwischen der 1938 präsentierten Auswahl aus Blomes Privatsammlung und dem Bestand der Kunsthalle offenbart deren enge Kooperation, wie Waldmann sie bereits 1935 in seinem Aufsatz *Verarmte Sammler* reflektierte.[81] Darin lieferte er eine Anleitung zum Kunstsammeln mit beschränkten finanziellen Mitteln: „Jede Stadt hat ein Museum, und in keiner Stadt hat ein Museum Geld, und was besonders im Argen liegt, ist die Sammlung von Handzeichnungen, ein

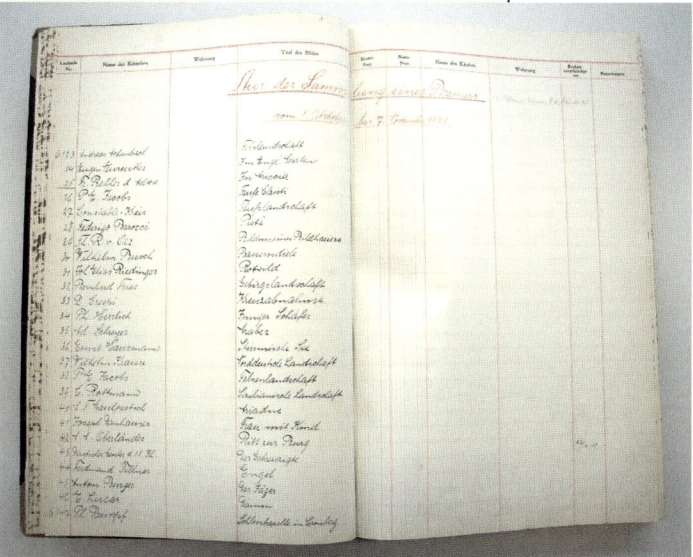

**13** *Aus der Sammlung eines Bremers,* Ausstellungsbuch 1935–1952, Kunsthalle Bremen – Der Kunstverein in Bremen

Thema mit Variationen. Wenn nun einer, der auch 3000 Mark im Jahr hat, […] sich dazu überreden ließe, nur Handzeichnungen von j e n e n Meistern zu erwerben, von denen das Museum der Stadt, in der er lebt, Bilder besitzt? Schritt für Schritt, von den heutigen angefangen bis zu den alten Meistern? Und von jedem dieser Maler Proben aus den verschiedensten Zeiten seines Schaffens und von den verschiedensten Arten? […] Oder er sammelt nun Zeichnungen gerade von den Meistern, die in der Galerie noch nicht vertreten sind, und diese Aufgabe ist dann noch schöner, weil sie noch größer, viel größer ist."[82] Solch eine Zusammenarbeit mit Privatsammlern, ob vermögend oder mit beschränkteren Geldmitteln ausgestattet, hatte in der Kunsthalle Bremen bereits seit dem Amtsantritt des Direktors Gustav Pauli im Jahre 1899 Tradition.[83]

### „Eine schwere Zeit" – die Jahre 1939 bis 1946

Nur vier Tage nach dem Ausbruch des Zweiten Weltkriegs nahm Blome seinen Dienst bei der Schutzpolizei Bremen L. S. (Luftschutz), Abschnitt Ost auf.[84] Mit einer mehrmonatigen Unterbrechung Anfang 1940 diente er bis zu seiner offiziellen Entlassung nach Kriegsende am 23. Mai 1945 als Oberwachtmeister bei der Bremer Feuerwehr,[85] die während der NS-Zeit mit der Polizei fusioniert war.[86] Blome selbst hat seinen Dienst bei der Schutzpolizei, soweit man heute feststellen kann, nie thematisiert, sondern immer nur verallgemeinernd von seinem Dienst an der Waffe während der beiden Weltkriege gesprochen.[87] Sie ist allein durch die im Familienbesitz erhaltenen Dienstbescheinigungen sowie zwei Postkarten belegt, die er von einem Dienstaufenthalt in Bremen-Vegesack im Januar 1941 an Helene schickte.[88] Auch in den öffentlichen Archiven gibt es keine Hinweise auf seine Tätigkeit als Oberwachtmeister bei der Feuerwehr.[89]

14 Peter Stelljes, Porträt Arnold Blome, Fotografie, 1966

Blomes kriegsdienstliche Verpflichtungen ließen ihm aber offensichtlich noch ausreichend Zeit für seinen Kunsthandel. So nahm er im September 1940 wieder im Auftrag der Kunsthalle Bremen an zwei Auktionen in München und Stuttgart teil[90] und reiste im Februar 1941 nach Berlin zur Versteigerung des Nachlasses von Heinrich Beckmann.[91] Seit Beginn des Krieges wurde der Betrieb der Kunsthalle Bremen immer mehr eingeschränkt und die meisten Kunstwerke zur Sicherheit ausgelagert. Darüber hinaus kümmerte sich die Kunsthalle auch um die Bremer Privatsammlungen. So unterstützte Emil Waldmann Blome nicht nur mit einer offiziellen Erklärung, dass die kriegsbedingte Sicherung dieser sehr wertvollen Kunstsammlung unbedingt notwendig sei, da andernfalls ein großer „Verlust für den nationalen deutschen Kunstbestand" drohe, sondern auch mit konkreten Hilfsangeboten zur Unterbringung seiner Sammlung im Bunker der Kunsthalle.[92]

Während die Kunsthalle im Laufe des Krieges immer weniger Kunstwerke erwarb,[93] arbeitete Blome ab 1942 verstärkt mit dem Kunsthändler Heinrich Jördens zusammen. So nahm er bis April 1943 vorwiegend wohl in seinem Auftrag an zehn Versteigerungen von jüdischem Umzugsgut im Bremer Hafen teil, mit denen seit Februar 1942 der Oberfinanzpräsident sieben Gerichtsvollzieher beauftragte.[94] „[Blome] ist berechtigt auf Grund der Genehmigung des Herrn Oberpräsidenten des Landesfinanzamtes vor der Auktion die Kunstgegenstände zu besichtigen, bzw. für meine Rechnung oder Rechnung der Kunsthalle Kulturgut zu ersteigern", schrieb Jördens am 16. März 1942, und auch bei einer Auktion im September desselben Jahres bestätigte er: „PS. In den Auktions-Protokollen sind die für mich gekauften Kunstgegenstände meistens auf den Namen des Herrn Blome eingetragen."[95] Angesichts dieser „guten Geschäfte" mit Jördens hielt es Blome im September in Bezug auf seine Steuererklärung wieder für notwendig, sich eine notariell beglaubigte Bestätigung von seinem Auftraggeber ausstellen zu lassen: „Sämtliche von Herrn Blome für mich angekauften Gemälde Kunstgegenstände und Bücher sind abgerechnet ohne jeglichen Verdienst für Herrn Blome."[96]

**Das Vermächtnis Helene und Arnold Blome 1947/48**

Am 11. Dezember 1944 unterschrieb Blome ein Testament, in dem er bestimmte, dass seine gesamte Kunstsammlung, „soweit sie für die Kunsthalle in Frage kommt", nach seinem Tod in deren Besitz übergeht.[97] Das Focke-Museum sollte die Möbel und Antiquitäten erhalten. Die jeweiligen Direktoren hätten die Auswahl zu treffen und könnten sich auch aus Blomes Bibliothek die geeignete Literatur auswählen. Der Rest von Blomes Sammlung und Bibliothek sollte an Helene Blome gehen. Einige Tage davor hatten Helene und Arnold Blome einen Ehevertrag mit Gütertrennung unterschrieben, wonach Blome nur noch Eigentümer der Kunst- und Antiquitätensammlung sowie der Bibliothek gewesen ist.[98]

Mit seinem Testament folgte Blome dem Vorbild prominenter Mäzene der Kunsthalle wie etwa Johann Lahmann, der 1937 seine Sammlung zwischen Dresden und Bremen aufteilte.[99] Sicher bewirkte auch Blomes Trauer über den gewaltsamen Tod des befreundeten Kustoden des Kupferstichkabinetts der Kunsthalle Wilken von Alten das großzügige Testament.[100] Der unmittelbare Auslöser für die Abfassung des Testaments war jedoch der damalige Gesundheitszustand von Blome. Er litt an einer akuten und lebensbedrohlichen Stoffwechselstörung aufgrund einer Schilddrüsenüberfunktion und wurde deshalb wenig später von Weihnachten 1944 bis zum Ende des Zweiten Weltkriegs am 8. Mai 1945 vom Dienst bei der Schutzpolizei freigestellt.[101] Es war jedoch Helene Blome, die am 17. Februar 1946 im Alter von nur 50 Jahren an akutem Herzversagen starb.[102] Blome war tief erschüttert und gab sein bürgerliches Leben von nun an auf. Ebenso wie die Eheschließung 1919 sein Leben entscheidend verändert hatte, war es nun der Tod seiner Frau, der ihn in eine grundlegend andere Bahn lenkte.

Wenige Wochen später ordnete Blome seiner Frau „zu Ehren und zum Andenken" das „Vermächtnis Helene und Arnold Blome" an.[103] Der bisher für sie testamentarisch vorgesehene Teil der Sammlung sollte nun an das Landesmuseum Oldenburg,[104] die Hamburger Kunsthalle, das Übersee-Museum[105] und die Stadtbibliothek Bremen übergeben werden.[106] Ein zweiter Testamentsnachtrag vom 25. August 1947 betont den Sonderstatus der Kunsthalle Bremen beziehungsweise des Kunstvereins als alleinigen Erben, während die anderen Begünstigten die Zuwendungen lediglich als Vermächtnisnehmer erhalten sollten. Hier werden jetzt auch das Focke-Museum und die Staatsbibliothek Bremen bedacht.[107]

Wie Blome drei Jahre später an Walther Greischel, den Direktor des Landesmuseums in Münster, schrieb, war der Tod seiner Frau für ihn auch Anlass für die Entscheidung gewesen, seinen Kunstbesitz schon vor seinem eigenen Tod an die Museen zu geben.[108] Dementsprechend verschenkte er in den kommenden Jahren insgesamt 84 Gemälde und etwa 2000 Handzeichnungen sowie unzählige Bücher, Grafiken und Fotografien an 77 öffentliche Einrichtungen in 55 deutschen Städten.[109] Den Hauptanteil erhielten jedoch die Kulturinstitutionen seiner Heimatstadt Bremen. Die mit Abstand wertvollsten Objekte seiner Sammlung schenkte Blome dem Kunstverein. So gelangten 33 Gemälde,[110] eine Skulptur und 92 Arbeiten auf Papier, meistens Zeichnungen, aber auch einige Ölstudien, Aquarelle und Druckgrafiken sowie 219 Sachbücher in die Kunsthalle. Es handelte sich dabei etwa zu einem Drittel um Arbeiten der klassischen Moderne, wie *Das rote Haus* von Karl Schmidt-Rottluff (Kat. 22, Farbtaf. S. 30), *Haus in Dangast* von Erich Heckel (Kat. 23, Farbtaf. S. 31) und *Die Bettlerin* von Kees van Dongen (Kat. 24, Farbtaf. S. 32), die ausdrücklich die Verluste der Kunsthalle durch die NS-Aktion „Entartete Kunst" ausgleichen sollten.[111] Die überwiegende Zahl der Werke stammte jedoch aus dem 19. Jahrhundert, darunter viele realistische Landschafts- und Städtedarstellungen, wie *Campagnalandschaft im Sonnenschein* von Gaston Camillo Lenthe (Kat. 31, Farbtaf. S. 27) und *Canale Grande mit Blick auf Santa Maria della Salute in Venedig* von Friedrich Nerly (Kat. 9, Farbtaf. S. 29). Diesbezüglich betonte Blome, dass er die großen Kriegsverluste der Kunsthalle, die diese durch die Auslagerung ihrer Bestände auf Schloss Karnzow in der Mark Brandenburg erlitten hatte, ausgleichen wollte.[112]

Blome schenkte mit klugem Bedacht auf das Sammlungsprofil der Kulturinstitution. Seine Schenkungen nahmen im Laufe der Jahre immer mehr den Charakter einer konzeptuellen Aktion im Sinne einer „interaktiven Entsammlung" beziehungsweise Vergesellschaftung von Privateigentum an. So sprach er auch selbst von „seiner letzten großen Kunstaktion".[113] War der Ausgleich der Kriegsverluste der öffentlichen Sammlungen noch Blomes Motiv der unmittelbaren Nachkriegszeit gewesen, wandelten sich seine Schenkungen im Laufe der kommenden zwei Jahrzehnte immer stärker zu einem leidenschaftlichen Appell an die Gesellschaft im Wirtschaftswunderland der Bundesrepublik, das Menschliche im Verhältnis zum Materiellen nicht zu vergessen. Dies stand im Einklang mit der Veränderung seines bürgerlichen Lebensstils hin zu einer konsum- und sozialkritischen Lebensweise als Bohemien, Sozialphilosoph und Künstler.

Es stellt sich jedoch die Frage, wovon Blome seinen, wenn auch sehr bescheidenen, Lebensunterhalt nach dem Krieg bestritt. Als Alleinerbe seiner Frau betrieb er den Damenfrisiersalon trotz der schwierigen Nachkriegsbedingungen noch bis 1950 weiter.[114] Zudem erhielt er von 1946 bis 1954 von den Bremer Museen immer wieder Aufträge zur Restaurierung von Kunstwerken, die während der kriegsbedingten Auslagerung Schäden erlitten hatten.[115] Spätestens seit 1949 handelte Blome auch wieder mit Kunst, dies belegen seine von Jahr zu Jahr zahlreicher werdenden Verkäufe von Kunstwerken unter anderem an die Kunsthalle Bremen, die er in einigen Fällen erst kurz davor selbst erworben hatte.[116] So reiste er im Jahr 1954 mehrere Male nach Wien, um dort im Auftrag von Jördens Kunstwerke zu kaufen.[117]

Nach dem Zweiten Weltkrieg konzentrierte sich Blome jedoch vor allem auf seine Arbeit als Künstler. Bis in die 1960er Jahre schuf er zahlreiche Zeichnungen und Collagen, die sich mit der Geschichte und der Politik der jungen Bundesrepublik auseinandersetzten und den Zeitgenossen einen kritischen Spiegel vorhielten. Im Jahr 1948 wurden in der Kunsthalle vier dieser Arbeiten ausgestellt,[118] und das Landesmuseum Oldenburg widmete ihm im selben Jahr in Anerkennung seiner Schenkungen eine Kabinettausstellung.[119] Als Blome aber am 20. Oktober 1954 als Zeuge der Anklage gegen Jördens im Rahmen der sogenannten Malskat-Affäre verhört wurde,[120] geriet auch er in Verdacht. Ausgerechnet der Direktor der Kunsthalle Günter Busch unterstellte ihm, bereits früher von den Fälschungen gewusst und sie verschwiegen zu haben. Dies kränkte Blome so sehr, dass er sich beinahe zehn

Jahre von der Kunsthalle fernhielt.¹²¹ In dieser Zeit wurden der Direktor des Landesmuseums Oldenburg Walter Müller-Wulckow (1886–1964) und nach dessen Pensionierung 1951 der Leiter des Staatsarchivs Bremen Friedrich Prüser (1892–1974) seine wichtigsten Ansprechpartner.

Busch und Blome fanden erst 1959 wieder zueinander. Dies ist nicht zuletzt auch deshalb erwähnenswert, weil Blome am 23. Juni 1960 im Einvernehmen mit der Kunsthalle ein neues Testament abschloss, in dem er seinen Ziehsohn Peter Oertel zu gleichen Teilen berücksichtigte.¹²² Seit 1960 verwendete Blome daher zwei neue Sammlerstempel „Vermächtnis von Arnold Blome an Sohn Peter" (Abb. 15) beziehungsweise „Vermächtnis an seinen Sohn Peter von Arnold Blome, Bremen" (Abb. 16).¹²³ Drei Jahre vor seinem Tod erklärte Blome dann seinen Ziehsohn zu seinem Alleinerben.¹²⁴

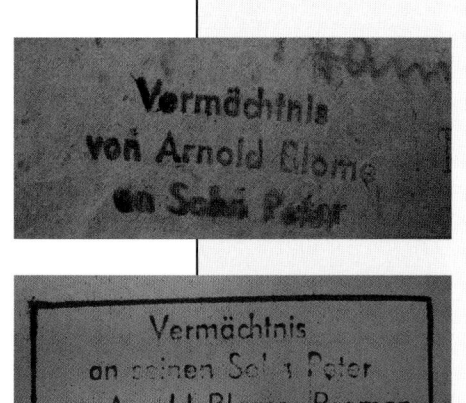

15 Sammlerstempel Arnold Blome, verwendet von 1960 bis 1972

16 Sammlerstempel Arnold Blome, verwendet von 1960 bis 1972

In seinen letzten Jahren lebte Blome vor allem vom Buchhandel. So besorgte ihm sein „junger Freund" Rolf Ohse,¹²⁵ den er beruflich unterstützte und ihm viel über die Kunst und den Kunsthandel beibrachte, regelmäßig die Ankaufs-Suchlisten im *Börsenblatt für den Deutschen Buchhandel*, die Blome daraufhin nach Möglichkeit lieferte.¹²⁶ Am 25. Februar 1972 starb Arnold Blome. Er wurde neben seiner Frau Helene auf dem Osterholzer Friedhof in Bremen beerdigt.¹²⁷ In den kommenden Jahren kamen im Rahmen von Verkaufsausstellungen immer wieder kleinere Konvolute seiner Privatsammlung auf den Markt,¹²⁸ während größere Mengen ab 1999 beim Auktionshaus Bolland & Marotz in Bremen versteigert wurden.¹²⁹

**Die Herkunft der Bilder von Arnold Blome**

Die Provenienzrecherchen zu den insgesamt 34 Gemälden und der Skulptur, die über Arnold Blome in die Kunsthalle Bremen gelangt sind, haben keinen Hinweis auf einen verfolgungsbedingten Entzug während des Nationalsozialismus ergeben. Bei 14 Gemälden und der Bronzeskulptur von Kurt Edzard (Kat. 35, Farbtaf. S. 37) konnte die Herkunft lückenlos dokumentiert werden, während bei elf Gemälden zwar der Erwerb von Blome bei einer Auktion festgestellt werden konnte, die Einlieferer waren jedoch aufgrund der mangelhaften Quellen nicht ausfindig zu machen. Da Blome seine Sammlung überwiegend während der Zeit des Nationalsozialismus und unmittelbar nach Kriegsende zusammengetragen hat, kann hier ein verfolgungsbedingter Entzug nicht völlig ausgeschlossen werden. Dies gilt umso mehr bei den restlichen neun Gemälden, für deren Herkunft sich trotz intensiver Nachforschungen bisher keinerlei Anhaltspunkte finden ließen.

Unter den 40 stichprobenartig untersuchten Zeichnungen mit der Provenienz Arnold Blome fanden sich insgesamt sechs Arbeiten, die dieser zwischen 1933 und 1939 auf Auktionen mit Objekten aus enteigneten jüdischen Sammlungen wie Kurt Glaser, Michael Berolzheimer und Siegfried Lämmle ersteigert hatte. Bis auf eine Zeichnung von Giacomo Cavedone, die von der Kunsthalle restituiert und anschließend von den Erben zurückerworben werden konnte, werden diese Blätter seit 1945 als Kriegsverluste vermisst.

So vermittelt die Lebensgeschichte von Arnold Blome eine wichtige historische Lektion: Auch ein Individualist und Menschenfreund, der stets im Sinne von Sozialismus und künstlerischer Reformbewegung gegen die jeweils herrschende gesellschaftliche Norm lebte, war gegen die Versuchungen und Verstrickungen der nationalsozialistischen Diktatur nicht gefeit. In Bezug auf den Kunsthandel im Nationalsozialismus offenbart Blomes Handeln sowohl selbstloses Engagement im Dienste der Kunsthalle Bremen als auch einen gewissen Stolz auf die eigene Schnäppchenjagd, aber ebenso ein verantwortungsloses Ignorieren des Schicksals der entrechteten jüdischen Sammler.

1 Vgl. Onlinedatenbank Frits Lugt, Nr. 4038–4049 (Gemäldestempel), Nr. 4040–4043 (Grafikstempel).
2 Vgl. Bremer Nachrichten 1966.
3 Das Ehepaar Blome war am 1.4.1933 von der Grundstraße 31 in die Wohnung Vor dem Steintor 25 gezogen. Siehe Meldekarte Arnold Blome, StAB 4,82/1, Einwohnermeldekartei, sowie Bremer Adressbuch 1933.
4 Blome zog am 1.12.1966 um, siehe Anmeldebestätigung der Meldestelle Bremen im Nachlass Arnold Blome, Bremen. – Siehe auch StAB 4,82/1, Einwohnermeldekartei, und Bremer Adressbuch 1966 ff.
5 Vgl. z. B. Karl Heinz Schwebel, Direktor des Staatsarchivs Bremen, an das Wohnungsamt Bremen, Brief vom 7.9.1959, Nachlass Arnold Blome, Bremen. Zu diesem Zeitpunkt ging es darum, dass Blome wieder in den Besitz seiner ganzen Wohnung kam, was ihm schließlich auch ermöglicht wurde.
6 Blome berichtet Rolf Ohse, dass er von zwei Journalisten des Berliner Rundfunks interviewt worden sei, Postkarte vom 29.6.1966, Privatarchiv Rolf Ohse, Bremen.
7 Vgl. Bremer Illustrierte 1966.
8 Vgl. Blome 1970, Bl. 5.
9 Das Dorf Ellen gehörte bis 1936 zur bremischen Gemeinde Oberneuland, dann zum Kirchspiel Osterholz; 1945 nach Bremen eingemeindet. Vgl. Bremer Adressbuch 1894 ff.
10 Siehe Geburtsurkunde Arnold Blome, Nr. 27, Osterholz, 17.7.1894, Nachlass Arnold Blome, Bremen. – Siehe auch Meldekarte Arnold Blome, StAB 4,82/1, Einwohnermeldekartei. – Am 1.11.1897 wurde seine Schwester Marie geboren, verheiratete Ahrens, gestorben am 5.12.1970, vgl. Blome 1970, Bl. 5.
11 Vgl. Bremer Adressbuch 1908.
12 Vgl. Blome 1970, Bl. 2.
13 Vgl. Blome 1970, Bl. 3.
14 Blome war vom 1.4.1903 bis 29.11.1908 Schüler der Gemeindeschule zu Osterholz. Er schloss die Schule als drittbester der 15 Schüler seiner Klasse mit sehr guten Noten ab, siehe Abschlusszeugnis der Gemeindeschule zu Osterholz vom 29.11.1908, Nachlass Arnold Blome, Bremen.
15 Siehe Abmusterungsrolle vom 18.3.1910, Kapitän E. v. d. Heide aus Bremen, Akte Schiff Großherzogin Elisabeth, Oldenburg, Seemanns-Amt Bremen, StAB 4,24-FC VII 9. Bei dem 1901 vom Deutschen Schulschiffverein in Dienst gestellten Rahsegler Großherzogin Elisabeth mit Heimathafen Oldenburg handelte es sich um das erste Handels- und Segelschulschiff, das von Elsfleth aus zu Ausbildungsreisen in die ganze Welt fuhr. Das Schiff wurde nach dem Ende des Zweiten Weltkriegs als Reparationsgabe an Frankreich ausgeliefert. Heute liegt es vollständig restauriert unter dem Namen Duchesse Anne in Dünkirchen, freundliche Auskunft von Bärbel Eilers-Spitzer, Schulschiffverein Großherzogin Elisabeth e. V., Elsfleth.
16 Vgl. Blome 1970, Bl. 5.
17 Blome war vom 1.5.1910 bis 1.5.1911 in Bremen gemeldet, siehe Meldekarte Arnold Blome, StAB 4,82/1, Einwohnermeldekartei.
18 Vgl. Blome 1970, Bl. 5.
19 Vgl. Blome 1970, Bl. 5.
20 Vgl. Blome 1970, Bl. 6.
21 Blome war vom 8.3.1911 bis 6.1.1913, vom 30.1.1912 bis 3.2.1915, vom 4.2.1915 bis 25.6.1915 in Bremen gemeldet, siehe Meldekarte Arnold Blome, StAB 4,82/1, Einwohnermeldekartei.
22 Vgl. Aufzeichnungen des Krankenbuchlagers Berlin 1916. Darin wurden im Rahmen einer Meldung zum Aufenthalt im Festungslazarett Cuxhaven vom 25.1. bis 28.3.1916 wegen Blomes funktioneller Herzmuskelschwäche sein aktueller Dienstgrad als Matrose und sein Diensteintritt vermerkt, freundliche Auskunft der Deutschen Dienststelle Berlin vom 20.5.2011. Eine weitere Klärung der militärischen Laufbahn Blomes ist aufgrund der schlechten Quellenlage nicht möglich. Im Militärarchiv des Bundesarchivs liegt keine Personalakte Blome vor.
23 Stichwort „Matrosenartillerieabteilungen" in: Meyers Großes Konversations-Lexikon, Bd. 13, Leipzig, Wien 1908, S. 440.
24 Vgl. Meldebescheinigung für den Reservisten (Matrosen) Arnold Blome, Nachlass Arnold Blome, Bremen. – Siehe auch die Empfangsbescheinigung für Lebensmittelmarken bis 9.12.1918 sowie den Geburtsschein von Arnold Blome, ausgestellt am 13.12.1918 (nur gültig in Angelegenheiten des Heeresersatzes), Nachlass Arnold Blome, Bremen.
25 Vgl. Bremer Illustrierte 1966, S. 25.
26 Helene Minna Rademann, geboren am 9.4.1896, gestorben am 17.2.1946, siehe Geburtsurkunde, Nr. 1224, Bremen, 15.4.1896; Bescheinigung und Ehevertrag, Nr. 1559, beides Nachlass Arnold Blome, Bremen. – Siehe auch Meldekarte Arnold Blome, StAB 4,82/1, Einwohnermeldekartei.
27 Blome und seine Frau sind seit dem 19.2.1919 in der Seilerstraße 20 angemeldet, siehe StAB 4,82/1, Einwohnermeldekartei. – Nach dem Tod von Helenes Mutter Emma Clara Rademann, geborene Schultz (1852–1920), wird ab 1924 ihre älteste Tochter Clara Selma Rademann (geb. 1887) als Eigentümerin und Bewohnerin im Erdgeschoss des Wohnhauses Seilerstraße 20, Bremen, aufgeführt, vgl. Bremer Adressbuch 1919 ff.
28 Siehe Meldekarte Arnold Blome, StAB 4,82/1, Einwohnermeldekartei, sowie Bremer Adressbuch 1913 ff.
29 Vgl. Bremer Adressbuch 1919/20.
30 Vgl. Bremer Illustrierte 1966, S. 25. – In den nur vereinzelt erhaltenen Studentenverzeichnissen der Kunstgewerbeschule ist Arnold Blome nicht verzeichnet, vgl. StAB 4,114/312-13, Nordische Kunsthochschule, Findbuch Nimz, Bremen 2007, Nr. 12, Studentenlisten 1907–1944.
31 Siehe Testament Sophie Blome vom 22.4.1939, Nachlass Arnold Blome, Bremen.
32 Siehe Meldekarte Arnold Blome, StAB 4,82/1, Einwohnermeldekartei, sowie Bremer Adressbuch 1920.
33 Siehe Testament Hermann Arnold Blome, Wirt in Osterholz an der Osterholzer Landstraße 97, Bremisches Gebiet, Abschrift Register, No. 4226, Nachlass Arnold Blome, Bremen. – Der Großvater von Blome starb am 4.3.1931. Siehe hierzu Todesanzeige des Schankwirts Arnold Blome im Weser-Kurier vom 6.3.1931.
34 Ebd.
35 Vgl. Bremer Adressbuch 1921. Eine Anmeldung liegt in der Gewerbemeldekartei im StAB nicht vor.
36 Vgl. Bremer Illustrierte 1966, S. 25.
37 Siehe Duplikat der Geschäftsmeldebescheinigung vom 1.7.1935, Nachlass Arnold Blome, Bremen. – Vgl. auch StAB 4,82/1, Einwohnermeldekartei, sowie Bremer Adressbuch 1921 ff.
38 Das Foto aus Privatbesitz wurde bereits 1999 veröffentlicht, vgl. Küster 1999, Abb. S. 118. Weder der Fotograf noch der Besitzer sind heute bekannt, freundliche Auskunft von Bernd Küster.

39 Zu Arnold Blome als Künstler siehe Henrike Hans in diesem Katalog, S. 74–93.

40 „Mit dem Nachlaß-Stempel habe ich alle meine Handzeichnungen versehen, die ich in den letzten 30 Jahren meines Lebens gesammelt habe." Blome an Walther Greischel, Landesmuseum der Provinz Westfalen zu Münster, Brief vom 17.2.1949. – Siehe auch Blome an die Technische Marine-Schule Kiel, Briefentwurf vom 27.5.1965 mit dem Hinweis, dass er „seit fast 50 Jahren gesammelt" habe, Nachlass Arnold Blome, Bremen.

41 1928 erwarb Blome einige Kunstwerke von Heinrich Jördens. Vgl. Arnold Blome, handschriftliche Liste der Kunstwerke der Sammlung Blome mit vereinzelten Provenienzangaben, undatiert (1937–1943), Nachlass Arnold Blome, Bremen.

42 Am 31.8.1929 meldete Blome sein Gewerbe „Werkstatt und Kunsthandel" an, siehe Meldekarte Arnold Blome, StAB 4,82/1, Einwohnermeldekartei. – Siehe auch die Mitgliedskarte Nr. 68143 der Nordwestdeutschen Versicherungsanstalt a. G. für Handwerk und Gewerbe, Sitz Hamburg, Nachlass Arnold Blome, Bremen.

43 Am 31.3.1931 erfolgte die Abmeldung seines Gewerbes „Werkstatt und Kunsthandel", siehe Meldekarte Arnold Blome, StAB 4,82/1, Einwohnermeldekartei.

44 Vgl. Waldmann 1935, S. 239.

45 Ab dem 1.4.1933 ist das Ehepaar Blome unter der Adresse Vor dem Steintor 25 gemeldet, siehe Meldekarte Arnold Blome, StAB 4,82/1, Einwohnermeldekartei. – Siehe auch Bescheinigung der Meldepolizei, Nachlass Arnold Blome, Bremen.

46 Siehe Meldekarte Arnold Blome, StAB 4,82/1, Einwohnermeldekartei, sowie Bremer Adressbuch 1927–1932. – Zum Lebensunterhalt siehe Steuerbescheid 1932 des Finanzamts Bremen-Ost vom 16.11.1933 für Arnold Blome, Damenfriseur, mit einem Jahreseinkommen von 1272 Reichsmark. Siehe hierzu auch Blomes Berufsangaben in der sogenannten Entnazifizierungsakte (Meldebogen aufgrund des Gesetzes zur Befreiung von Nationalsozialismus und Militarismus) vom 16.4.1947, die zwischen 1932 und 1945 nur das Frisiergeschäft nennt, beides Nachlass Arnold Blome, Bremen.

47 Siehe Steuerbescheid 1932 vom 16.11.1933 und Steuerbescheid 1935 vom 10.2.1936 des Finanzamts Bremen-Ost für Arnold Blome, Damenfriseur, Nachlass Arnold Blome, Bremen.

48 Außerdem wird Blome 1934 ordentliches Mitglied des Kunstvereins in Bremen, vgl. Jahresbericht 1935, S. 16.

49 Blome schenkte folgende Werke: Rudolf Grossmann, *Illustration zu Goethes Tagebuch*, Inv. 1932/104, Bernhard Hoetger, *Weiblicher Akt*, Inv. 1932/96, und Alfred Partikel, *Finnisches Mädchen im Boot*, Inv. 1932/103.

50 Siehe Rechnung für drei Zeichnungen von Purrkann, Rösler und Beckmann vom 18.10.1932, Kunsthalle Bremen, Archiv, Nr. 158.

51 Vgl. Inventarbuch 1932–1944, Kunsthalle Bremen.

52 Vgl. Rechnungsbelege und Schriftwechsel, Kunsthalle Bremen, Archiv, Ankaufsakten 1932–1945, sowie Nachlass Arnold Blome, Bremen.

53 Steuerforderung an Arnold Blome, Steuernummer 0268/20, siehe Emil Waldmann an das Finanzamt Bremen-Ost, Brief vom 19.5.1937, Kunsthalle Bremen, Archiv, Nr. 112a.

54 Ebd.

55 Ebd.

56 Ebd.

57 Siehe Umsatzsteuerbescheid 1938 für Herrn und Frau Arnold Blome, Kunsthändler/Damenfrisiergeschäft, Jahreseinkommen 1840 Reichsmark, Steuerbescheid Finanzamt Bremen-Ost vom 26.8.1939, Nachlass Arnold Blome, Bremen.

58 Vgl. Bremer Illustrierte 1966.

59 Blome an die Kunsthalle Bremen, Brief vom 15.5.1939, Kunsthalle Bremen, Archiv, Ankaufsakten 1939–1940.

60 Vgl. von Alten an Meyer, Brief vom 17.5.1939; Meyer an von Alten, Brief vom 19.5.1939; von Alten an Blome, Brief vom 3.8.1939; von Alten an Meyer, Brief vom 4.8.1939; von Alten an Meyer, Brief vom 9.8.1939, Kunsthalle Bremen, Archiv, Ankaufsakten 1939–1948.

61 Meyer an von Alten, Brief vom 19.5.1939, Kunsthalle Bremen, Archiv, Ankaufsakten 1939–1948.

62 Von Alten an Meyer, Brief vom 17.5.1939, Kunsthalle Bremen, Archiv, Ankaufsakten 1939–1948.

63 Von Alten an Meyer, Brief vom 4.8.1939, Kunsthalle Bremen, Archiv, Ankaufsakten 1939–1948.

64 Siehe Umsatzsteuerbescheid 1938 (wie Anm. 57).

65 Ein weiteres Beispiel für Blomes Geschäfte mit dem Kunstverein ist der Verkauf von zwei Papierarbeiten an Dietrich Kriete, Direktor der Firma Miltenberg & Kriete, Bremen. Waldmann vermittelte diesen Verkauf an das Kunstvereinsmitglied. Vgl. Waldmann an Kriete, Brief vom 29.9.1936 sowie Quittung vom 29.9.1936, Kunsthalle Bremen, Archiv, Ankaufsakten, 1950, A–G.

66 Vgl. Kat. Aukt. Weinmüller 1939. Das Ehepaar Melitta und Michael Berolzheimer konnte 1938 in die USA ausreisen.

67 Vgl. Lost Art Internet Database – Datenbank Kunst- und Kulturgutauktionen 1933–1945: Weinmüller, Adolf.

68 Zudem erwarb die Kunsthalle die Zeichnung *Landschaft mit Brücke* von Claude Lorrain, die Blome auf derselben Weinmüller-Auktion aus der jüdischen Sammlung Siegfried Lämmle erworben hatte. Seit Frühjahr 1945 wird sie als Kriegsverlust vermisst, vgl. Inventarbuch 1932–1944, Kunsthalle Bremen, Inv. 99/1939-104. – Vgl. Dokumentation Kriegsverluste 1991, S. 158, Nr. 874, o. Abb. – Siehe auch Lost Art Internet Database – Einzelobjekt, Suchmeldung.

69 Dabei handelt es sich um die *Gewandstudie* (Inv. 1939/106) von Andrea Boscoli und den *Leichenzug* (Inv. 1939/107) von Lodovico Carracci. Beide Blätter werden seit dem Zweiten Weltkrieg als Kriegsverlust vermisst. Das Blatt von Boscoli ist heute Teil der Sammlung Baldin in Moskau. Vgl. Dokumentation Kriegsverluste 1991, S. 170, Nr. 946, und S. 176, Nr. 978. – Siehe auch Lost Art Internet Database.

70 Vgl. Kat. Aukt. Puppel 1941, Nr. 126: Domenico Fetti, *Dornenkrönung*; Nr. 330: Venezianische Schule, *Anbetung der Könige*, sowie Nr. 239: Giacomo Cavedone, *Schreitende Frau [Rückenfigur einer Frau in faltigem Gewand]*.

71 Die Kreidezeichnung einer schreitenden Frau von Giacomo Cavedone (Inv. 1940/539) wurde im Frühjahr 2013 vom Kunstverein in Bremen an die rechtmäßigen Eigentümer restituiert und anschließend für die Sammlung der Kunsthalle erworben.

72 Vgl. die Schätzpreise im Kat. Aukt. Weinmüller 1939 und im Kat. Aukt. Puppel 1941.
73 Siehe Rechnung Weinmüller, Kunsthalle Bremen, Archiv, Nr. 112a. – Zu dieser Auktion vgl. Hopp 2012, Kap. 5.1. Die Sammlung Michael Berolzheimer, S. 164–169. Die restlichen sieben Zeichnungen, die Blome aus der Sammlung Berolzheimer erwarb, blieben bis nach seinem Tod 1972 in seiner Privatsammlung. Als Teil des Nachlasses wurden sie zwischen 1999 und 2006 auch bei Bolland & Marotz. Hanseatisches Auktionshaus Bremen versteigert. Ihr Verbleib ist unbekannt.
74 Vgl. Sammlung mit Dankschreiben 1947–1960, Nachlass Arnold Blome, Bremen.
75 Vgl. *Aus der Sammlung eines Bremers* (Arnold Blome), 1.10.–7.11.1938, Ausstellungsbuch 1935–1952, Kunsthalle Bremen. Während die 48 Gemälde im Einzelnen mit Künstler und Titel aufgelistet sind, werden die 160 Papierarbeiten lediglich als Konvolut aufgeführt. Blome vermerkte jedoch auf den Rückseiten der Exponate die Teilnahme an dieser Ausstellung.
76 Vgl. Wacker 1938, Augustiny 1938 sowie Weltkunst 1938.
77 Vgl. Wacker 1938.
78 Vgl. Henrike Hans in diesem Katalog, S. 74–93.
79 Vgl. Blomes Antrag auf Arbeitserlaubnis als Restaurator und Maler bei der Handelskammer Bremen vom 4.10.1946, Nachlass Arnold Blome, Bremen. In diesem Schreiben bezeichnete er sich ausdrücklich als während der NS-Zeit „entartet" diskriminierter Künstler.
80 Vgl. Poll 2011, S. 122–128.
81 Vgl. Waldmann 1935. – Siehe auch Wacker 1938 und Augustiny 1938. So erwarb Blome auf Auktionen auch gerne ganze Konvolute zu günstigen Sammelpreisen, in der Hoffnung darunter bisher unentdeckte Meisterwerke zu finden. Freundliche Auskunft von Peter Oertel, Bremen.
82 Vgl. Waldmann 1935, S. 240 f.
83 Vgl. Dorothee Hansen: *Johann Georg Wolde und Adele Wolde – ein Bremer Sammlerpaar*, Kat. Ausst. Kunsthalle Bremen 2003/04, Bremen 2003 (= Die Kunsthalle Bremen und ihre Stifter 2).
84 Vgl. Dienstbescheinigung der Schutzpolizei Bremen L. S., Abschnitt Ost vom 17.5.1945, Nachlass Arnold Blome, Bremen.
85 Vgl. ebd. – Vom 24.12.1944 bis 23.5.1945 befand sich Blome wegen einer Gehirnerschütterung sowie Thyreotoxicose in der Sanitätsstelle Ost in Behandlung. Er wurde am 18.5.1945 auf eigenen Wunsch ungeheilt entlassen. Siehe Bescheinigung der Sanitätsstelle vom 18.5.1945, Nachlass Arnold Blome, Bremen.
86 Vgl. Kat. Ausst. Bremen 2011, S. 138–143.
87 Vgl. Blome an Rolf Ohse, Postkarte vom 10.2.1965, Privatarchiv Rolf Ohse, Bremen.
88 Arnold an Helene Blome, Bildpostkarten vom 16.1. und 23.1.1941, Nachlass Arnold Blome, Bremen.
89 Vgl. Bericht über Tätigkeit und Verwaltung der Bremer Feuerwehr 1936/37 (1937), Sammlung der Tagesbefehle, Bd. 1–4, StAB 4,128, Feuerwehr, Za 247.
90 Kunstauktionshaus Walz, München, 2.9.1940; Galerie Valentin, Stuttgart, 4.9.1940. Vgl. Inventarbuch 1932–1944, Kunsthalle Bremen.
91 Kat. Aukt. Puppel 1941.
92 Siehe Emil Waldmann, Erklärung (Kopie) vom 17.11.1939. Darüber hinaus bestätigte Fritz Hilken, der Geschäftsführer der Kunsthalle Bremen, am 20.10.1942, dass Blome „im Bunker der Kunsthalle 25 Kisten oder Pakete, drei Koffer und drei einzelne Gemälde untergestellt hat". Siehe Kunsthalle Bremen, Archiv, Nr. 112a.
93 Blome verkaufte der Kunsthalle von 1939 bis 1942 nur 21 Papierarbeiten, vgl. Inventarbuch 1932–1944, Kunsthalle Bremen.
94 Nur von zwei Gerichtsvollziehern, Rötsch und Kühling, blieben die Versteigerungsprotokolle erhalten. Neben den jüdischen Eigentümern sind darin die Gegenstände, Käufer und Preise exakt verzeichnet. Vgl. hierzu ausführlich Schleier 1998, S. 247–265. Insgesamt bei 20 Objekten auf zehn Auktionen an sechs Tagen taucht Blomes Name als Käufer zwischen dem 23.2.1942 und dem 8.4.1943 in den Protokollen der beiden Gerichtsvollzieher auf. Siehe StAB 4,42/3–6 und 7. Im Rahmen der bisherigen Provenienzforschungen der Kunsthalle Bremen konnte nichts über den Verbleib der von Blome ersteigerten Gemälde und Einrichtungsgegenstände herausgefunden werden.
95 Siehe Bestätigungen von Jördens vom 16.3.1942 und vom 10.9.1942, Nachlass Arnold Blome, Bremen.
96 Siehe Bestätigung von Jördens vom 10.9.1942, Nachlass Arnold Blome, Bremen.
97 Siehe Testament Blome vom 11.12.1944, Kunsthalle Bremen, Archiv, Nr. 112a.
98 Siehe Ehevertrag zwischen dem Kunstgewerbler Hermann Arnold Blome, zur Zeit Oberwachtmeister der Luftschutzpolizei und seiner Ehefrau Helene Minna Blome, geborene Rademann, vom 2.12.1944, Ausfertigung UR. Nr. 325/1944 vom 2.12.1944, Nachlass Arnold Blome, Bremen.
99 Vgl. *Johann Friedrich Lahmann ... zu möglichst gleichen Teilen ...*, Kat. Ausst. Kunsthalle Bremen 1995 (= Die Kunsthalle Bremen und ihre Stifter 1). – Siehe auch Kunsthalle Bremen, Archiv, Nr. 78a.
100 Vgl. Apelt 1958, S. 17. Von Alten starb im August 1944 bei einem Bombenangriff auf Bremen.
101 Vgl. Bescheinigung der Sanitätsstelle vom 18.5.1945, Nachlass Arnold Blome, Bremen.
102 Sterbeurkunde Helene Minna Blome, Standesamt Bremen-Mitte, Nr. 752, 14.3.1946, Nachlass Arnold Blome, Bremen. – Siehe auch Meldekarte Arnold Blome, StAB 4,82/1, Einwohnermeldekartei, sowie Kunsthalle Bremen, Archiv, Nr. 112a.
103 Siehe Testamentsnachtrag vom 2.3.1946, Kunsthalle Bremen, Archiv, Nr. 112a.
104 Vgl. Marcus Kenzler in diesem Katalog, S. 94–99.
105 Vgl. Silke Seybold in diesem Katalog, S. 102–104.
106 Siehe Testamentsnachtrag vom 2.3.1946, Kunsthalle Bremen, Archiv, Nr. 112a.
107 Siehe Testamentsnachtrag vom 25.8.1947, Kunsthalle Bremen, Archiv, Nr. 112a. – Zu den Vermächtnissen an das Focke-Museum und die Staatsbibliothek vgl. Karin Walter und Joachim Drews in diesem Katalog, S. 100–101, und S. 105.
108 Blome an Greischel, Brief vom 17.2.1949, LWL-Landesmuseum für Kunst und Kulturgeschichte Münster, Archiv, Inv. 129/49.
109 Grundlage für diese Angaben sind die im Nachlass Arnold Blome, Bremen, erhaltenen und statistisch ausgewerteten Dankesschreiben der Institutionen. Vgl. auch Küster 1999, S. 118.
110 Fünf davon wurden später vom Kunstverein verkauft; zwei weitere Gemälde werden seit 1991 vermisst.

111 Blome an Greischel, Brief vom 17.2.1949, LWL-Landesmuseum für Kunst und Kulturgeschichte, Münster, Archiv, Inv. 129/49.
112 Ebd.
113 Siehe Blome an Schwebel, Brief vom 7.1.1960, Nachlass Arnold Blome, Bremen.
114 Handwerkskammer Bremen an Blome, Brief vom 27.3.1950: „[...] teilen Ihnen in Geschäftsführung der Friseur-Innung Bremen mit, daß dieselbe bereit ist, Sie mit sofortiger Wirkung in der Innung zu streichen", Nachlass Arnold Blome, Bremen.
115 Siehe Blomes Antrag vom 23.2.1946 an das Stadtamt Bremen zur Genehmigung, als Restaurator für Gemälde und sonstige Kunstgegenstände tätig zu sein. Am 9.3.1946 meldete Blome ein Gewerbe als Maler, Grafiker und Restaurator an, vgl. Geschäftsmeldebescheinigung, Stadtamt der Freien Hansestadt Bremen. – Außerdem stellte Blome am 4.10.1946 einen Antrag auf Arbeitserlaubnis als Restaurator und Maler bei der Handelskammer Bremen, Nachlass Arnold Blome, Bremen.
116 Die Kunsthalle Bremen kaufte von Blome zwischen 1948 und 1963 insgesamt 190 Papierarbeiten, meistens Zeichnungen, sowie einige Sachbücher, vgl. Inventarbücher 1945–1955 und 1956–1960, Kunsthalle Bremen.
117 Blome ersteigerte u. a. im Auftrag der Buch- und Kunsthandlung Heinrich Jördens, Bremen, Sögestraße 76, einige Gemälde im Dorotheum, Wien, vgl. Schriftwechsel Blome mit Jördens, Oktober 1954, Nachlass Arnold Blome, Bremen.
118 Vgl. Objektliste im Ausstellungsbuch der Kunsthalle Bremen 1935–1952, Kunsthalle Bremen. – Siehe auch Rudeloff 1948, S. 3.
119 Vgl. Nordwest-Zeitung 1948.
120 Blome war von Jördens als Gutachter für dessen Ankäufe bei dem Kunstfälscher Lothar Malskat (1913–1988) herangezogen worden. Daher wurde er am 20.10.1954 in einem Wiederaufnahmeverfahren gegen Malskat ebenfalls als Zeuge verhört, vgl. Weser-Kurier 1954 sowie Presseausschnitte 1954–1956 zur Affäre Malskat, Kunsthalle Bremen, Archiv, Nr. 199.
121 Vgl. Blome an Busch, Brief vom 3.1.1963, Nachlass Arnold Blome, Bremen.
122 Siehe Testament Arnold Blome vom 23.6.1960, Nachlass Arnold Blome, Bremen.
123 Vgl. Onlinedatenbank Frits Lugt, Nr. 4046, 4047.
124 Siehe Testament Arnold Blome vom 17.1.1969, Nachlass Arnold Blome, Bremen.
125 Ich danke Rolf Ohse für seine Auskünfte. Ohse gründete mit seiner Frau Bärbel 1966 die Galerie Rolf Ohse im Bremer Schnoor. 1977 zog er in die Contrescarpe 36; 2010 übernahm Birk Ohnesorge die Galerie.
126 Vgl. Blome an Ohse, Postkarten vom 30.11.1965, 16.11.1965, 20.2.1966 und 29.5.1966, Privatarchiv Rolf Ohse, Bremen.
127 Siehe Sterbeurkunde Arnold Blome, Nr. 1019/72 vom 28.2.1972, Nachlass Arnold Blome, Bremen. – Dokument vom Gartenbauamt Bremen zur Grabstelle Nr. W 812 auf dem Osterholzer Friedhof, 29.2.1972, Nachlass Arnold Blome, Bremen. Es ist unbekannt, warum er nicht in dem Doppelgrab Nr. O 434 mit Helene beigesetzt wurde, das ihm am 21.2.1946 vom Gartenbauamt bescheinigt worden war. Die Grabstelle war laut Gesetz vom 13.5.1935 dreißig Jahre gültig.
128 Vgl. Kat. Ausst. Bremen 1980 und Kat. Ausst. Bremen 1981.
129 Vgl. Kat. Aukt. Bolland & Marotz 1999. – Kat. Aukt. Bolland & Marotz 2001. – Kat. Aukt. Bolland & Marotz 2002. – Kat. Aukt. Bolland & Marotz 2006.

# Provenienz Arnold Blome:
## Ausgewählte Werke

**10 Jan Cornelisz. Holblock**
*Ideallandschaft,* um 1660

Kaspar Heinrich
Freiherr von Sierstorpff,
Bad Driburg,
1802 bis max. 29.3.1842

Gemäldegalerie
Bad Driburg, mind.
29.3.1842 bis 19.4.1887

Auktion Rudolph Lepke,
Berlin, 19.4.1887, Nr. 105

Wilhelm Laporte,
Hannover,
19.4.1887 bis 25.5.1900

Emil und Else Sicker,
Hannover, 25.5.1900 bis
max. 1935

Arnold Blome, Bremen,
mind. 1935 bis 25.1.1947

Am 25.1.1947 erworben
von der Kunsthalle
Bremen als Vermächtnis
Helene und Arnold Blome

Kaspar Heinrich Freiherr von Sierstorpff erwarb die *Ideallandschaft* 1802 auf einer Reise in die Niederlande. Der Staatsmann aus dem Fürstentum Braunschweig-Wolfenbüttel präsentierte seine bedeutende Gemäldesammlung in einer Galerie von Schloss Driburg.

Die 170 Bilder umfassende Sammlung Sierstorpff wurde am 19. April 1887 bei Rudolph Lepke in Berlin versteigert. Dort erwarb der Jurist Wilhelm Laporte aus Hannover das Gemälde, das nach seinem Tod am 25. Mai 1900 an den Verwaltungsinspektor Emil Sicker in Hannover verkauft wurde. Nach dessen Tod 1922 ging das Bild in das Eigentum seiner Witwe Else Sophie Susanne Sicker über, die es spätestens 1935 an Arnold Blome verkaufte. Am 25. Januar 1947 kam das Bild als Vermächtnis Helene und Arnold Blome in die Kunsthalle Bremen.

Provenienz Arnold Blome: Ausgewählte Werke 25

**4 Alessandro Magnasco**
*Landschaft mit betenden Mönchen,* um 1700

Das Gemälde stammt aus der Anhaltinischen Gemäldesammlung Dessau. Blome erwarb es vor 1932 von dem Dessauer Kunsthändler Heinz Spielmeyer, dem offiziellen Verkäufer von Kunstwerken der Anhaltinischen Sammlung. Bereits 1932 wird das Bild im Bestandskatalog der Kunsthalle Bremen aufgeführt – Blome muss es also zunächst als Leihgabe an die Kunsthalle gegeben haben. Erst am 1. März 1937 wurde das Bild als Geschenk des Galerievereins für die Sammlung der Kunsthalle erworben.

Anhaltinische Gemäldegalerie Dessau, mind. 1932 bis max. Dezember 1936

Kunsthandlung Heinz Spielmeyer, Dessau, mind. Januar bis Februar 1937

Arnold Blome, Bremen, mind. Februar bis März 1937

Im März 1937 erworben von der Kunsthalle Bremen

Der Bremer Dentalunternehmer und Kunstsammler Wilhelm Herbst (1842–1915) vererbte seine renommierte Kunstsammlung seinem Sohn und Unternehmensnachfolger Emil Herbst (1872–1940). Nach dessen Tod wurde die Kunstsammlung Dr. Herbst im August 1941 in Bremen versteigert. Dort erwarb Arnold Blome die Temperamalerei *Zwei Rebhühner* für 11 Reichsmark. Die Familie Herbst wurde während der Zeit des Nationalsozialismus nicht verfolgt. Die Versteigerung erfolgte auf freiwilliger Basis. Das Bild gelangte am 28. Januar 1947 als Vermächtnis Helene und Arnold Blome in die Kunsthalle Bremen.

**15 Deutscher Künstler des 16. Jahrhunderts**
*Zwei Rebhühner*

Wilhelm Herbst, Bremen, mind. 1915

Emil Herbst, Bremen, 1915 bis 1940

Nachlass-Auktion Dr. Herbst, Bremen, August 1941

Arnold Blome, Bremen, August 1941 (für 11 RM) bis 28.1.1947

Am 28.1.1947 erworben von der Kunsthalle Bremen als Vermächtnis Helene und Arnold Blome

**31 Gaston Camillo Lenthe**
*Campagnalandschaft im Sonnenschein*, 1835/36

Mit einem Schreiben vom 25. Februar 1836 übereignete der Künstler Gaston Camillo Lenthe die Ölstudie *Campagnalandschaft im Sonnenschein* dem Erbgroßherzog Paul Friedrich von Mecklenburg-Schwerin als Dank für die Finanzierung seiner Italienreise. Später gelangte das Bild zu einem unbekannten Zeitpunkt in das Eigentum der Nachfahren des 1860 verstorbenen Künstlers. Die Familie Lenthe war der großherzoglichen Familie mindestens bis zur Abdankung 1918 eng verbunden.
Im August 1937 erwarb Arnold Blome das Bild von der Urenkelin des Künstlers, Elfriede Streitenfeld in Eisenach. Sie war 1930 nach dem Tod ihres Mannes, des Malers Ludwig Streitenfeld, in finanzielle Not geraten und musste ihre Sammlung verkaufen. Der älteste Sohn Heinz-Eberhard lebte damals in Bremen und vermittelte Blome den Ankauf mehrerer Gemälde, insbesondere von Lenthe. Am 27. Januar 1947 erwarb die Kunsthalle Bremen das Landschaftsbild zusammen mit einer zweiten Landschaft des Schweriner Künstlers (Kat. 30) als Vermächtnis Helene und Arnold Blome.

Erbgroßherzog Paul Friedrich von Mecklenburg-Schwerin, 25.2.1836 bis 1919

Elfriede Streitenfeld, Eisenach, 1919 bis August 1937

Arnold Blome, Bremen, August 1937 bis 27.1.1947

Am 27.1.1947 erworben von der Kunsthalle Bremen als Vermächtnis Helene und Arnold Blome

Nach dem Tod der Bremer Künstlerin und Sammlerin Aline von Kapff am 21. März 1936 wurde ihr Nachlass zum Verkauf angeboten. Dort erwarb Arnold Blome unter anderem diese Ölstudie mit einer Darstellung der sogenannten Charlotten-Eiche im Hasbruch, einem Wald im Landkreis Oldenburg, der für seine tausendjährigen Eichen bekannt ist. Am 25. Januar 1947 kam das Bild als Vermächtnis Helene und Arnold Blome in die Kunsthalle Bremen.

**12 Ernst Willers**
*Eiche im Hasbruch*, 1831/35

Aline von Kapff, Bremen, bis 21.3.1936 (Nachlassverkauf)

Arnold Blome, Bremen, 21.3.1936 bis 25.1.1947

Am 25.1.1947 erworben von der Kunsthalle Bremen als Vermächtnis Helene und Arnold Blome

**9 Friedrich Nerly**
*Canale Grande mit Blick auf Santa Maria della Salute in Venedig*, um 1845

Im Jahr 1898 ist in der Sammlung G. M. Wittich in Berlin ein Gemälde mit dem Titel *Canale Grande mit Santa Maria della Salute* dokumentiert, dessen Maße in etwa mit dem Bremer Bild übereinstimmen. Es ist unbekannt, wann und von wem Arnold Blome das Werk erworben hat. Am 25.1.1947 übergab es der Sammler der Kunsthalle Bremen und ließ sich eine Empfangsbescheinigung „zu den uns bekannten Testamentsbestimmungen als Geschenk für 1 Gemälde von F. Nerly *Venedig*" ausstellen. Die Kunsthalle inventarisierte das Gemälde unter dem Titel *Canale Grande*. Später erhielt es den Titelzusatz *mit Blick auf Santa Maria della Salute in Venedig*.

G. M. Wittich, Berlin, mind. 1898

Arnold Blome, mind. 25.1.1947

Am 25.1.1947 erworben von der Kunsthalle Bremen als Vermächtnis Helene und Arnold Blome

**22  Karl Schmidt-Rottluff**
*Das rote Haus,* 1913

Im Besitz des Künstlers
bis 1919

*Permanente Ausstellung,*
Kunsthalle Bremen, 1919

Kurt Specht, Bremen, 1919
(für 1400 Mark)
bis 2.11.1946

Auktionator Otto Schoener,
Bremen, Dezember 1946

Arnold Blome, Bremen,
Dezember 1946 bis
21.1.1947

Am 21.1.1947 erworben
von der Kunsthalle
Bremen als Vermächtnis
Helene und Arnold Blome

1919 präsentierte die Kunsthalle Bremen Schmidt-Rottluffs Gemälde *Das rote Haus* in der sogenannten *Permanenten Ausstellung,* in der auch verkäufliche Werke gezeigt wurden. Hier erwarb der Bremer Privatsammler Kurt Specht das Bild für 1400 Mark. Er war Mitglied des Kunstvereins und der Gesellschaft für Kunstfreunde, die vom Kunsthallendirektor Emil Waldmann im gleichen Jahr als Fördervereinigung für moderne Kunst gegründet worden war. Das Gemälde blieb bis zum Tod von Kurt Specht am 2. November 1946 in seinem Eigentum und wurde danach von seiner Ehefrau Antonie Specht über den Bremer Auktionator Otto Schoener verkauft. Arnold Blome erwarb es zusammen mit dem Gemälde von Erich Heckel (Kat. 23) von dem befreundeten Kunsthändler, um beide Bilder umgehend am 21. Januar 1947 der Kunsthalle Bremen als Vermächtnis Helene und Arnold Blome zu schenken.

**23 Erich Heckel**
*Haus in Dangast*, 1908

Mindestens bis 1913 befand sich das Gemälde im Besitz des Künstlers. 1919 präsentierte es die Berliner Kunsthandlung Graphisches Kabinett J. B. Neumann in einer Ausstellung der Kunsthalle Bremen. Dort erwarb der Bremer Privatsammler Kurt Specht das Bild für 1200 Mark. Als Mitglied des Kunstvereins in Bremen interessierte er sich besonders für die moderne Kunst. Daher gehörte er auch der Gesellschaft für Kunstfreunde an, die der Kunsthallendirektor Emil Waldmann 1919 zur Förderung moderner Kunst gegründet hatte. Das Gemälde wurde nach dem Tod von Kurt Specht am 2. November 1946 von seiner Ehefrau Antonie Specht über den Bremer Auktionator Otto Schoener verkauft. Arnold Blome erwarb es zusammen mit dem Gemälde von Karl Schmidt-Rottluff (Kat. 22) von dem befreundeten Kunsthändler und schenkte beide Bilder wenig später, am 21. Januar 1947, der Kunsthalle Bremen als Vermächtnis Helene und Arnold Blome.

Graphisches Kabinett J. B. Neumann, Berlin, mind. 1919

Kurt Specht, Bremen, 1919 (für 1200 Mark) bis 2.11.1946

Auktionator Otto Schoener, Bremen, 1946

Arnold Blome, Bremen, 1946 bis 21.1.1947

Am 21.1.1947 erworben von der Kunsthalle Bremen als Vermächtnis Helene und Arnold Blome

**24 Kees van Dongen**
*Die Bettlerin (La Mendiante)*,
um 1905/07

Daniel-Henry Kahnweiler, Paris, vom Künstler erworben 1908

Kunstsalon Paul Cassirer, Berlin, Juni bis Juli 1919, Nr. 21

Galerie Commeter, Hamburg, August 1919

Ausstellung *Kees van Dongen. Frauen*, Galerie Alfred Flechtheim, Düsseldorf, 5.–18.10.1919, Nr. 22

48. Sonderausstellung *Meisterwerke deutscher Kunst aus Hannoverschem Privatbesitz*, Kestnergesellschaft Hannover, 5.2.–1.3.1922, Nr. 53

Robert Sostberg, Berlin, mind. 27.9.1932

Nachlass-Auktion Robert Sostberg, Internationales Kunst- und Auktions-Haus Berlin, 27.9.1932

Arnold Blome, Bremen, 27.9.1932 bis 25.1.1947

Am 25.1.1947 erworben von der Kunsthalle Bremen als Vermächtnis Helene und Arnold Blome

1908 erwarb der Pariser Kunsthändler Daniel-Henry Kahnweiler das Gemälde direkt vom Künstler. 1919 ging das Bild in Deutschland auf „Tournee": Von Juni bis Juli 1919 war es im Kunstsalon Paul Cassirer in Berlin ausgestellt, im August in der Galerie Commeter in Hamburg und vom 5. bis 18. Oktober in der Galerie Alfred Flechtheim in Düsseldorf. Anschließend muss es ein Sammler aus Hannover erworben haben, denn vom 5. Februar bis zum 1. März 1922 war das Bild in der 48. Sonderausstellung *Meisterwerke deutscher Kunst aus Hannoverschem Privatbesitz* in der Kestnergesellschaft Hannover zu sehen. Danach gelangte das Bild zu einem nicht bekannten Zeitpunkt in den Besitz des Berliner Sammlers Robert Sostberg. Nach dessen Tod wurde die Sammlung am 27. September 1932 im Internationalen Kunst- und Auktions-Haus Berlin versteigert. Blome erwarb das Gemälde dort zusammen mit zwei weiteren Gemälden von Heiko Hesterberg und Ramah (Kat. 19). Am 25. Januar 1947 übergab er das Gemälde *Die Bettlerin* als Vermächtnis Helene und Arnold Blome an die Kunsthalle Bremen.

Provenienz Arnold Blome: Ausgewählte Werke 33

11 **Eugen Spiro**
*Südliche Landschaft*, 1913

Ein unbekannter Berliner Privatsammler lieferte die *Südliche Landschaft* von Eugen Spiro am 12. April 1932 zur Versteigerung beim Internationalen Kunst- und Auktions-Haus Berlin ein. Das offenbar nicht verkaufte Gemälde wurde auf der Auktion am 24. Mai 1932 erneut angeboten. Dort ersteigerte es Arnold Blome, der die Auktionen dieses Kunsthauses häufig besuchte. Am 25. Januar 1947 gelangte das Bild als Vermächtnis Helene und Arnold Blome in die Kunsthalle Bremen.

Unbekannte Privatsammlung, Berlin, mind. 12.4.1932

Auktion Internationales Kunst- und Auktions-Haus Berlin, 12.4.1932, Nr. 425b

Auktion Internationales Kunst- und Auktions-Haus Berlin, 24.5.1932, Nr. 255

Arnold Blome, Bremen, 24.5.1932 bis 25.1.1947

Am 25.1.1947 erworben von der Kunsthalle Bremen als Vermächtnis Helene und Arnold Blome

### 19 Ramah (eigentl. Henri François Raemaeker)
*Viehhändler*, 1925

Ausstellung, Galerie du Centaure, Brüssel, 21.11. bis 2.12.1925

Ausstellung, Künstlervereinigung Cercle Artistique et Littéraire, Waux Hall, Brüssel, 29.11. bis 9.12.1927

Robert Sostberg, Berlin, 9.12.1927 bis 27.9.1932

Nachlass-Auktion Robert Sostberg, Internationales Kunst- und Auktions-Haus Berlin, 27.9.1932

Arnold Blome, Bremen, 27.9.1932 bis 25.1.1947

Am 25.1.1947 erworben von der Kunsthalle Bremen als Vermächtnis Helene und Arnold Blome

Das Gemälde wurde vermutlich vom Künstler vom 21. November bis 2. Dezember 1925 in der Brüsseler Galerie du Centaure ausgestellt. Dann zeigte es die Künstlervereinigung Cercle Artistique et Littéraire in der Waux Hall in Brüssel vom 29. November bis zum 9. Dezember 1927. Der Berliner Sammler Robert Sostberg, der Mitte der 1920er Jahre längere Zeit in Brüssel lebte, erwarb das Gemälde zu dieser Zeit. Nach seinem Tod wurde seine Sammlung am 27. September 1932 im Internationalen Kunst- und Auktions-Haus Berlin versteigert. Blome erwarb das Bild dort zusammen mit zwei Werken von Heiko Hesterberg und Kees van Dongen (Kat. 24). Die Kunsthalle Bremen erhielt es am 25. Januar 1947 als Vermächtnis Helene und Arnold Blome.

Provenienz Arnold Blome: Ausgewählte Werke 35

Ein unbekannter Berliner Privatsammler lieferte das Gemälde *Die Barke* am 17. November 1931 zur Versteigerung beim Internationalen Kunst- und Auktions-Haus Berlin ein. Das offenbar nicht verkaufte Bild wurde auf der Auktion am 29. August 1932 erneut angeboten. Dort ersteigerte es Arnold Blome, der dieses Kunsthaus häufig besuchte. Am 23. Januar 1947 gelangte es als Vermächtnis Helene und Arnold Blome in die Kunsthalle Bremen.

21 **Wilhelm Kohlhoff**
*Die Barke,* um 1918/19

Unbekannte Privatsammlung, Berlin, mind. 17.11.1931 bis 29.8.1932

Auktion Internationales Kunst- und Auktions-Haus Berlin, 29.8.1932, Nr. 163

Arnold Blome, Bremen, 29.8.1932 bis 23.1.1947

Am 23.1.1947 erworben von der Kunsthalle Bremen als Vermächtnis Helene und Arnold Blome

Arnold Blome kaufte die *Expressionistische Komposition* des Bremer Künstlers Karl Dannemann am 18. Mai 1946 in der Buch- und Kunsthandlung Franz Leuwer in Bremen für 750 Reichsmark. Da die Geschäftsunterlagen von Leuwer nicht erhalten sind, konnte der Verkäufer des Gemäldes nicht ermittelt werden. Anfang 1947 wurde das Gemälde von der Kunsthalle Bremen als Geschenk erworben. Blome erhielt am 29. Januar 1947 eine Empfangsbestätigung des Kunsthallendirektors Günter Busch. Sie enthält den Vorbehalt, „es gegebenenfalls gegen ein besseres eintauschen zu können, das dann als Vermächtnis in die Sammlung käme".

**8 Karl Dannemann**
*Expressionistische Komposition,* späte 1920er Jahre

---

Buch- und Kunsthandlung Franz Leuwer, Bremen, mind. 18.5.1946

---

Arnold Blome, Bremen, 18.5.1946 (für 750 RM) bis 29.1.1947

---

Am 29.1.1947 erworben von der Kunsthalle Bremen als Vermächtnis Helene und Arnold Blome

Provenienz Arnold Blome: Ausgewählte Werke 37

Arnold Blome kaufte die kleine Bronzefigur am 27. Mai 1946 direkt vom Künstler für 2000 Reichsmark. Am 27. Januar 1947 schenkte er sie der Kunsthalle als Vermächtnis Helene und Arnold Blome.

**35 Kurt Edzard**
*Stehende Frau,* 1920

Im Besitz des Künstlers bis 27.5.1946

Arnold Blome, Bremen, 27.5.1946 (für 2000 RM) bis 27.1.1947

Am 27.1.1947 erworben von der Kunsthalle Bremen als Vermächtnis Helene und Arnold Blome

# Ein „fanatischer Bilderliebhaber" – der Bremer Kaufmann Heinrich Glosemeyer

*Brigitte Reuter*

Der Kaufmann Heinrich Glosemeyer (1896–1969) gehörte Mitte des 20. Jahrhunderts zu den bedeutendsten Kunstsammlern in Bremen. An die Kunsthalle verschenkte und verkaufte er im Laufe der Jahre insgesamt 22 Kunstwerke, darunter einige sehr wertvolle Gemälde.[1] Seine Person ist heute jedoch weitgehend vergessen. Materialien und Quellen zu seiner Biografie und zu seiner Sammlung sind in den Archiven nur noch vereinzelt zu finden. Weder ein Nachlass noch persönliche Briefwechsel sind erhalten, daher stützt sich diese erstmalige Untersuchung seines Lebens und seiner Sammeltätigkeit vor allem auf die Auswertung der Erwerbungsunterlagen im Archiv der Kunsthalle Bremen. Die Ergebnisse eröffnen eine neue Facette der Kulturgeschichte Bremens, insbesondere aber sind sie von grundlegender Bedeutung für die Provenienzforschung.

Glosemeyers umfangreiche Sammlung niederländischer Meister des 17. Jahrhunderts sowie deutscher und französischer Impressionisten entstand in enger Kooperation mit der Kunsthalle Bremen. Er erwarb seine Kunst keineswegs nur auf dem regionalen Markt, sondern vorwiegend aus bedeutenden Privatsammlungen und über den internationalen Kunsthandel in Deutschland, Frankreich und der Schweiz. Davon zeugen nicht zuletzt die Werke aus seinem Vorbesitz in der Sammlung des sogenannten Führermuseums in Linz: Sie machen deutlich, dass Glosemeyer im Kunsthandel während der Zeit des Nationalsozialismus aktiv war. Daher musste die Herkunft der Werke, die über ihn in die Kunsthalle Bremen gelangten, unbedingt überprüft werden.

## Ein Geschäftsmann mit Sinn für die Kunst

Wilhelm Hermann Heinrich Glosemeyer kam am 9. April 1896 in Bremen als Sohn von Heinrich Glosemeyer aus Osnabrück und seiner Ehefrau Auguste Glosemeyer, geborene Feder, auf die Welt.[2] Über seine kaufmännische Ausbildung und seinen Militärdienst im Ersten Weltkrieg liegen keinerlei Informationen vor. In Bremen als Kaufmann tätig, erwarb er 1918 im Alter von 22 Jahren die Schokoladen- und Zuckerwarenfabrik Böttcher & Co. in Bernburg an der Saale.[3] Die Hansestadt Bremen blieb jedoch weiterhin Mittelpunkt seines Lebens. Am 15. April 1919 heiratete er hier die zwei Jahre jüngere Bremerin Anna Gesine, gen. Aenne Pein (1898–1949) (Abb. 1).[4] Am 16. Januar 1920 wurde die gemeinsame Tochter Ruth geboren.[5] Noch im selben Jahr gründete Glosemeyer zusammen mit dem Ingenieur Heinrich Wilhelm Karl Feder, einem Verwandten mütterlicherseits, die Hanseaten-Werke, eine Schokoladen-, Konfitüren- und Zuckerwarenfabrik in Bremen-Vahr.[6] Die Bauakte ist zwar nicht erhalten,[7] doch bereits die Pläne für den repräsentativen Gartenhof des bekannten Bremer Garten- und Landschaftsarchitekten Christian Roselius (1871–1945) im schlichten Neo-Biedermeier zeugen von dem künstlerischen Anspruch der architektonischen Gesamtanlage (Abb. 2).[8] Eine spätere Fotografie der Hanseaten-Werke zeigt ein großes Firmengebäude im Internationalen Stil der späten 1920er Jahre (Abb. 3).[9]

Am 14. Juli 1922 wurde Glosemeyers Sohn Heinzalbert in Bremen geboren.[10] Die Familie begann sich in diesen Jahren auch gesellschaftlich zu etablieren. Damals entwickelte sich vermutlich der Kontakt mit der Kunsthalle Bremen, wie Glosemeyers noch vergleichsweise bescheidene Spende von 5 Mark zum 100-jährigen Jubiläum des Kunstvereins 1923 belegt.[11] Erst 1927 wurde er ordentliches Mitglied des Kunstvereins in Bremen mit einem Jahresbeitrag von 10 Mark.[12]

1924 wurden die erfolgreichen Hanseaten-Werke in eine Aktiengesellschaft umgewandelt.[13] Nach erheblichen Verlusten, ausgelöst durch eine Kakaobohnen-Missernte,[14] geriet das Unternehmen wenige Jahre später in den Strudel der beginnenden Weltwirtschaftskrise. 1928 verkaufte Glosemeyer seine Aktienmehrheit an die Schokoladenfabrik Wilhelm Felsche.[15] Das Leipziger Unternehmen war berühmt für seine Konfitüren, die es an Bäckereien und Konditoreien im ganzen Deutschen Reich lieferte. Ein Bericht von 1932 zeigt, dass die Bremer Filiale die internationale Bankenkrise gut überstan-

**1** Heinrich Glosemeyer (1896–1969) mit seiner ersten Frau Aenne, Bremen, Fotografie, 1920er Jahre

Der Bremer Kaufmann Heinrich Glosemeyer 39

**2** Christian Roselius, Entwurf für den Gartenhof der Hanseaten-Werke in Bremen, um 1920/21

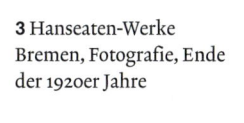

**3** Hanseaten-Werke Bremen, Fotografie, Ende der 1920er Jahre

**4** Heinrich Glosemeyer mit seiner zweiten Frau Elisabeth, Bremen, Fotografie, 1934

den hatte. Darin werden die Hanseaten-Werke als die „neben Stollwerk und Trumpf [...] einzige verbliebene große Schokoladenfabrik in Bremen" bezeichnet.[16] Der Verkauf der Aktienmehrheit machte Glosemeyer zum wohlhabenden Mann. Inwieweit er sein Kapital angesichts der wirtschaftlichen Krise nachhaltig bewahren konnte, muss offenbleiben. Belegen lässt sich hingegen, dass sein finanzieller Gewinn unmittelbar auch der Kunsthalle Bremen zugutekam. So spendete Glosemeyer 1929/30 2000 Reichsmark als Zuschuss für den Ankauf des zu Beginn des 19. Jahrhunderts entstandenen Gemäldes *Empfang eines englischen Admirals auf der Reede von Plymouth*. Das zu dieser Zeit noch John Constable (1776–1837) zugeschriebene Werk entstammte dem Besitz des bekannten ungarischen Sammlers Marcell Nemes (1866–1930).[17] Aus dieser Sammlung erwarb Glosemeyer wenig später selbst das damals dem englischen Maler Thomas Lawrence (1707–1792) zugeschriebene Werk *Zwei musizierende junge Mädchen*. Dabei handelt es sich um die früheste bisher nachgewiesene Erwerbung für seine Privatsammlung (vgl. Kat. 57).[18] Ab 1929 gehörte Glosemeyer zwei Jahre dem Vorstand der Tubenfabrik Stephan Ketels AG in Bremen-Hastedt an,[19] während seine Frau Aenne am 26. Oktober 1930 ein Institut für Fußpflege eröffnete.[20]

Nach der Trennung von seiner ersten Frau am 1. März 1933 lebte Glosemeyer vorübergehend wieder bei seinen Eltern in der Helgoländerstraße 34.[21] Der offiziellen Scheidung am 18. März folgte ein gutes halbes Jahr später die Hochzeit mit Elisabeth Miek aus Nordenham.[22] Sie hatte am 21. Dezember des Vorjahres ein Gewerbe zur Herstellung von Konfitüren in der Bremer Wachtstraße 9/13 angemeldet.[23] Neben den übereinstimmenden beruflichen Interessen verband das Paar auch die gemeinsame Leidenschaft für die Kunst (Abb. 4).

Heinrich Glosemeyer machte sich damals als Vertreter für Süßwaren selbstständig[24] und avancierte 1934 zum Generalvertreter der PEA Schokoladenwerke Petzold & Aulhorn in Dresden.[25] Seine Büroräume verlegte er in die Hohenlohestraße 42 im Bremer Barkhof-Viertel.[26] Für den privaten Bedarf mietete das Ehepaar im September 1934 ein Haus in der nahe gelegenen Parkstraße 67.[27] Die Geschäfte scheinen gut gelaufen zu sein, denn drei Jahre später erwarb das Ehepaar das repräsentative Stadthaus Parkallee 229 in Schwachhausen.[28]

## Werke „aus meiner Privatsammlung"[29] – Heinrich Glosemeyer und der Kunsthandel im Nationalsozialismus

Über das Schicksal Glosemeyers während des Zweiten Weltkriegs ist kaum etwas bekannt. Bisher konnten neben der kontinuierlichen Berufstätigkeit als Großhandelsvertreter mit Wohnsitz in Bremen für diese Jahre lediglich einige, allerdings sehr bemerkenswerte Aktivitäten im Kunsthandel nachgewiesen werden. Ob er aktiv am Krieg teilgenommen hat, kann aufgrund fehlender Archivalien nicht belegt werden.[30] Es ist auch keine längere Abwesenheit von Bremen in den Meldeunterlagen verzeichnet.[31]

Glosemeyer war weder Mitglied der NSDAP noch Mitglied der Reichskammer der bildenden Künste, was gegen eine professionelle Ausübung des Kunsthändlerberufs während der NS-Zeit spricht.[32] Er nutzte jedoch während des Krieges jede Möglichkeit, günstig wertvolle Kunstwerke sowohl zu erwerben als auch zu verkaufen. So versteigerte er etwa zwischen 1941 bis 1943 etliche seiner Gemälde auf den Auktionen des Kunstversteigerungshauses Adolf Weinmüller in München und Wien.[33] Des Weiteren lassen sich seine Geschäfte mit den Beauftragten der Sonderkommission Linz belegen beziehungsweise mit den Münchener Kunsthändlern und Galerien, die das von Adolf Hitler geplante „Führermuseum" in Linz belieferten. Die während des Krieges in ganz Europa zusammengetragene Kunstsammlung für das Linzer Museum befindet sich heute im Eigentum des Bundes und ist aufgrund der Herkunft vieler Werke aus verfolgungsbedingten Zwangsverkäufen berüchtigt.[34] Nicht wenige der Objekte stammen jedoch auch aus dem Kunsthandel oder wurden direkt aus Privatbesitz erworben.[35] So verkaufte Glosemeyer 1944 vier Gemälde aus seiner Privatsammlung an die Sonderkommission Linz.[36] Zudem hatte er bereits 1942 jeweils zwei Gemälde an die Kunsthandlung Frederic Gedon und die Galerie Almas (Maria Dietrich) veräußert.[37] Diese Münchener Kunsthändler fungierten als die wichtigsten Kunstlieferanten Hitlers und verkauften die Gemälde aus dem Vorbesitz Glosemeyer an die mit besonderen finanziellen Mitteln und Vorkaufsrechten ausgestattete Sonderkommission Linz weiter.[38]

Mit den beiden Kunsthandlungen pflegte Glosemeyer auch darüber hinaus intensive Geschäftsbeziehungen. Neben weiteren Verkäufen erwarb er hier unter anderem etliche Alte Meister und Impressionisten für seine Sammlung.[39] Bei diesen Händlern deponierte er auch Gemälde zur vorübergehenden Aufbewahrung ohne weiterführenden Auftrag.⁴⁰ Bei der Depotverwahrung privater Kunstwerke handelte es sich um eine weit verbreitete geschäftliche Gepflogenheit und Gefälligkeit des Kunsthandels, aber auch der Museen, den Kunstsammlern gegenüber.⁴¹ Als wichtige Schlüsselfigur des beruflichen Netzwerks Glosemeyers fungierte zudem der Generaldirektor der Bayerischen Staatsgemäldesammlungen Ernst Buchner (1892–1962), der ihm mehrere lukrative An- und Verkäufe vermittelte.⁴²

Nach Kriegsende geriet Glosemeyer durch seine Verkäufe an die Sonderkommission Linz in den Fokus der amerikanischen Besatzungsmacht und musste in einem Verhör am 11. Dezember 1946 Auskunft zur Herkunft und zum jeweiligen Standort seiner Kunstwerke geben.⁴³ Auch wurde er 1951 mehrere Male vom Central Collecting Point München angeschrieben und nach der Provenienz einzelner Bilder befragt, die er an die Sonderkommission Linz verkauft hatte.⁴⁴ Nach bisherigen Erkenntnissen konnte ihm jedoch bei keinem der Gemälde ein unrechtmäßiger Erwerb von einem Verfolgten des nationalsozialistischen Regimes nachgewiesen werden.

Während des Zweiten Weltkriegs machte Glosemeyer auch einigen anderen deutschen Museen Angebote zum Ankauf „aus meiner Privatsammlung", insbesondere der Hamburger Kunsthalle,⁴⁵ aber auch der Städtischen Bildersammlung Cottbus⁴⁶ und dem Oberschlesischen Landesmuseum in Beuthen (heute Bytom, Polen).⁴⁷ Des Weiteren tauschte er mehrere Gemälde mit dem Landesmuseum Oldenburg.⁴⁸

## Heinrich Glosemeyer und die Kunsthalle Bremen

Die Kunsthalle Bremen erwarb während des Zweiten Weltkriegs drei Gemälde von Heinrich Glosemeyer. Neben der *Landschaft mit Geburt Christi und Verkündigung an die Hirten* des 16. Jahrhunderts aus der Werkstatt von Jacopo Bassano handelt es sich um die beiden impressionistischen Gemälde *Nähstunde im Waisenhaus* des Dresdener Malers Gotthardt Kuehl (1850–1915) und *Grüner Papagei vor Azaleenblüten* des Berliner Malers Leo von König (1871–1944).⁴⁹ Alle drei Werke (Kat. 43–45, Farbtaf. S. 53, 54) sind typisch für das Profil seiner Privatsammlung.

Neben Alten Meistern, besonders Niederländern, aber auch Italienern und Franzosen des 16. und 17. Jahrhunderts, sammelte Glosemeyer vorwiegend deutsche Künstler der zweiten Hälfte des 19. Jahrhunderts bis zum Ersten Weltkrieg. Hierbei bevorzugte er die Maler der Münchener und der Düsseldorfer Schule. Von den Zeitgenossen sammelte er die Künstler aus Worpswede wie Heinrich Vogeler, Fritz Mackensen und Paula Modersohn-Becker, aber auch Bremer wie die Malerin Toni Elster. Als Motive bevorzugte er Landschaften, Stillleben und Genredarstellungen aus dem bäuerlichen Alltag sowie Tiermotive. Höhepunkte seiner Sammlung bildeten Werke von Lovis Corinth, Leo von König und Max Liebermann.

Angeregt durch den Kunsthallendirektor Emil Waldmann (1880–1945) begeisterte sich Glosemeyer vor allem für deutsche und französische Impressionisten.⁵⁰ Waldmann war insbesondere seit der Machtübernahme der Nationalsozialisten gezielten Angriffen auf seine Person und sein Amt ausgesetzt (Abb. 5).⁵¹ Der Hauptvorwurf galt seiner angeblichen Präferenz der französischen gegenüber der deutschen Kunst. Demzufolge orientierte sich die Kunsthalle Bremen nach dem Januar 1933 auch an den kulturellen Vorgaben der Nationalsozialisten und verzichtete unter anderem darauf, französische Impressionisten auszustellen und anzukaufen.⁵² Die trotz aller Repressalien fortgesetzten Vermittlungen von Werken französischer Impressionisten, aber auch von verfemten jüdischen Künstlern wie Max Liebermann an Privatsammler im Kunstverein beweisen jedoch, dass diese Umorientierung während der NS-Zeit erzwungen war und nicht aus Überzeugung geschah.

Offenbar leitete Waldmann an Glosemeyer sogar Angebote von Kunst aus dem besetzten Frankreich weiter, die das Auswärtige Amt zunächst an die Kunsthalle gerichtet hatte. Schon knapp zwei Wochen nach dem Waffenstillstand von Compiègne am 22. Juni 1940 verschickte Niels von Holst, Leiter des Außenamts der Staatlichen Museen Berlin, eine streng vertrauliche Mitteilung an die deutschen Museen.⁵³ Darin verwies er auf die Verpflichtung für

**5** Emil Waldmann (1880–1945), Direktor der Kunsthalle Bremen, Fotografie, 1940er Jahre

die Museumsdirektoren, sich der Kunstwerke in den besetzten Ländern anzunehmen.[54] Am 30. August 1940 sandte der Generaldirektor der Staatlichen Museen Berlin unter anderem an den Direktor der Kunsthalle Bremen eine zweiseitige Angebotsliste hochrangiger Werke französischer Impressionisten, die offenbar aus französischem Museumsbesitz stammten und über die Deutsche Botschaft in Paris zum Kauf angeboten wurden. Emil Waldmann gab diese Angebote nicht nur an Heinrich Glosemeyer weiter, sondern vermittelte ihm anschließend auch den Ankauf von zwei Gemälden von Renoir.[55] Im darauffolgenden Sommer wandte sich der Geschäftsführer der Kunsthalle Bremen, Fritz Hilken, erneut an das Auswärtige Amt in Berlin mit der Bitte, weitere Angebote aus Frankreich für einen befreundeten Kunstsammler zuzuschicken.[56] Am 29. August leitete Hilken dann ein entsprechendes Angebotsschreiben an Glosemeyer weiter, aus dem er ihm konkret drei Werke zum Ankauf empfahl.[57] Ob Glosemeyer tatsächlich ein Bild erwarb, ist den Unterlagen ebenso wenig zu entnehmen wie der weitere Verbleib der beiden Gemälde von Renoir aus der ersten Transaktion.[58]

Das mit Abstand wertvollste Gemälde aus der Sammlung Glosemeyer, das später in die Kunsthalle Bremen kam, ist die *Papageienallee* von Max Liebermann (1847–1935), gemalt 1902 (Kat. 59, Farbtaf. S. 55). Ebenso wie Emil Waldmann schätzte Glosemeyer den deutschen Impressionisten sehr. Dies belegt nicht zuletzt seine Anfrage vom 22. Februar 1943 bei Carl Schellenberg, dem kommissarischen Leiter der Hamburger Kunsthalle, ob es möglich wäre, „Liebermanns oder andere Künstler" im Kauf oder Tausch zu erwerben.[59] Da der jüdische Künstler bei den nationalsozialistischen Machthabern verfemt war, wollte Glosemeyer die günstige Gelegenheit zum Erwerb wertvoller Museumsobjekte nutzen. Schellenberg lehnte dies jedoch entschieden ab.[60]

Im Zusammenhang mit einem neuen Versicherungsvertrag beauftragten der Kammersänger und Schauspieler Carl Theodor Rudolph Clewing (1884–1954) und seine Frau Elisabeth (Else) 1936 Emil Waldmann damit, die Kunstwerke aus der Sammlung Eduard Arnhold zu taxieren. Der Direktor der Kunsthalle Bremen war besonders qualifiziert für diese Aufgabe, weil er diese berühmte Privatsammlung schon einmal 1926 nach dem Tod des Sammlers begutachtet und geschätzt hatte.[61] Elisabeth Clewing, geborene Mullert, geschiedene Kunheim, hatte als Adoptivtochter des Ehepaars Arnhold die Sammlung geerbt. Sie wurde nachweislich während der NS-Zeit nicht als Jüdin verfolgt, konnte also frei über den Verkaufserlös verfügen.[62] Da sich das Ehepaar 1940 scheiden ließ, kam es in dieser Zeit zum Verkauf der *Papageienallee* an Heinrich Glosemeyer. Offensichtlich war diese Erwerbung durch Emil Waldmann vermittelt worden.[63] Waldmann brachte das Bild damals von Berlin mit nach Bremen, wo er es seinem späteren Nachfolger Günter Busch (1945–1984) während eines „Urlaubsbesuchs" im Depot der Kunsthalle zeigte.[64]

Waldmann vermittelte das Bild an Glosemeyer mit der Absprache, dass die Kunsthalle Bremen später zu einem günstigen Preis das Vorkaufsrecht erhielt. Diese Praxis war seit 1919 mit der Gründung der Gesellschaft für Kunstfreunde durch Emil Waldmann erprobt. War es in den 1920er Jahren vor allem der Expressionismus gewesen, der seine Qualität beweisen sollte, indem er sich in Privatbesitz und als gelegentliche Leihgabe in Ausstellungen bewährte, erhielt diese Methode in der NS-Zeit eine ganz neue

**6** Kunsthändler Heinrich Jördens (1905–1971), Bremen, Fotografie, 1943

Brisanz. Da Waldmann keine Bilder von Liebermann mehr erwerben konnte, hoffte er auf die Zukunft unter einem anderen Regime. Dies belegt der Schriftwechsel zwischen Günter Busch und Heinrich Glosemeyer vom November 1958.[65] Hier ist von der außergewöhnlich geringen Ankaufssumme die Rede, welche Glosemeyer aufgrund alter Verbundenheit für die *Papageienallee* verlangt hätte.[66] Busch selbst löste nach eigenen Worten mit diesem Ankauf ein Versprechen ein, „das freilich mit Worten nie gegeben worden ist" und erfüllte damit ein Vermächtnis seines Vorgängers.[67] Nicht zuletzt bestätigt auch Glosemeyers Testament vom 18. Juli 1942, dass dieses Kunstwerk von Anfang an für die Kunsthalle vorgesehen war. Darin vermachte er aus seiner Sammlung der Kunsthalle Bremen[68] elf von insgesamt 35 aufgeführten Gemälden, darunter die *Papageienallee*.[69] Seine Frau Elisabeth erhielt zwar das Nießbrauchsrecht, die Kunsthalle in diesem Fall jedoch auch das Vorkaufsrecht, falls seine Frau nach seinem Tod in wirtschaftliche Schwierigkeiten geraten sollte.[70]

### Kontinuität und Neuanfang in der Nachkriegszeit

Nach dem Tod von Emil Waldmann im März 1945 blieb Glosemeyer der Kunsthalle eng verbunden. Der Geschäftsführer Fritz Hilken, der während dieser schwierigen Zeit die Hauptverantwortung für den Betrieb der Kunsthalle innehatte, vermittelte ihm auch nach Kriegsende immer wieder Gemälde, wie im Dezember 1945 direkt von der Bremer Künstlerin Toni Elster, deren Werke damals im Depot der Kunsthalle eingelagert waren.[71] Der Ankauf kam nicht zustande, da Elisabeth Glosemeyer das Gemälde ablehnte.[72] Hier zeigt sich, dass sie entscheidenden Anteil am Aufbau der Privatsammlung hatte.

Diese Vermittlungstätigkeit brachte Hilken im Mai 1946 in Schwierigkeiten mit der amerikanischen Besatzungsmacht, für die der Bremer Kunsthändler Heinrich Jördens (1905–1971) (Abb. 6) nach dem Krieg als Sachverständiger tätig war.[73] Jördens kümmerte sich im Auftrag der Amerikaner um die Neustrukturierung des Kunsthandels in Bremen und die Restitution verfolgungsbedingt entzogener oder im Krieg erbeuteter Kunstwerke in den öffentlichen und privaten Sammlungen.[74] Der Kunsthändler war während des Krieges aufgrund seiner kritischen Äußerungen gegen die Nationalsozialisten mehrere Monate in einer Nervenheilanstalt interniert gewesen.[75] Seine spätere Anerkennung als politischer Häftling war bei vielen Zeitgenossen umstritten, nicht zuletzt weil Jördens als regelmäßiger Käufer bei den sogenannten Juden-Auktionen in Bremen und bei der Arisierung der jüdischen Buch- und Kunsthandlung Landsberg in Oldenburg durchaus von dem nationalsozialistischen Regime profitiert hatte.

Als Hilken im Mai 1946 ein Gemälde aus bremischem Privatbesitz an Glosemeyer vermittelt hatte, warf Jördens der Kunsthalle vor, gegen das Gesetz der Militärregierung verstoßen zu haben, die jeglichen Handel mit Werken verstorbener Künstler im Wert über 250 Reichsmark verbot.[76] In diesem Zusammenhang bezeichnete er Glosemeyer als „gefährlichen Schwarzhändler".[77] Damit bezog sich Jördens offensichtlich auf die bereits oben geschilderten Verkäufe an die Sonderkommission Linz. Hilken nahm Glosemeyer jedoch in Schutz, indem er betonte, dass dieser kein Händler, sondern ein Privatsammler sei.[78] Als Reaktion auf den Eklat machte Glosemeyer schon einen Tag später den Kauf des Bildes wieder rückgängig, worauf Jördens den Fall auf sich beruhen ließ.[79]

In der Nachkriegszeit zeigte sich Glosemeyer als gut situierter, gesellschaftlich angesehener Geschäftsmann,[80] der sich leidenschaftlich für die bildende Kunst interessierte und laut Hilken als „fanatischer Bilderliebhaber"[81] im Kunstverein in Bremen aktiv war. Er nahm regelmäßig an den Vernissagen und Jubiläumseinladungen teil,[82] spendete neben einigen Kunstwerken auch immer wieder Sachbücher für die Museumsbibliothek sowie Geldbeträge für Kunstankäufe.[83] Darüber hinaus trat er wiederholt als Leihgeber für Ausstellungen auf[84] und beteiligte sich zwischen August 1956 und Juni 1957 mit insgesamt sechs Kunstwerken an der Artikelserie „Kunstwerke im Bremer Privatbesitz" im *Weser-Kurier*.[85] Von dem guten Verhältnis mit dem Kunsthallendirektor Günter Busch künden nicht zuletzt auch die zahlreichen Gutachten, die dieser für Kunstwerke von Glosemeyer erstellte.[86]

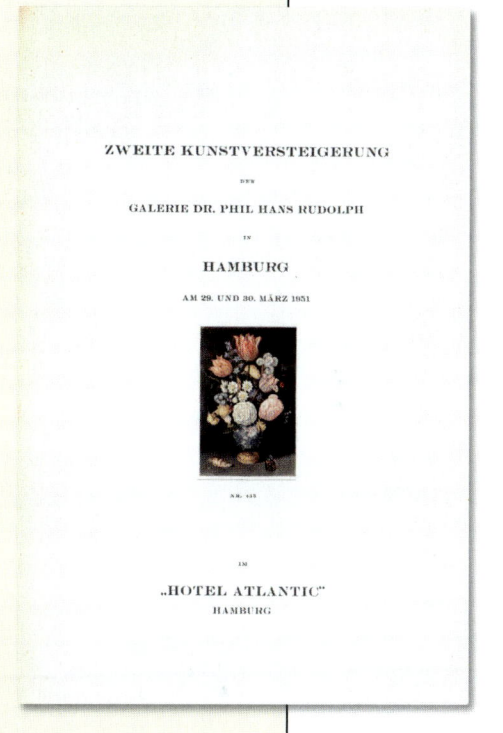

**7** Auktionskatalog Dr. phil. Hans Rudolph, Hamburg, März 1951

Der beständige Kontakt Glosemeyers mit der Kunsthalle Bremen diente auch weiterhin dazu, Gemälde aus seinem Privatbesitz sowohl zu verkaufen als auch zu tauschen oder Bilder direkt beziehungsweise durch Vermittlung des Museums anzukaufen.[87] In der Regel geschah dies – soweit bisher bekannt – eher in begrenztem Umfang in der Art eines Privatsammlers, der darum bemüht ist, das Profil und die Qualität seiner Sammlung zu verbessern. Größere Verkaufsaktivitäten lassen sich nach 1945 nur in wenigen Fällen belegen. So bot Glosemeyer der Hamburger Kunsthalle im Januar 1949 drei Gemälde von Lovis Corinth, Hans Thoma und Wilhelm Trübner „aus meiner Gemäldesammlung" zum Kauf an.[88] Darüber hinaus listete er 20 Künstlernamen (Alte Meister und Maler des 19. Jahrhunderts) auf und verwies auf „die alten Worpsweder Meister", die er ebenfalls im Angebot habe.[89] Die durchweg erste Qualität der Werke garantiere die Tatsache, dass er sie früher unter Beratung von Emil Waldmann angekauft habe.[90] Es kam jedoch zu keinem Ankauf durch die Hamburger Kunsthalle.[91]

Glosemeyer begründete diese Angebote in seinem Schreiben an den Hamburger Kunsthallendirektor Carl Georg Heise mit dem Hinweis, dass er beabsichtige, sein Großhandelsunternehmen durch die Angliederung einer Importabteilung weiter auszubauen und „daher größere Barmittel benötige".[92] Geschäftliche Vorhaben waren vielleicht auch der Grund für Glosemeyers zweiten bisher bekannten Versuch, durch seine Bilderverkäufe an größere Finanzmittel zu gelangen. Am 29. und 30. März 1951 bot Glosemeyer 21 Gemälde auf der *Zweiten Internationalen Kunstversteigerung* der Galerie Dr. phil. Hans Rudolph in Hamburg zur Versteigerung an (Abb. 7).[93] Laut Auktionsbericht wurde jedoch aus seiner Sammlung nur das Gemälde von Carl Spitzweg verkauft.

Im Laufe der nächsten Jahre gewann auch der Kunstmarkt an Fahrt und ermöglichte wieder gute Geschäfte. So erwarb Glosemeyer Anfang des Jahres 1957 das Gemälde *Femme au costume turc dans un fauteuil* (1955) von Pablo Picasso für 44 000 DM von dem Bremer Kunsthändler und Galeristen Michael Hertz.[94] Bereits im darauffolgenden Juli verkaufte Hertz das Gemälde im Auftrag von Glosemeyer wieder und zwar zum Preis von 67 000 DM.[95] Diese erhebliche Gewinnspanne in nur wenigen Monaten war vor allem auf das Engagement des Kunsthändlers zurückzuführen.[96] Verstärkt durch die Beobachtung, dass Picasso nicht ins Profil der Privatsammlung gepasst hatte, entsteht hier der Eindruck, dass Glosemeyer in diesem Fall auf Wertsteigerung spekuliert hatte, wozu die zeitweise Präsentation des Bildes als Leihgabe in der Kunsthalle Bremen mit Sicherheit beigetragen haben dürfte.

Während der 1940er und 1950er Jahre engagierte sich Glosemeyer beruflich als neuer Inhaber der 1913 gegründeten Generalvertretung für den Großhandel der Schokoladen- und Süßwaren-Industrie (Abb. 8).[97] Seinen Firmensitz verlegte er mit Beginn des Jahres 1951 in die Rembertistraße 98.[98] Privat bezogen er und seine Frau am 28. April desselben Jahres das neu erworbene Wohnhaus am Schwachhausener Ring 103.[99]

Mit 64 Jahren setzte sich Glosemeyer zur Ruhe.[100] Er und seine Frau zogen am 1. Juni 1960 in das Künstlerdorf Worpswede, um sich dort ganz ihrer Kunstsammlung zu widmen (Abb. 9).[101] Der „Bonbonfabrikant", als der Glosemeyer heute noch einigen Worpswedern in Erinnerung ist,[102] erwarb die Villa Meyer, damals das erste moderne Wohnhaus in Worpswede, mit der historischen Adresse Worpswede 333, heute Ernst-Licht-Weg.[103] Zu sei-

**8** Urkunde der Handelskammer Bremen zum 50jährigem Bestehen der Firma H. Glosemeyer vom 1. April 1963, Handelskammer Bremen-Archiv

**9** Heinrich Glosemeyer in Worpswede, Fotografie, späte 1960er Jahre

nem 70. Geburtstag am 8. April 1966 veröffentlichte der *Weser-Kurier* eine Würdigung, in der Heinrich Glosemeyer als bekannter Sammler vieler Werke von Fritz Mackensen, Otto Modersohn und anderer Worpsweder Künstler bezeichnet wird.[104]

Am 7. August 1969 starb Glosemeyer nach langer schwerer Krankheit in Lilienthal und wurde auf dem Friedhof Worpswede begraben.[105] Seine Witwe verkaufte nach seinem Tod die meisten Kunstwerke der Privatsammlung und behielt nur einige Bilder, die eine besondere Bedeutung für sie und ihren verstorbenen Mann besaßen.[106] Darunter waren die beiden Gemälde *Zwei Mädchen* von Fritz von Uhde (1848–1911) und *Stehendes Kind nach links gewandt vor Landschaft* von Paula Modersohn-Becker (1876–1907), die sie schließlich 1995 beziehungsweise 2000 der Kunsthalle Bremen schenkte (Kat. 63, 64, Farbtaf. S. 56).[107]

Mittlerweile wurden sämtliche Werke, die aus der Sammlung Glosemeyer als Geschenke oder Verkäufe in die Kunsthalle Bremen gelangt sind, überprüft. Trotz anfänglicher Verdachtsmomente wegen Glosemeyers Geschäftsbeziehungen zu den höchsten Kreisen im NS-Kunsthandel während der 1940er Jahre konnte bisher bei keinem der Werke ein unrechtmäßiger Erwerb von Verfolgten des nationalsozialistischen Regimes nachgewiesen werden. Auch wenn er immer wieder Gemälde zum Verkauf anbot, war Glosemeyer kein Kunsthändler, sondern ein Bremer Privatsammler, der als erfolgreicher Großhandelsunternehmer auch einem guten Geschäft mit der Kunst nicht abgeneigt war. Dabei ergriff er passende Gelegenheiten, seine Privatsammlung durch Ankäufe aus renommierten Sammlungen zu erweitern beziehungsweise durch Verkäufe weniger geeigneter Kunstwerke umzustrukturieren.

1 Ursprünglich handelte es sich insgesamt um 15 Gemälde und sieben Papierarbeiten (eine Ölstudie, ein Aquarell, fünf Zeichnungen und eine Radierung). Davon befinden sich heute noch 13 Gemälde, eine Ölstudie, ein Aquarell und drei Zeichnungen in der Sammlung. Vgl. Katalog der Werke von Glosemeyer in diesem Katalog, S. 115–118.
2 Siehe Meldekarte Heinrich Glosemeyer, StAB 4,82/1, Einwohnermeldekartei.
3 Siehe Weser-Kurier 1966a.
4 Anna Gesine Pein, geboren am 7.4.1898 in Bremen, gestorben im Sommer 1949 in Bremen. Siehe Meldekarte Heinrich Glosemeyer, StAB 4,82/1, Einwohnermeldekartei.
5 Siehe Meldekarte Heinrich Glosemeyer, StAB 4,82/1, Einwohnermeldekartei. – Laut freundlicher Auskunft der Familie starb Ruth 1937 im Alter von 17 Jahren.
6 Siehe Meldekarte Heinrich Glosemeyer, StAB 4,82/1, Einwohnermeldekartei. – Vgl. Weser-Kurier 1966a. – Im Bremer Adressbuch wie folgt verzeichnet, von 1920 bis 1923: Fabrik feiner Schokoladen, Konfitüren und Zuckerwaren, Hutfilterstraße 6–8, Bremen, Verkaufskontor und Zentrallager, H. Glosemeyer, junior; von 1924 bis 1925: Hanseaten-Werke A. G. Kakao-, Schokoladen- und Zuckerwaren-Fabrik, Bremen-Vahr; von 1926 bis 1934: Hanseaten-Werke A. G., Bremen-Vahr, Vahrer Straße 176.
7 Die Bauakte „Hanseaten-Werke AG", zu HR 254, Bd. 4, Bl. 31, Heinrich Wilhelm Glosemeyer und Ingenieur Karl Feder, StAB 4,75,5-1401, ist laut Auskunft des Staatsarchivs Bremen vom 12.12.2013 nicht auffindbar.
8 Siehe Christian Roselius, Entwurf für den Gartenhof der Hanseaten-Werke, Ansicht und Grundriss, um 1920/21, StAB 7,66-779. – Zu Roselius vgl. Schwarzwälder 2002, S. 609.
9 Siehe Fabrikgebäude der Hanseaten-Werke, undatiertes Foto aus Privatbesitz, in: Kat. Ausst. Bremen 2002, Abb. S. 45. Das Gebäude Vahrer Straße 176 wurde in den 1970er Jahren abgerissen.
10 Siehe Meldekarte Heinrich Glosemeyer, StAB 4,82/1, Einwohnermeldekartei. – Heinzalbert Glosemeyer verstarb am 12.7.2002 in Marbella. Siehe <http://www.katholische-gemeinde-costadelsol.de/archiv>.
11 Siehe Das Goldene Buch der Stifter und Mäzene. Schenkungen bis 1972, Kunsthalle Bremen, Archiv.
12 Siehe Jahresbericht 1928, Mitgliederverzeichnis, S. 20.
13 Siehe Akte „Hanseaten-Werke", StAB 4,75/5-1401, Bericht des Aufsichtsrats der Hanseaten-Werke AG in Bremen, 16.2.1938.
14 Freundliche Auskunft der Familie.
15 Siehe Akte „Hanseaten-Werke", StAB 4,75/5-1401. – Zur Geschichte der Firma Felsche in Bremen siehe auch Kat. Ausst. Bremen 2002, S. 44–47. Die Hanseaten-Werke werden hier lediglich als Filialgründung der Leipziger Firma Felsche in den 1920er Jahren beschrieben. Das Vorgängerunternehmen von Glosemeyer wird nicht erwähnt.
16 Siehe Bremer Adressbuch 1932.
17 Vgl. Inventarbuch 1925–1931, Kunsthalle Bremen.
18 Das Werk aus der Sammlung Marcell Nemes *Zwei musizierende junge Mädchen* (Kat. 57) wurde 1953 von der Kunsthalle Bremen für 2500 DM von Glosemeyer erworben. Das Gemälde gilt heute als anonymes englisches Werk des 19. Jahrhunderts.
19 Die Fabrik bestand bis in die 1980er Jahre. Heute ist sie noch durch die Bro-

schüre „Tuben sind ja so beliebt ..." von Loriot aus den 1960er Jahren bekannt. Siehe hierzu Bericht über die Ausstellung zur Tubenfabrik Ketels im Haus Am Rosenberg, Bremen-Hastedt, 2011, in: *Weser-Kurier* vom 10.10.2011.

[20] Siehe Meldekarte Heinrich Glosemeyer, StAB 4,82/1, Einwohnermeldekartei.

[21] Ebd.

[22] Ebd.

[23] Ebd. Abmeldung des Gewerbes am 15.1.1936.

[24] Ebd.

[25] Ebd. – Zur Firmengeschichte siehe Albert Gieseler, C. C. Petzold & Aulhorn, Chokoladen- und Zuckerwarenfabrik <http://www.albert-gieseler.de/dampf_de/firmen4/firmadet49176.shtml>.

[26] Siehe Weser-Kurier 1966a, S. 14. – Vgl. Bremer Adressbuch 1934 ff.

[27] Vgl. Bremer Adressbuch 1934–1936.

[28] Vgl. Bremer Adressbuch 1937–1959.

[29] Glosemeyer an die Hamburger Kunsthalle, Brief vom 2.6.1942, HAHK, Slg. 5, Kaufangebote, 1.4.1943–1.5.1948, G, Heinrich Glosemeyer.

[30] Im Archiv der Deutschen Dienststelle (WASt), Berlin, gibt es keine Unterlagen zu Glosemeyer, siehe Auskunft vom 27.5.2013. – Laut Auskunft des StAB vom April 2013 befinden sich im Bestand keine Entnazifizierungsunterlagen von Heinrich und Elisabeth Glosemeyer.

[31] Siehe Meldekarte Heinrich Glosemeyer, StAB 4,82/1, Einwohnermeldekartei. Am 22.6.1939 wurden Reisepässe für Heinrich und Elisabeth Glosemeyer ausgestellt; Heinrich Glosemeyer erhielt am 28.11.1942 einen neuen Reisepass.

[32] Vgl. LAB A Rep. 243-04, Reichskammer der bildenden Künste – Landesleitung Berlin.

[33] Glosemeyer lieferte zwischen April 1941 und Dezember 1943 insgesamt 17 Gemälde zu drei Auktionen in München und einer in Wien ein, wobei drei Bilder in Wien zum zweiten Mal angeboten wurden. Verkauft wurden davon zehn Bilder. Der Kunsthallendirektor Emil Waldmann hatte für insgesamt sechs Gemälde Gutachten ausgestellt. Siehe hierzu Annotierte Auktionskataloge des Münchener und Wiener Kunstversteigerungshauses Adolf Weinmüller, Kat. 26 vom 24.4.1941 (vier Lose, davon zwei Zuschläge); Kat. 31 vom 23.7.1942 (ein Los, ohne Zuschlag); Kat. 32 vom 3.–5.12.1942 (elf Lose, davon sieben Zuschläge); Kat. 16 vom 15.–17.12.1943 (vier Lose, davon ein Zuschlag), in: Lost Art Internet Database – Datenbank Kunst- und Kulturgutauktionen 1933–1945: Weinmüller, Adolf.

[34] Vgl. Onlinedatenbanken zum „Sonderauftrag Linz" und zum Central Collecting Point München, beide DHM, sowie Onlinedatenbank zur Provenienzdokumentation, BADV. Die weitaus umfangreicheren Bestände an NS-Raubkunst in der Ostmark (Österreich) sowie zahlreicher kleinerer Depots werden in diesen Datenbanken allerdings noch nicht verzeichnet. Siehe hierzu das Forschungsprojekt an der Universität Wien von Ulrike Schwarz, Sonderauftrag Ostmark: Hitlers Kunstraub- und Museumspolitik in Österreich, Laufzeit 2013–2016.

[35] Siehe Einführung zur Onlinedatenbank zum „Sonderauftrag Linz", DHM.

[36] Siehe hierzu München Nr. 2907, 7515, 18054, in: Onlinedatenbank zur Provenienzdokumentation, BADV.

[37] Siehe zur Kunsthandlung Gedon: München Nr. 2572, 9115; siehe zur Galerie Almas: München Nr. 7664, 8577, in: Onlinedatenbank zur Provenienzdokumentation, BADV.

[38] Vgl. Onlinedatenbanken zum „Sonderauftrag Linz" und zum Central Collecting Point München, beide DHM, sowie Onlinedatenbank zur Provenienzdokumentation, BADV.

[39] Siehe „Angaben über die gesicherten Werke ausländischer Herkunft", Kripoakte H. Glosemeyer, Verhör vom 11.12.46, in: Onlinedatenbank Interrogation Reports, NARA. – Siehe auch BArch Koblenz, B 323/191, Consolidated Interrogation Report No. 4, Linz Hitler's Museum and Library, 15.12.1945.

[40] Ebd.

[41] Vgl. Depotverwahrung der Sammlung Conrad Doebbecke in der Kunsthalle Bremen, 1952–1954, Kunsthalle Bremen, Archiv, Nr. 148.

[42] Vgl. „Angaben über die gesicherten Werke ausländischer Herkunft", Kripoakte H. Glosemeyer, Verhör vom 11.12.46, Nr. 8–9, Nr. 112–115, in: Onlinedatenbank Interrogation Reports, NARA.

[43] Siehe „Angaben über die gesicherten Werke ausländischer Herkunft", Kripoakte H. Glosemeyer, Verhör vom 11.12.46, in: Onlinedatenbank Interrogation Reports, NARA. – Siehe auch BArch Koblenz, B 323/191, Consolidated Interrogation Report No. 4, Linz Hitler's Museum and Library, 15.12.1945.

[44] Siehe BArch Koblenz, B 323/331, Aussagen und Erklärungen von Händlern und Verkäufern A–J, Heinrich Glosemeyer, Bremen. – Siehe auch BArch Koblenz, B 323/153–154, Bd. 1–2, „Sonderauftrag Linz". Rechnungen über Ankäufe aus dem Kunsthandel und von privat in Deutschland und Österreich; Zahlungsanweisungen der Reichskanzlei 1943–45, Heinrich Glosemeyer, Bremen. – Siehe auch BArch Koblenz, B 323/173 und B 323/174, Bd. 1–2, „Sonderauftrag Linz". Rechnungen, Überweisungsanträge sowie -aufträge 1944–45, Heinrich Glosemeyer, Bremen.

[45] Glosemeyer an die Hamburger Kunsthalle, Brief vom 2.6.1942 mit einem Angebot zu Werken von Julius Bergmann, Lovis Corinth, Hirth du Frênes, Franz Gastell, Karl Hagemeister, Ludwig von Hofmann, Ulrich Hübner, Adam Kunz, Adolf Oberländer, Carl Schuch, Carl Christian Sparmann, Fritz Stahl und Fritz von Uhde. – Siehe auch Glosemeyer an die Hamburger Kunsthalle, Brief vom 30.3.1944 mit Angebot des Gemäldes *Wälder und Felder* von Richard von Volkmann, HAHK, Slg. 5, Kaufangebote, 1.4.1943–1.5.1948, G, Heinrich Glosemeyer. Die Hamburger Kunsthalle erwarb keines der Gemälde.

[46] 1942 erwirbt die Städtische Bildersammlung Cottbus das Gemälde *Alter Mann in Ritterrüstung* (1915) von Lovis Corinth für 18 000 Reichsmark sowie ein weiteres unbekanntes Gemälde für 8000 Reichsmark. Freundliche Auskunft von Gabriele Ivan, Berlin. Der Schriftwechsel zwischen Glosemeyer und der Stadt Cottbus ist nur teilweise erhalten.

[47] Siehe Glosemeyer an die Hamburger Kunsthalle, Brief vom 30.3.1944, HAHK, Slg. 5, Kaufangebote, 1.4.1943–1.5.1948, G, Heinrich Glosemeyer. Glosemeyer erwähnt im Zusammenhang mit einem Angebot an die Hamburger Kunsthalle auch das Oberschlesische Landesmuseum in Beuthen als Interessenten.

48 Am 11.3.1943 tauschte Glosemeyer mit dem Landesmuseum Oldenburg zwei Gemälde von August von Pettenkofen und Gerhard Janssen gegen zwei Genrebilder von Christian Wilhelm Ernst Dietrich und Claus Meyer, LMO, Inv. 2511 und 2512. Sowie Tausch des Gemäldes *Begegnung auf dem Feldweg* von Leopold Graf von Kalckreuth im März 1943 gegen das Oldenburger Gemälde *Einschiffung der Helena* von Antonio Zanchi. Vgl. München Nr. 50064, Linz Nr. 3291, in: Onlinedatenbank zur Provenienzdokumentation, BADV.

49 Werkstatt des Jacopo Bassano, *Landschaft mit Geburt Christi und Verkündigung an die Hirten*, Inv. 9-1941/2. Das Gemälde wurde 1990 verkauft. Gotthardt Kuehl, *Nähstunde im Waisenhaus*, Inv. 427-1941/1; Leo von König, *Grüner Papagei vor Azaleenblüten*, Inv. 512-1943/7.

50 Dementsprechend wird Glosemeyer im *Internationalen Kunst-Adressbuch*, hrsg. von Walter Kaupert, Berlin 1952/53, S. 401, als Privatsammler französischer Impressionisten bezeichnet.

51 Siehe hierzu ausführlich Hansen/Holsing 2011, S. 11 f.

52 Vgl. Hansen/Reuter 2014.

53 Vgl. Bruhns 2001, S. 432.

54 Ebd.

55 Vgl. Schriftwechsel zwischen der Kunsthalle Bremen, der Deutschen Botschaft in Paris und dem Deutschen Auslandsamt in Berlin vom 30.8.1940 bis 26.11.1940, Kunsthalle Bremen, Archiv, Ankaufsakten. Vgl. hierzu Provenienzangaben zweier Werke von Renoir, in: „Angaben über die gesicherten Werke ausländischer Herkunft", Kripoakte H. Glosemeyer, Verhör vom 11.12.46, Nr. 51 und 52, in: Onlinedatenbank Interrogation Reports, NARA.

56 Hilken an das Auswärtige Amt, Berlin, Brief vom 11.6.1941, Kunsthalle Bremen, Archiv, Ankaufsakten.

57 Hilken an Glosemeyer, Brief vom 29.8.1941, Kunsthalle Bremen, Archiv, Ankaufsakten.

58 Beide Werke von Renoir befanden sich zum Zeitpunkt von Glosemeyers Verhör durch die amerikanische Besatzungsmacht im Dezember 1946 noch in seinem Besitz.

59 Siehe HAHK, 32-225.4, Verkäufe von Gemälden, Bl. 69–70. – Vgl. auch Bruhns 2001, S. 210.

60 Siehe HAHK, 32-225.4, Verkäufe von Gemälden, Bl. 70.

61 Kunsthalle Bremen, Archiv, Gutachten 1936–37, A–G.

62 Vgl. Akten des Parteigerichts zur Frage der Mitgliedschaft von Carl Clewing in der NSDAP. Reichsleitung NSDAP an Gauleitung Kurmark, Brief vom 17.2.1936; Beschluss des Gaugerichts Kurmark, 10.3.1938; Gestapo an Oberstes Parteigericht, Brief vom 6.12.1938, in: BArch, Abteilung Berlin, Clewing, Carl, zit. nach: Dorrmann 2002, S. 265, Anm. 155. Obwohl Clewing u. a. wegen des Verschweigens seiner „jüdischer Versippung" aus der SS, nicht aber der NSDAP ausgeschlossen wurde, wird hier deutlich, dass Elisabeth Clewing als leibliche Tochter von sogenannten arischen Eltern während der NS-Zeit nicht als Jüdin verfolgt worden ist.

63 Siehe „Angaben über die gesicherten Werke ausländischer Herkunft", Kripoakte H. Glosemeyer, Verhör vom 11.12.46, in: Onlinedatenbank Interrogation Reports, NARA.

64 Busch 1986, Vorwort.

65 Siehe Kunsthalle Bremen, Archiv, Nr. 114.

66 Günter Busch an Glosemeyer, Brief vom 8.11.1958, Kunsthalle Bremen, Archiv, Nr. 114.

67 Busch 1986, Vorwort.

68 Siehe Abschrift der Gemäldeliste als Anlage zum Testament Heinrich Glosemeyer, 18.7.1942, Kunsthalle Bremen, Archiv, Nr. 78.

69 Siehe handschriftliche Annotationen der Abschrift der Gemäldeliste als Anlage zum Testament Heinrich Glosemeyer, 18.7.1942, Kunsthalle Bremen, Archiv, Nr. 78.

70 Abschrift der Gemäldeliste als Anlage zum Testament Heinrich Glosemeyer, 18.7.1942, Kunsthalle Bremen, Archiv, Nr. 78. In diesem Zusammenhang stehen auch die sehr viel späteren Schenkungen der Gemälde *Zwei Mädchen* von Fritz von Uhde im Jahr 1995 (Kat. 63, Farbtaf. S. 56) und *Stehendes Kind nach links gewandt vor Landschaft* von Paula Modersohn-Becker 2000 (Kat. 64) durch die Witwe Elisabeth Glosemeyer, Bremen.

71 Hilken an Elster, München, Brief vom 12.12.1945, Kunsthalle Bremen, Archiv, Nachlass Emil Waldmann, Mappe mit Schriftwechsel von Toni Elster.

72 Glosemeyer an Hilken, undatierter Brief (Anfang 1946), Kunsthalle Bremen, Archiv, Nachlass Emil Waldmann, Mappe mit Schriftwechsel von Toni Elster.

73 Siehe Hilken, Aktennotiz vom 27.5.1946, Kunsthalle Bremen, Archiv Nr. 204. – Hilken an Hermann Apelt, Brief vom 14.8.1945, Kunsthalle Bremen, Archiv, Nr. 126. – Aktenvermerk des Headquarters Seventh Army Western Military District, AG 007 CA vom 1.12.1945, Art Looting Intelligence, in: Onlinedatenbank Interrogation Reports, NARA.

74 Ebd. – Siehe hier insbesondere Beschluss des Landgerichts Bremen vom 29.9.1953.

75 Siehe Entnazifizierungsakte Heinrich Jördens, StAB 4,54, E 2558, Teil 1 und 2.

76 Hilken, Aktennotiz vom 27.5.1946, Kunsthalle Bremen, Nachlass Emil Waldmann.

77 Hilken, Aktennotiz vom 27.5.1946, Kunsthalle Bremen, Archiv, Nr. 204.

78 Ebd.

79 Hilken, Nachtrag vom 28.5.1946 zur Aktennotiz vom 27.5.1946, Kunsthalle Bremen, Nachlass Emil Waldmann.

80 Mit Glosemeyers Hilfe wurde nach Kriegsende das Haus Kurfürstenallee 15 für die Bremer Freimaurerlogen erworben. Siehe Weser-Kurier 1966, S. 14.

81 Hilken, Aktennotiz vom 27.5.1946, Kunsthalle Bremen, Nachlass Emil Waldmann.

82 Kunsthalle Bremen, Archiv, Nr. 156: Einladungen zu besonderen Anlässen.

83 Vgl. Inventarbücher 1945–1955, 1956–1960 und 1961–1975, Kunsthalle Bremen. – Vgl. Das Goldene Buch der Stifter und Mäzene. Schenkungen bis 1972, Kunsthalle Bremen, Archiv.

84 Vgl. Ausstellungsbücher 1935–1952 und 1952–2007, Kunsthalle Bremen, Archiv. Für eine Ausstellung im Logenhaus Kurfürstenallee 15 in Bremen stellte Glosemeyer im Januar 1949 Bilder von Fritz Mackensen als Leihgaben zur Verfügung, siehe Glosemeyer an Carl Georg Heise, Hamburger Kunsthalle, Brief vom 15.1.1949, HAHK, Slg. 5, Kaufangebote, 1.4.1943–1.5.1948, G, Heinrich Glosemeyer. – 1963 lieh Glose-

meyer drei Arbeiten von Albert Schiestl-Arding für eine Ausstellung in der Böttcherstraße, vgl. Schriftwechsel 1.2.–13.2.1963 (2 Bl.), Archiv der Böttcherstraße Bremen, Akte Ausstellung Schiestl-Arding 1963.
85 Werke von Glosemeyer in der Artikelserie „Kunstwerke im Bremer Privatbesitz": Max Liebermann, *Frau mit Kuh*, Pastell, in: *Weser-Kurier* vom 11.8.1956; Franz Wouters, *Bacchus und Faun*, in: *Weser-Kurier* vom 1.9.1956; Moritz von Schwind, *Romeo und Julia am Balkon*, in: *Weser-Kurier* vom 19.9.1956; Gabriel Metsu, *Die Heringsverkäuferin*, in: *Weser-Kurier* vom 20.10.1956; Nikolaus Gysis, *Der Schneider*, in: *Weser-Kurier* vom 13.11.1956; Fritz von Uhde, *Kinder [Zwei Mädchen]*, in: *Weser-Kurier* vom 14.6.1957 (seit 1995 Eigentum der Kunsthalle Bremen).
86 Vgl. hierzu den Schriftwechsel zwischen Busch und Glosemeyer, Kunsthalle Bremen, Archiv, Ankaufsakten 1945 ff. und Gutachten 1945 ff.
87 So erwarb Glosemeyer z. B. am 28.11.1958 das *Bildnis des Fürsten Bismarck* von Franz Lenbach, Geschenk Herrn und Frau Kommerzienrat Biermann 1904, Bremen, Inv. 273-1904/19, für 5000 DM von der Kunsthalle Bremen. Siehe Vorstandsprotokoll vom November 1958. – Siehe auch Schriftwechsel zwischen Busch und Glosemeyer vom 3.9.1958–12.11.1958, Kunsthalle Bremen, Archiv, Nr. 114.
88 Glosemeyer an Heise, Brief vom 11.1.1949, HAHK, Slg. 5, Kaufangebote, 1.5.1948–30.6.1949, Glosemeyer.
89 Ebd.
90 Ebd.
91 Heise an Glosemeyer, Briefe vom 14.1.1949 und 24.1.1949, HAHK, Slg. 5, Kaufangebote, 1.5.1948–30.6.1949, Glosemeyer.
92 Ebd.
93 Siehe Kat. Aukt. Rudolph 1951, vgl. Schätzpreisliste mit Preisergebnisliste.
94 Hertz an Glosemeyer, Brief vom 7./11.1.1957, ZADIK A13, IV, 16. Zit. nach: Hohenfeld 2014, S. 246–247, sowie S. 249, Anm. 46.
95 Hertz an Glosemeyer, Brief vom 5.7.1958, ZADIK A13, IV, 16. Zit. nach: Hohenfeld 2014, S. 246–247, sowie S. 249, Anm. 46.
96 Zu Hertz ausführlicher siehe Hohenfeld 2014.
97 Siehe Glückwünsche der Handelskammer Bremen zum 50-jährigen Bestehen der Firma Heinrich Glosemeyer, Urkunde vom 1.4.1963, Handelskammer Bremen, Archiv, Heinrich Glosemeyer, 900 01, K 41.
98 Siehe Meldekarte Heinrich Glosemeyer, StAB 4,82/1, Einwohnermeldekartei. – Vgl. Bremer Adressbuch 1951 ff. Seit dem 18.6.1958 lautete die Firmenadresse Rembertistraße 98/99, Eigentümer Nr. 98: Röhling; Nr. 99: Ernst Wenke & Co.
99 Siehe Meldekarte Heinrich Glosemeyer, StAB 4,82/1, Einwohnermeldekartei. – Vgl. Bremer Adressbuch 1951 ff.
100 Der Kaufmann Hans Paul Böttger (1920–1988) und Glosemeyers Sohn Heinzalbert führten tatsächlich bereits seit 1960 die Geschäfte allein weiter, offiziell erst nach dem Tod von Glosemeyer. Siehe Gerichtliche Bekanntmachungen, HRA 11192, Heinrich Glosemeyer, Großhandelsvertretungen, in: *Weser-Kurier* vom 15.1.1970, S. 6. – Siehe auch *Weser-Kurier* vom 25.2.1971, S. 6.
101 Freundliche Auskunft von Edith Wiesner, Gemeindearchiv Worpswede vom 14.8.2013. – Vgl. Meldekarte Heinrich Glosemeyer, StAB 4,82/1, Einwohnermeldekartei.
102 Freundliche Auskunft von Peter Elze, Archivar a. D., Worpsweder Archiv der Barkenhoff-Stiftung Worpswede vom 13.9.2013. Laut Auskunft von Beate C. Arnold, Leiterin der Barkenhoff-Stiftung Worpswede, gibt es im Archiv keine Dokumente zu Heinrich Glosemeyer.
103 Freundliche Auskunft von Edith Wiesner, Ortsarchiv Worpswede vom 14.8.2013.
104 Siehe Weser-Kurier 1966a.
105 Siehe Todesanzeige Heinrich Glosemeyer, in: *Weser-Kurier* vom 9./10.8.1969, S. 18. – Siehe auch Meldekarte Heinrich Glosemeyer, StAB 4,82/1, Einwohnermeldekartei. – Vgl. Heinrich Glosemeyer, in: Datenbank Grabsteine – Die Maus.
106 Elisabeth Glosemeyer bat Günter Busch 1970 sowohl um ein Gutachten für ihre Sammlung als auch um konkrete Vermittlung von Verkäufen, da sie in eine kleinere Wohnung ziehen wollte. Siehe Schriftwechsel zwischen Elisabeth Glosemeyer und Busch vom 1.1.1970 bis 16.3.1970. Nach ihrem Umzug deponierte sie ihre Gemälde vom 10.8.1971 bis zum 26.5.1973 in der Kunsthalle Bremen, vgl. Kunsthalle Bremen, Archiv, Nr. 204.
107 Fritz von Uhde, *Zwei Mädchen*, 1909, Inv. 1344-1995/2, und Paula Modersohn-Becker, *Stehendes Kind nach links gewandt vor Landschaft*, 1900–1903, Inv. 1362-2000/4.

# Provenienz Heinrich Glosemeyer:
## Ausgewählte Werke

Das Porträt des Wiener Uhrmachermeisters Peter Peucker aus der Wiener Vorstadt Mariahilf wurde zusammen mit dem Porträt seiner Ehefrau Therese am 6. Februar 1924 beim Kunsthaus Dorotheum in Wien versteigert. Erworben wurden die beiden Porträts von der Kunsthandlung Dr. Nathan, Ludwigsgalerie, München. Anschließend verkaufte man sie getrennt. Der St. Gallener Stickereifabrikant Eduard Sturzenegger erwarb das Damenporträt und schenkte es am 4. Mai 1935 dem Kunstmuseum St. Gallen. Das Herrenporträt befand sich spätestens zum Zeitpunkt des Gutachtens des Kunsthallenleiters Günter Busch vom 1. August 1949 im Besitz von Glosemeyer. Im November 1950 schenkte er es der Kunsthalle Bremen.

**55 Ferdinand Georg Waldmüller**
*Herrenbildnis,* 1856

---

Auktion Kunsthaus Dorotheum, Wien, 6.2.1924, Konsignationsnr. 202 414

---

Kunsthandlung Dr. Nathan, Ludwigsgalerie, München, mind. 6.2.1924 bis max. 1.8.1949

---

Heinrich Glosemeyer, Bremen, mind. 1.8.1949 bis November 1950

---

Im November 1950 erworben von der Kunsthalle Bremen als Geschenk von Heinrich Glosemeyer

Provenienz Heinrich Glosemeyer: Ausgewählte Werke 51

Der Bremer Porträtmaler und Fotograf August Wilhelm Wedeking betrieb von 1859 bis 1871 einen Kunsthandel Am Wall 74a, wo er auch seine eigenen Arbeiten verkaufte. Das Gemälde *Blick vom Glockenturm* präsentierte er im April 1847 auf der fünften Gemälde-Ausstellung in Bremen, wo es vermutlich auch einen Käufer aus der Region fand. Es ist unbekannt, von wem Heinrich Glosemeyer das Bild nach dem Dezember 1946 erwarb. Im September 1949 machte er es der Kunsthalle Bremen zum Geschenk.

**53 August Wilhelm Wedeking**
*Blick vom Glockenturm*, 1847

Kunsthandlung A. W. Wedeking, Bremen, mind. April 1847

Heinrich Glosemeyer, Bremen, max. Dezember 1946 bis September 1949

Im September 1949 erworben von der Kunsthalle Bremen als Geschenk von Heinrich Glosemeyer

## 60 Jan Fyt
*Jagdstillleben*, 1648/1652

Unbekannter Privatbesitzer,
mind. Oktober 1902

Auktion Rudolph Lepke,
Berlin, 21.10.1902, Nr. 64

Gräfin Rümerskirch,
Salzburg, mind. 21.10.1902
bis 23.3.1903

Auktion Hugo Helbing,
München, 23.3.1903,
Nr. 25

Unbekannte Privatsammlung, Bremen, mind. 1942

Heinrich Glosemeyer,
1942 (durch Vermittlung
der Kunsthalle Bremen)
bis 27.10.1955

Am 27.10.1955 erworben
von der Kunsthalle
Bremen, zusammen mit
Kat. 59 und 61, aus
Staatsmitteln (Sonderbewilligung der Freien
Hansestadt Bremen)

Am 21. Oktober 1902 wurde das *Jagdstillleben* von Jan Fyt in Rudolph Lepke's Kunst- und Auctions-Haus in Berlin zur Versteigerung angeboten. Im folgenden Jahr lieferte es Gräfin Rümerskirch aus Salzburg beim Auktionshaus Hugo Helbing, München, zur Auktion am 23. März ein. Heinrich Glosemeyer erwarb das *Jagdstillleben* nach dem August 1942.

Beim Verhör durch die amerikanische Besatzungsmacht im Dezember 1946 gab er zu Protokoll, die Kunsthalle Bremen hätte den Ankauf dieses Gemäldes vor einigen Jahren aus einer nicht näher bezeichneten Bremer Privatsammlung vermittelt. Auf der Rückseite des Bildes findet sich die Namensbezeichnung „Cohn" in blauer Kreide. Bisher ließ sich jedoch kein eindeutiger Nachweis für eine Zugehörigkeit des Gemäldes zur Sammlung des verfolgten jüdischen Unternehmers Ernst Cohn in Bremen feststellen.

1955 erwarb die Kunsthalle das Werk von Glosemeyer zusammen mit der *Papageienallee* von Max Liebermann (Kat. 59) und *Säugling mit der Hand der Mutter* von Paula Modersohn-Becker (Kat. 61).

Provenienz Heinrich Glosemeyer: Ausgewählte Werke 53

Vermutlich im Auftrag des jüdischen Bankiers Theodor Behrens (1857–1921) ausgeführt, wurde dieses Tierporträt zusammen mit 30 anderen Werken aus dessen Hamburger Sammlung vom 26. Oktober bis zum 8. Dezember 1910 in der Kunsthalle Bremen ausgestellt. Bald nach Behrens' Tod im Juni 1921 begann der Verkauf der Sammlung. Wann und von wem Heinrich Glosemeyer das Papageienbild erworben hat, ist unbekannt. Er verkaufte es im Dezember 1943 für 3000 Reichsmark an die Kunsthalle Bremen. Sowohl zum Künstler Leo von König als auch zur Sammlerfamilie Behrens in Hamburg pflegte die Kunsthalle langjährige Kontakte.

**45 Leo von König**
*Grüner Papagei vor Azaleenblüten,* 1908

Theodor Behrens, Hamburg, mind. 26.10.1910 bis Juni 1921

Witwe Theodor Behrens, Hamburg, Juni 1921 bis max. 1936

Heinrich Glosemeyer, Bremen, max. Juni 1921 bis Dezember 1943

Im Dezember 1943 erworben von der Kunsthalle Bremen für 3000 RM aus Staatsmitteln

Gotthardt Kuehls Bild *Nähstunde im Waisenhaus* befand sich in der Chemnitzer Galerie Gerstenberger, vermutlich als diese von September bis Oktober 1935 die Ausstellung *Einzelwerke des 19. Jahrhunderts* zeigte. Wann und von wem Heinrich Glosemeyer das Werk erworben hat, ist unbekannt. Anfang 1941 schenkte er es der Kunsthalle Bremen.

**43 Gotthardt Kuehl**
*Nähstunde im Waisenhaus,* um 1906

Ausstellung *Einzelwerke des 19. Jahrhunderts*, Galerie Gerstenberger, Chemnitz, mind. September bis Oktober 1935

Heinrich Glosemeyer, Bremen, mind. März 1941

Im März 1941 erworben von der Kunsthalle Bremen als Geschenk von Heinrich Glosemeyer

Provenienz Heinrich Glosemeyer: Ausgewählte Werke 55

Am 16. April 1902 erwarb der Kunstsalon Paul Cassirer in Berlin Max Liebermanns Gemälde *Papageienallee* für 11 000 Mark direkt vom Künstler. Cassirer wiederum verkaufte das Bild am 17. Oktober 1903 an den jüdischen Kunstsammler Eduard Arnhold in Berlin. Nach dessen Tod am 10. August 1925 erbte seine nicht jüdische Adoptivtochter Elisabeth Clewing die Kunstsammlung. 1942 verkaufte sie Liebermanns Gemälde an den Bremer Sammler Heinrich Glosemeyer. Dieser Besitzerwechsel wurde durch die Kunsthalle Bremen vermittelt, die sich das Vorrecht für einen späteren Ankauf des Gemäldes zu günstigen Konditionen sicherte. 1955 erwarb die Kunsthalle das Werk von Glosemeyer zusammen mit einem *Jagdstillleben* von Jan Fyt (Kat. 60) und *Säugling mit der Hand der Mutter* von Paula Modersohn-Becker (Kat. 61).

**59 Max Liebermann**
*Papageienallee*, 1902

Kunstsalon Paul Cassirer, Berlin, mind. 16.4.1902 bis 17.10.1903

Eduard Arnhold, Berlin, 17.10.1903 bis 10.8.1925

Johanna Arnhold, Berlin, 10.8.1925 bis 7.2.1929

Elisabeth Clewing, Berlin, 7.2.1929 bis Juli 1942

Heinrich Glosemeyer, Bremen, Juli 1942 bis 27.10.1955

Am 27.10.1955 erworben von der Kunsthalle Bremen, zusammen mit Kat. 60 und 61, aus Staatsmitteln (Sonderbewilligung der Freien Hansestadt Bremen)

**63 Fritz von Uhde**
*Zwei Mädchen*, 1909

*Internationale Kunstausstellung,* München, 1.6. bis 31.10.1909, Nr. 1583 (im Besitz des Künstlers)

Kunsthandlung Fritz Gurlitt, Berlin, mind. 2. bis 19.12.1910

Privatsammlung L. B., Berlin, max. 19.12.1910 bis 18.10.1940

Auktion Hans W. Lange, Berlin, 18.10.1940, zum Schätzpreis von 4000 RM

Kunsthandlung Rudolph Axt, Dresden, 18.10.1940 (für 3000 RM) bis max. Juli 1942

Heinrich Glosemeyer, Bremen, mind. Juli 1942 bis 7.8.1969

Elisabeth Glosemeyer, Bremen, 7.8.1969 bis 1995

1995 erworben von der Kunsthalle Bremen als Geschenk von Elisabeth und Heinrich Glosemeyer

Fritz von Uhde präsentierte das Gemälde *Zwei Mädchen* von Juni bis Oktober 1909 auf der *Internationalen Kunstausstellung* in München. Im Dezember 1910 lieferte die Berliner Kunsthandlung Fritz Gurlitt das Kinderporträt als verkäufliche Leihgabe zu einer Ausstellung in die Kunsthalle Bremen. 1911 wurde das Werk in Karl Schefflers *Deutsche Maler und Zeichner im 19. Jahrhundert* und in der Künstlermonografie von Fritz von Ostini abgebildet – jeweils ohne Angaben zum Eigentümer. Am 18. Oktober 1940 wurde es beim Berliner Auktionshaus Hans W. Lange versteigert. Der Einlieferer mit den Initialen „L. B., Berlin" konnte bisher nicht identifiziert werden. Bei der Auktion 1940 erwarb die Dresdener Kunsthandlung Rudolf Axt das Bild, die es vor dem Juli 1942 an den Bremer Sammler Heinrich Glosemeyer verkaufte. 1995 schenkte Elisabeth Glosemeyer es der Kunsthalle Bremen – im Andenken an ihren verstorbenen Mann.

**61 Paula Modersohn-Becker**
*Säugling mit der Hand der Mutter,* 1901/03

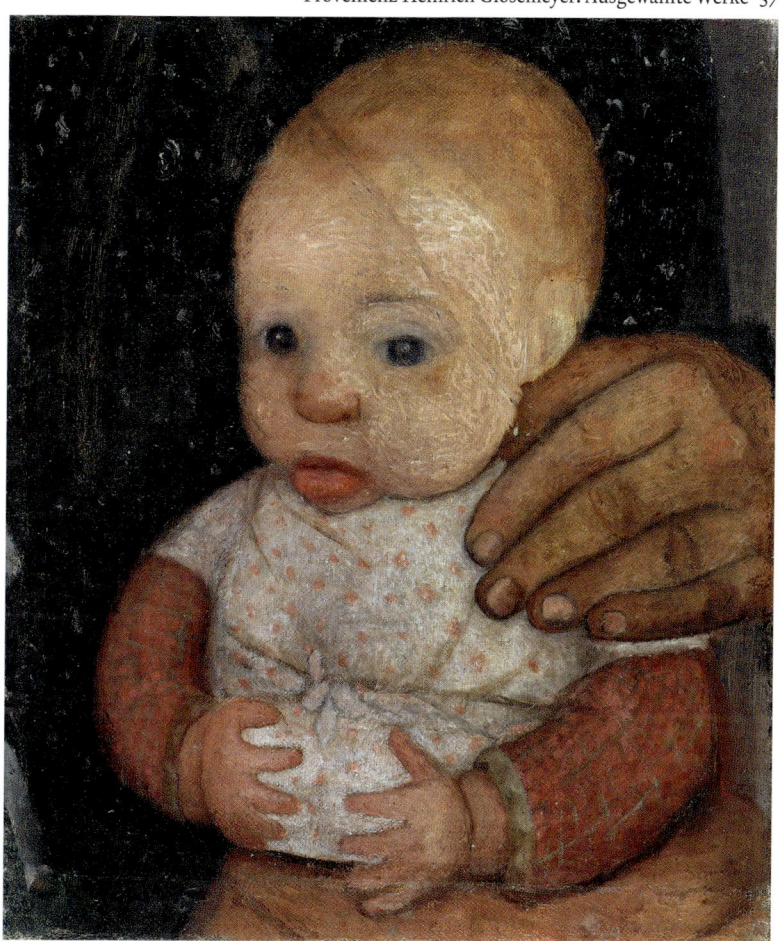

*Säugling mit der Hand der Mutter* war ursprünglich Teil eines großen Gemäldes, das Paula Modersohn-Becker 1903 in drei Teile schnitt. Bei einem Besuch im Atelier der Künstlerin zu Weihnachten 1905 erwarb der Dichter Rainer Maria Rilke das Fragment. Im Werkverzeichnis von Gustav Pauli aus dem Jahr 1919 ist Rilkes von ihm getrennt lebende Ehefrau, die Malerin Clara Rilke-Westhoff in Fischerhude, als Eigentümerin aufgeführt. Spätestens nach ihrem Tod am 9. März 1954, jedoch nicht vor dem 4. Mai 1952, erwarb Glosemeyer das Kinderbildnis, das er am 27. Oktober 1955 zusammen mit der *Papageienallee* von Max Liebermann (Kat. 59) und dem *Jagdstillleben* von Jan Fyt (Kat. 60) an die Kunsthalle Bremen verkaufte.

Rainer Maria Rilke, Worpswede, 25.12.1905 bis max. 1919

Clara Rilke-Westhoff, Fischerhude, mind. 1919 bis mind. 4.5.1952

Heinrich Glosemeyer, Bremen, mind. 9.3.1954 bis 27.10.1955

Am 27.10.1955 erworben von der Kunsthalle Bremen, zusammen mit Kat. 59 und 60, aus Staatsmitteln (Sonderbewilligung der Freien Hansestadt Bremen)

# „Unser Vertrauensmann in Amsterdam" – der Bremer Jurist und Kaufmann Hugo Oelze

*Brigitte Reuter*

Der in Bremen geborene und aufgewachsene Max Hugo Oelze (1892–1967) verbrachte fast sein ganzes Leben in Amsterdam.[1] Nach Abschluss seines Rechtsreferendariats im Jahr 1920 zog er in die aufstrebende niederländische Wirtschaftsmetropole, um dort die Handelsgesellschaft Botha zu gründen und zu leiten.[2]

Die Kunsthalle Bremen erwarb im Zeitraum von 1949 bis 1972 insgesamt 20 Kunstwerke (acht Gemälde, vier Skulpturen und acht Papierarbeiten) aus dem Besitz von Hugo Oelze. Die meisten Gemälde und Skulpturen erhielt das Museum als Geschenke, davon allein vier der wertvollsten Gemälde als sein Vermächtnis. Oelze stand während der NS-Zeit und der beiden Nachkriegsjahrzehnte im engen Austausch mit dem Kreis der Händler und Sammler, die von 1940 bis 1945 mit der deutschen Besatzungsmacht kollaborierten. Dies belegen unter anderem seine Verkäufe an die Dienststelle Mühlmann, deren Auftrag es war, in den Niederlanden Kunstwerke für das geplante „Führermuseum" in Linz zusammenzutragen. Oelzes Aktivitäten am NS-Kunstmarkt machten es erforderlich, die Herkunft der Werke zu überprüfen, welche die Kunsthalle von ihm erworben hat. Neben den Provenienzen wurden hier erstmals auch die Lebensgeschichte Oelzes, seine Sammlung und seine Verbindungen zu den norddeutschen Museen und zum internationalen Kunsthandel untersucht.

### Ein Bremer Kaufmannsohn im Amsterdam

Hugo Oelze stammte aus einer alteingesessenen und angesehenen Bremer Familie (Abb. 1). Sein Vater war der Kaufmann Carl Albert Wilhelm Oelze (1858–1942),[3] seine in Jamaika geborene Mutter Auguste Ferdinande (1866–1943) kam aus der wohlhabenden Familie Ebbeke, Inhaber der Bremer Rumimportfirma F. A. Ebbeke.[4] Neben drei jüngeren Schwestern hatte Hugo Oelze einen ein Jahr älteren Bruder, Friedrich Wilhelm (1891–1978), genannt Fritz, der als Briefpartner des Dichters Gottfried Benn in die Literaturgeschichte eingegangen ist.[5] Im Rahmen der humanistisch gebildeten und kulturell interessierten Familie kam Hugo Oelze früh in Kontakt mit klassischer Literatur und Musik sowie mit bildender und angewandter Kunst, was ihn für sein ganzes Leben prägen sollte.[6] Die Familie pflegte enge Kontakte zum Kunstverein in Bremen. Wilhelm Oelze, der selbst eine Gemäldesammlung angelegt hatte, wurde bereits 1889 Mitglied.[7] Der älteste Sohn Friedrich Wilhelm folgte dem Beispiel seines Vaters im Jahr 1919.[8] Bis zum Ende des Zweiten Weltkriegs zeichnete er sich durch seine aktive Mitarbeit im Vorstand des Kunstvereins aus. Nach 1945 zeugen seine großzügigen Schenkungen von der weiterhin engen Verbindung zur Kunsthalle.

Nach dem Abitur am Neuen Gymnasium in Bremen im Frühjahr 1910 studierte Hugo Oelze Jura in Freiburg, Berlin und Leipzig, wo er am 24. Januar 1914 sein Studium mit dem Rigorosum erfolgreich abschloss.[9] Das anschließende Referendariat absolvierte er in Bremen.[10] Am 9. Dezember des gleichen Jahres veröffentlichte er seine Dissertation *Die Einwilligung des Verletzten*, die seinen Eltern gewidmet ist, und wurde zum Dr. jur. ernannt.[11] Vermutlich folgte er dann dem Beispiel seines Bruders und nahm als Soldat am Ersten Weltkrieg teil. Trotz fehlender Quellen für seinen Militärdienst ist diese Vermutung die zeithistorisch nahe liegende Erklärung für die Tatsache, dass er immer noch als Rechtsreferendar bezeichnet wurde, als ihm am 1. Oktober 1920 ein für die Niederlande gültiger Pass ausgestellt wurde.[12]

Über das Leben von Hugo Oelze in den folgenden beiden Jahrzehnten bis zum Beginn des Zweiten Weltkriegs ist wenig überliefert. Da sowohl Hugo Oelze als auch seine drei Schwestern kinderlos blieben,[13] ließen sich bisher weder Dokumente aus Familienbesitz noch ein Nachlass auffinden. Es ist jedoch dokumentiert, dass Oelze am 8. Januar 1923 in eine neue Wohnung in der Nieuwe Doelenstraat 9 in Amsterdam zog.[14] Seine im Melderegister der Amsterdamer Fremdenpolizei vermerkten Neugründungen von Handelsgesellschaften spiegeln das Auf und Ab dieser wirtschaftlich schwierigen Zeit.[15] Zehn Jahre später scheinen Oelzes Geschäfte besser gelaufen zu sein, da er 1933 mit Wohnung und Kontor in die repräsentative Herengracht 590 einzog. Nur drei Jahre später mietete er für sich ein ganzes Haus, die Nummer 623 in derselben Straße (Abb. 2).[16] In diesem schönen historischen Gebäude wohnte er bis zu seinem Tod.[17] Nachdem Oelze es 1943 gekauft hatte, nahm er im Laufe der Jahre einige Umbauten vor.[18] So wandelte sich das Haus im Einklang mit seinem

Der Bremer Jurist und Kaufmann Hugo Oelze 59

**1** Hugo Oelze (1892–1967)
in Amsterdam, Fotografie,
1930er Jahre

**2** Oelzes Haus
in der Herengracht 623
in Amsterdam
(drittes von rechts),
Fotografie, 1990

**3** Max Liebermann,
*Porträt Max Jacob Friedländer*,
um 1927, Kreide,
ehemals im Besitz von
Hugo Oelze,
Verbleib unbekannt

Bewohner immer mehr vom Kaufmannskontor zu einem Ort des Studiums und des privaten Sammelns von Kunst und Büchern in der Tradition eines humanistischen Studiolos: „[...] der unvergleichliche Zauber gerade dieser Sammlung bestand in Ihrem [sic!] Ensemble, für den das schmale Grachtenhaus aus der späten Rembrandtzeit den glücklichsten Rahmen bot [...]", schrieb der Kunsthallendirektor Günter Busch (1945–1984), der ihn dort nach dem Krieg häufig besucht hatte.[19]

Oelze interessierte sich für ein breites Spektrum verschiedenster Kunstgattungen. Neben Bronzeskulpturen der niederländischen Renaissance und des Barock bis zum 19. Jahrhundert sammelte er vor allem Gemälde der altniederländischen Meister des 15. Jahrhunderts und französischer Künstler des 19. Jahrhunderts. Des Weiteren besaß er niederländische und französische Möbel, antikes, frühchristliches und mittelalterliches Kunstgewerbe, chinesische Keramik sowie Jade und Silberobjekte des 15. bis 19. Jahrhunderts.[20]

### Hugo Oelze und der Amsterdamer Kunstmarkt von 1936 bis 1945

Wann Oelze angefangen hat zu sammeln, ist nicht bekannt.[21] Erst im Januar 1936 lässt sich der Ankauf eines Kunstwerks durch ihn archivalisch belegen.[22] Damals erwarb er das Hans Bollongier zugeschriebene *Stillleben mit Statue des Cupido* von der Amsterdamer Kunsthandlung de Boer, Herengracht 512.[23] Der geschäftstüchtige, in Deutschland und der Schweiz gut vernetzte Kunsthändler Pitt de Boer kaufte das Gemälde kurz vor der endgültigen Besetzung der Niederlande durch die deutsche Wehrmacht im März 1940 wieder von Oelze zurück, um es dann am 15. Februar 1941 sicherlich mit einer erheblichen Gewinnspanne an die mit großen finanziellen Mitteln ausgestattete Dienststelle Mühlmann in Den Haag zu verkaufen.[24] Diese Organisation unter der Leitung von Kajetan Mühlmann war 1940 gegründet worden, um Kunstwerke für das „Führermuseum" in Linz anzukaufen.[25] Der niederländische Kunstmarkt wurde nicht nur von den solventen Ankäufern für das Linzer Museum, sondern im Laufe des Krieges auch von der reichen Wiener Kunsthandlung Dorotheum „leergefegt", wie Hugo Oelze dem Hamburger Museumsleiter Carl Schellenberg 1943 berichtete.[26] Es wimmele dementsprechend von Fälschungen, umso wichtiger seien die Gutachten von Experten, so Oelze weiter.[27]

Einige Jahre später tätigte Oelze dann selbst Geschäfte mit den Ankäufern für das „Führermuseum" Linz.[28] 1944 verkaufte er – soweit nach bisher publizierten Quellen belegbar – acht kunstgewerbliche Silberobjekte vom 16. bis Anfang des 19. Jahrhunderts sowie drei Gemälde niederländischer Alter Meister des 16. und 17. Jahrhunderts.[29] Nachweislich verkaufte Oelze im Juli 1944 die beiden Gemälde *Vogelstillleben* von Cornelis Samuel Stortenbeker[30] und *Jäger mit toten Tieren* von Jan Weenix[31] an Erhard Göpel, der in den Niederlanden als offizieller Ankäufer für das „Führermuseum" Linz arbeitete. Mit Göpel pflegte Oelze auch privat engen Kontakt, der nach Kriegsende noch lange im Rahmen der Max-Beckmann-Gesellschaft weiter bestand.[32] So war dieser ebenfalls Mitglied der deutschen „Schutzgruppe" in Amsterdam, wo Hugo Oelze von 1943 bis 1944 als Leutnant beim Stabe diente.[33]

Wahrscheinlich hatten sich beide über den deutschen Kunsthistoriker Max Jacob Friedländer (1867–1958) kennengelernt, der 1939 wegen seiner jüdischen Abstammung in die Niederlande geflüchtet war (Abb. 3). Durch die Unterstützung von Hermann Göring konnte der ehemalige Leiter der Berliner Gemäldesammlung und des Kupferstichkabinetts seinen kompletten Haushalt und seine Bibliothek ins Exil nach Amsterdam mitnehmen.[34] Auch während der deutschen Besetzung blieb Friedländer weitgehend unbehelligt, da er aufgrund seiner ausgewiesenen Fachkenntnisse der niederländischen und deutschen Malerei und Grafik des 15. und 16. Jahrhunderts als wertvoller Gutachter und Vermittler für die Kunstankäufer der Nazis unentbehrlich war.[35] Friedländer wurde zum Mittelpunkt eines Netzwerks niederländischer Kunsthändler und Sammler, die während des Krieges mit den Deutschen kollaborierten.[36] Daraus ergaben sich enge Kontakte mit der Dienststelle Mühlmann und ihren Mitarbeitern Erhard Göpel und Andreas Hofer.[37]

In den Notizbüchern von Friedländer sind ab 1941 vereinzelte geschäftliche Kontakte mit Hugo Oelze vermerkt, die ab 1942 häufiger wurden.[38] Meistens handelte es sich um die gemeinsame Besichtigung und Begutachtung von Kunstwerken oder die Vermittlung von Kontakten.[39] Private Begegnungen und Eindrücke wurden von Friedländer in seinen Notizbüchern kaum festgehalten. Seine vorsichtig formulierten und durch Abkürzungen verschlüsselten Notizen waren reine Gedächtnisstützen seiner beruflichen Tätigkeit als Gutachter.[40] Nach dem Kriegsende weisen seine Notizen einen deutlich emotionaleren Ton auf. Statt des schlichten Vermerks „Oelze" als Synonym für ein Treffen, heißt es nun zum Beispiel am 6. Juli 1947: „Abends Oelze besucht mich". Die Freundschaft der beiden Männer dauerte bis zu Friedländers Tod 1958.⁴¹ Der Jurist Oelze, der laut Erhard Göpel „seit langem die wirtschaftlichen Interessen Max J. Friedländers wahrnahm",⁴² regelte als letzten Freundschaftsdienst die Vollstreckung des Testaments und die Versteigerung des Nachlasses bei dem Amsterdamer Auktionshaus Paul Brandt im Frühjahr 1959.⁴³

Es fällt auf, dass auch Oelzes andere Geschäftsbereiche während der deutschen Besatzung prosperierten. 1940 gründete er gleich mehrere neue Handelsgesellschaften, die mit Sicherheit eine gute finanzielle Grundlage für seine nebenberuflichen Aktivitäten als Kunsthändler und professioneller Sammler bedeuteten.⁴⁴

## Hugo Oelze und Carl Schellenberg

Von 1942 bis 1944 wurde Oelze zum „Vertrauensmann" der Hamburger Museen in Amsterdam.⁴⁵ So bezeichnete ihn jedenfalls Carl Schellenberg, der Direktor des Museums für Hamburgische Geschichte (Abb. 4), der zugleich seit 1942 auch kommissarischer Leiter der Hamburger Kunsthalle war. Schellenberg tätigte bis Herbst 1944 zahlreiche Ankäufe in den besetzten Ländern. Ausgestattet mit einem Sonderetat für Gemälde, Skulpturen und Grafiken fuhr er im Auftrag von Senat und Kulturverwaltung häufig in die Niederlande. Zusätzlich erledigte er Einkäufe für den Reichsstatthalter in Hamburg, Konstanty Gutschow (1902–1978), Architekt für die Neugestaltung der Hansestadt Hamburg. Dabei ging es um die „Erwerbung von Kunstgegenständen zur Aufstellung in den der Repräsentation dienenden Räumen hoher Amtsstellen".⁴⁶ Bei diesen Einkaufstouren war Hugo Oelze eine wertvolle Hilfe. Zum einen unterstützte er Schellenberg bei der Organisation der im Verlauf des Krieges immer beschwerlicher werdenden Reisen, wobei der Umstand, dass sein Bruder Friedrich bei der Passstelle in Brüssel eingesetzt war, große Vorteile bot. Zum anderen vermittelte Oelze an Schellenberg attraktive Angebote von Kunstwerken, die entweder „aus seiner (eigenen) Sammlung stammten",⁴⁷ die er selbst „kurz vorher im Handel erworben hatte"⁴⁸ oder die er auf einer Auktion, Kunstmesse oder in einer Privatsammlung in Augenschein genommen hatte.

Unter der Anleitung von Oelze lernte Schellenberg die einflussreichsten Kunsthändler und Privatsammler in Amsterdam und Den Haag kennen. Durch seine regelmäßigen Briefe hielt Oelze ihn über die neuesten Entwicklungen und Möglichkeiten dieses wohl wichtigsten Kunstmarkts der NS-Zeit auf dem Laufenden. Wie ein Kaleidoskop spiegelt dieser Briefwechsel mit Schellenberg ein weit gespanntes Netzwerk mit Personen wider, die während der Besatzungszeit eine wichtige Rolle im deutsch-niederländischen Kunsthandel spielten, wie beispielsweise Kurt Walter Bachstitz, Jan Dik senior und junior, Erhard Göpel, Jacques Goudstikker, Andreas Hofer, Eduard Plietzsch und viele andere.

Oelze vermittelt an die Hamburger Kunsthalle und die Dienststelle Gutschow hauptsächlich Angebote aus fremden Sammlungen.⁴⁹ Wie das folgende Beispiel beweist, verkörperten diese Transaktionen ein lukratives Geschäft. Am 19. Dezember 1942 verkaufte Oelze das *Männliche Bildnis*,⁵⁰ vormals Gerard David beziehungsweise Adriaen Isenbrant zugeschrieben, direkt von dem jüdischen Kunsthändler Kurt Walter Bachstitz an die Hamburger Kunsthalle. Dies lässt sich anhand der Einträge im Notizbuch Max Jacob Friedländers belegen. Dort heißt es am 14. Dezember 1942 „Oelze bei mir mit Direktor der Hamburger Kunsthalle wegen G. David-Portrait bei Bachstitz (10.000 Gulden)".⁵¹ Wenige Tage später zahlte die Hamburger Kunsthalle 90.000 Gulden an Oelze.

Beim Stil seiner Briefe fallen die diplomatisch geschickten, sehr höflichen Angebotsformulierungen auf, die taktisch versuchen, die Begehrlichkeit der Objekte zu steigern, indem auf Konkurrenten verwiesen wird.⁵² Die Briefe zwischen Oelze und Schellenberg wurden im Laufe der Zeit immer freundschaftlicher. Beide Männer tauschten zunehmend auch private Dinge aus, wie ihre gesundheitlichen Probleme oder Schellenbergs Suche nach einer neuen Wohnung, nachdem seine Familie ausgebombt worden war.⁵³ Dabei wird deutlich, dass Oelze regelmäßig in Bremen bei der Familie seines Bruders und in Häcklingen bei Lüneburg, wo seit 1940 seine Eltern und seine drei Schwestern lebten, zu Besuch war. Diese Aufenthalte nutzte er auch immer zu geschäftlichen Treffen in Hamburg.

Vor allem aber belegen die umfangreichen erhaltenen Briefwechsel mit Schellenberg und anderen Vertretern von Hamburger Kultureinrichtungen, dass Oelze kein überzeugter Nationalsozialist war. Ideologie und Terminologie der NS-Zeit hinterlie-

**4** Heinrich Rhode, *Porträt Carl Schellenberg*, Öl auf Leinwand, 1954, Verbleib unbekannt

5 *Sechs Sammler stellen aus*, Ausstellungskatalog Museum für Kunst und Gewerbe Hamburg, 1961

ßen in seinen Briefen keine Spuren. So unterzeichnete Oelze keines seiner Schreiben mit „Heil Hitler" oder anderen nationalsozialistischen Grußformeln. Nach der Befreiung vom Nationalsozialismus, als Schellenberg sein Amt als Direktor der Hamburger Kunsthalle abgeben musste, brachen die Geschäftsbeziehungen von Oelze zur Hamburger Kunsthalle ab. Ob dies auch für den persönlichen Kontakt mit Schellenberg gilt, lässt sich aufgrund der bisher bekannten Quellen nicht feststellen.

### Nachkriegszeit in Amsterdam und neue Kontakte in Hamburg

Oelze entschloss sich nach dem Krieg dauerhaft in den Niederlanden zu leben und nahm am 17. Januar 1952 die niederländische Staatsbürgerschaft an.[54] Etwa zur gleichen Zeit erklärten sich auch die Erben von Mozes Schönberg rückwirkend mit dem Verkauf des Hauses 1943 in der Herengracht 623 einverstanden. Dies war juristisch notwendig geworden, da Schönberg während der deutschen Besatzungszeit als Jude verfolgt und von den Nazis im polnischen Vernichtungslager Sobibor umgebracht worden war.[55] Seine berufliche Aktivität als Direktor einer Handelsgesellschaft scheint der 60-jährige Oelze zum Zeitpunkt seiner Einbürgerung aufgegeben zu haben, um sich fortan nur noch dem Kunsthandel und seiner Privatsammlung zu widmen.[56]

Zu dieser Zeit entwickelte sich Oelzes Kontakt mit dem renommierten Museum für Kunst und Gewerbe in Hamburg. Den Anfang machte ein Werbegeschenk. 1953 übergab Oelze dem Museum ein ornamentales Holzrelief, das ursprünglich als Türfüllung gedient hatte.[57] Nachdem das Museum im Februar 1955 den Ankauf von einem Paar Ohrgehänge aus dem 18. Jahrhundert abgelehnt hatte,[58] kam es am 2. August 1956 zum ersten Geschäftsabschluss mit Oelze. Das Museum erwarb einen niederländischen Bronzeputto aus der Zeit um 1700 für 1200 Mark.[59] In den nächsten Jahren folgten zahlreiche weitere Ankäufe, meistens Skulpturen des 16. bis 18. Jahrhunderts, sowie einige kunstgewerbliche Objekte und Antiken.[60]

Oelze unterbreitete dem Museum in seinen Briefen immer wieder Verkaufsofferten, wobei er häufig die Herkunft aus seinem Eigentum beziehungsweise seiner privaten Sammlung betonte. Im Unterschied zu Schellenberg stellte Oelze jedoch weder für den Museumsdirektor Erich Meyer noch seit 1962 für seine Nachfolgerin Lise Lotte Müller direkte Kontakte in den Niederlanden her.[61] Ganz selten ist in den Briefen von einer Reise nach Amsterdam die Rede.[62] Insgesamt bleibt das Verhältnis zwischen Oelze und Meyer etwas distanziert. Dazu trug nicht zuletzt der Konflikt anlässlich der Ausstellung *Sechs Sammler stellen aus* bei, die im Museum für Kunst und Gewerbe vom 7. April bis zum 11. Juni 1961 zu sehen war (Abb. 5).[63] Hugo Oelze war einer dieser Sammler und präsentierte dort 19 Bronzefiguren, vor allem niederländischer Künstler der Renaissance bis zum 19. Jahrhundert aus seinem Besitz.[64] Die Schau war zwar für Oelze eine große Ehre und bedeutete eine Anerkennung als Sammler, doch er protestierte dagegen, dass einige seiner Zuschreibungen durch das Museum für Kunst und Gewerbe im Katalog korrigiert werden sollten.[65] Schließlich einigte man sich darauf, dass Oelzes Angaben im Ausstellungskatalog übernommen wurden, allerdings mit dem ausdrücklichen Zusatz, dass die mit einem Sternchen bezeichneten Katalogtexte „ausschließlich auf den Besitzer zurückgehen".[66] Meyer bedauerte dieses Beharren und sah darin eine Beschränkung der freien Forschung.[67] Ganz im Gegensatz zur Intention des Sammlers sollten sich nach seinem Tod gerade diese distanzierenden Hinweise des Hamburger Museums bei der Nachlassversteigerung in Amsterdam sieben Jahre später als wertmindernd erweisen.[68]

### Hugo Oelze und die Kunsthalle Bremen

Im Vergleich zu Oelzes professionellen Kontakten zum Museum für Kunst und Gewerbe Hamburg scheinen seine Beziehungen zur Kunsthalle Bremen wesentlich weniger von kommerziellen Interessen geprägt. Auch ist die Zahl der Ankäufe viel kleiner als in Hamburg, während Oelze an die Kunsthalle Bremen wiederum erheblich mehr Werke verschenkte.[69]

Soweit den erhaltenen Archivalien zu entnehmen ist, hatte Hugo Oelze während der NS-Zeit keine geschäftlichen Kontakte zur Kunsthalle Bremen.[70] Vielmehr konzentrierten sich Oelzes Kunsthandelsgeschäfte in seiner Vaterstadt in den Kriegsjahren auf die Alte Kunst GmbH und die Bremer Werkschau.[71] Es ist jedoch anzunehmen, dass er den Kunsthallendirektor Emil Waldmann auf privater Ebene kannte und ihm bei seinen regelmäßigen Familienbesuchen auch begegnet ist. Sein Bruder Friedrich Wilhelm war mit der Familie Waldmann eng befreundet. Friedrich Wilhelm Oelze gehörte zu den wenigen Duzfreunden des Leiters der Kunsthalle, und beide Familien machten sogar gemeinsam Urlaub.[72]

Erst nach dem Krieg, gegen Ende der 1940er Jahre, trat Hugo Oelze in engeren Kontakt mit der Kunsthalle Bremen. Den Anfang machte auch hier wieder ein Werbegeschenk, eine Medaille von Benno Elkan mit dem Porträt Gerhart Hauptmanns. Der Briefwechsel der kommenden Jahre zwischen dem Leiter und (ab 1950 Direktor) der Kunsthalle Bremen Günter Busch[73] und Oelze spiegelt neben Fragen des Kunsthandels auch alltägliche Themen, wie die Rückgabe eines aus der Kunsthalle entliehenen Buchs, die von einem vertrauten Umgang miteinander zeugen. 1952 kam es zum ersten Ankauf bei Oelze. Die Kunsthalle erwarb eine Landschaft von Johann Martin Däubler[74] für 85 DM (Kat. 66) und ein Jahr später das kleine Gemälde *Gesellschaft am Flussufer* von Eugène Cicéri[75] für 660 DM (Kat. 67, Farbtaf. S. 71).

Während der 1950er und 1960er Jahre reiste Busch häufig zum Kunsteinkauf in die Niederlande, wo ihm Oelze Kontakte vermittelte und ihn bei seinen Ankäufen beriet. Das Zugangsbuch der Kunsthalle belegt, dass Busch von den weiter fortbestehenden Verbindungen Oelzes aus der Besatzungszeit profitierte beziehungsweise selbst Eingang in diese Kreise fand (Abb. 6). Es fanden fortan häufige Schriftwechsel mit Friedländer, Göpel, Hofer und Plietzsch sowie dem Auktionshaus Paul Brandt statt.[76] Der enge Kontakt mit dem international vernetzten Hugo Oelze war Busch von großem Nutzen und passte gut zu seinem Interesse an der internationalen Kunst des 16. bis 19. Jahrhunderts.[77]

Dieses langjährige freundschaftliche Verhältnis zu Günter Busch sowie die traditionell engen Beziehungen der Familie Oelze zum Bremer Kunstverein waren der Grund für Oelzes Schenkungen und letztendlich sein Vermächtnis an die Kunsthalle Bremen. Diese enge Beziehung findet Ausdruck in einem Schreiben vom 29. Dezember 1953, in dem Oelze Günter Busch für die Weihnachtsgrüße und eine „kleine Gabe" dankte: Busch hatte ihm seine neu erschienene Publikation *Handbuch der Kunsthalle Bremen* mit Widmung zugeschickt.[78] Oelze war „sichtlich angetan" über die Anerkennung, dass sein Name darin zwei Mal Erwähnung gefunden hatte und äußerte den Entschluss, dem Museum in seiner Heimatstadt auch in Zukunft sein „sichtliches Interesse" in Form von weiteren Schenkungen zu widmen.[79]

Kurz vor Oelzes Tod am 4. Mai 1967[80] besuchte Busch den 74-Jährigen noch ein letztes Mal und dankte ihm in einem Schreiben vom 10. April für die „hochherzige Stiftung, die Sie bei dieser Gelegenheit für die Kunsthalle Bremen ausgesprochen haben".[81] Oelze vermachte der Kunsthalle hier zunächst drei Gemälde, die ihm besonders am Herzen lagen und die er für besonders wertvoll hielt: *Im Gras liegendes Mädchen* von Camille Pissarro, die *Judith* aus der Werkstatt von Jan Sanders van Hemessen und das *Frauenbildnis* von Cornelis Ketel (Kat. 79–81, Farbtaf. S. 69, 73).[82] Zur Erinnerung an ihre gemeinsame Freundschaft mit Friedländer schenkte er Busch sein persönliches Exemplar der 14-bändigen Publikation *Altniederländische Malerei*.

Busch erwies sich dieser Freundschaft würdig, als er sich nach Oelzes Tod um die Versteigerung seiner Sammlung kümmerte. Dabei arbeitete er eng mit Katharina, genannt Käte, van de Moetter (1908 – nach 1972) zusammen, die sich als langjährige Angestellte von Oelze um die Auflösung des Haushalts kümmerte.[83] Der aus dieser Zeit erhaltene Briefwechsel

6 Günter Busch und Erhard Göpel mit Günter Thiem während einer Auktion der Galerie Kornfeld, Bern, Fotografie, 1960er Jahre

spiegelt vor allem die Schwierigkeiten, die sich durch die Einmischung des überforderten Bruders Friedrich Wilhelm ergaben, der sich immer wieder durch fremde Meinungen zum Wert der hinterlassenen Sammlung und durch Ratschläge in Bezug auf deren Verwertung verunsichern ließ.[84] Busch bat deshalb noch Arno Schönberger, den Direktor des Kunstgewerbemuseums Berlin, um ein Gutachten für die kunstgewerblichen Objekte.[85] Dieser analysierte nicht nur das Gesamtprofil der Oelze'schen Sammlung, sondern hob auch die besonders wertvollen Teile hervor und hielt darüber hinaus die Präsentation der Privatsammlung in der Herengracht 623 schriftlich fest.[86]

Schließlich wurde die Sammlung wie geplant beim Auktionshaus Paul Brandt, mit dem Hugo Oelze seit Jahrzehnten zusammengearbeitet hatte, versteigert (Abb. 7). Die Kunsthalle erwarb auf dieser Auktion die Terrakottafigur *Madame Récamier* aus der Manufaktur Samson[87] und das Gemälde *Landschaft mit Windmühle* von Antoine Guillemet (Kat. 83 und 84).[88] Das dort ebenfalls von Busch ersteigerte Gemälde *Die Jagd der Atalante* von Antoine-Jean Gros[89] wurde durch die nachträgliche Finanzierung von Friedrich Wilhelm Oelze 1972 zu einem Teil des Vermächtnisses Hugo Oelze in der Kunsthalle (Kat. 85).[90] Vermutlich handelte es sich dabei um eine Anerkennung der Unterstützung Buschs bei der Versteigerung des Nachlasses.

Busch setzte Hugo Oelze noch ein letztes Denkmal. In seinem Artikel „Glück des Sammlers" in der *Frankfurter Allgemeinen Zeitung* beschreibt er Oelzes Haus und seine Sammlung als Psychogramm des Sammlers: „Diese Eigenschaft, die diesem Haus und seinen Räumen, die dieser Sammlung und ihren Objekten das unverwechselbare Signum eines stillen Leuchtens verlieh, diese Eigenschaft erklärt sich aus der Persönlichkeit des Sammlers [...]" und erinnert an Hugo Oelze als einen introvertierten Intellektuellen: „Wer diesen Mann je in seiner Welt erlebt hat, wird ihn nicht vergessen können [...]. Dann hatte sich dieser in sich gekehrte Mann ganz geöffnet – seiner Materie aber auch dem, der bereit war, diese Materie mit ihm im Geiste zu teilen. Dann war dieser einsame Mensch glücklich".[91] Busch lässt bei dieser Charakterstudie jedoch einige ganz bedeutende Eigenschaften Oelzes außer Betracht. Dies betrifft vor allem das große rhetorische Talent, die Kontaktfreude und den pragmatischen Geschäftssinn des geborenen Bremers. Die intelligent formulierten und taktisch äußerst geschickt aufgebauten Angebotsschreiben in den Archiven der Hamburger und Bremer Museen sind beredte Zeugen dafür. Sie künden von seinen Geschäften mit der Kunst gerade während der deutschen Besetzung der Niederlande, aber auch in den ersten beiden Jahrzehnten nach dem Krieg. Sein kultiviertes Haus mit der wertvollen Kunstsammlung bot dem Geschäftsmann lediglich einen Rückzugsort ins Private. Ganz in der bürgerlichen Tradition fand der „Dilettant im höchsten Verstande"[92] hier seine Erholung im Sinne von geistigem Ausgleich und innerer Einkehr.

Zusammenfassend kann man feststellen, dass Oelze spätestens seit Mitte der 1930er Jahre nebenberuflich mit Kunst und vor allem Kunstgewerbe handelte. Als Kaufmann nutzte er während des Krieges die sich ihm bietenden Möglichkeiten, Geschäfte mit den deutschen Besatzern zu machen, sowohl mit den Mitarbeitern der „Sonderkommission Linz" als auch mit den Abgesandten der Hansestadt Hamburg. Zugute kamen ihm seine ausgezeichneten und offensichtlich bereits langjährigen Kontakte zu den wichtigsten Kunsthändlern und Privatsammlern in den Niederlanden und Norddeutschland. Obwohl Oelze selbst kein Nationalsozialist war, profitierte er von diesem politischen System. Im besonders engen Kontakt mit Max Jacob Friedländer übernahm er eine Schlüsselfunktion innerhalb des deutsch-niederländischen Kunsthandels während der Besatzungszeit. Die Überprüfung der Provenienzen jener Werke, die aus seiner Hand in die Kunsthalle Bremen gelangten, hat bisher jedoch keine Hinweise auf einen verfolgungsbedingten Entzug ergeben.

**7** Sammlung Hugo Oelze, Auktionskatalog Paul Brandt, Amsterdam 1968 (Titelblatt)

1 Vgl. Meldekarte Hugo Oelze bei der Fremdenpolizei, StA Amsterdam.
2 Von 1921 bis 1923 war Oelze mit Wohnung und Kontor in Nes 45, Amsterdam, gemeldet. Siehe ebd. – Amsterdam entwickelte sich nach dem Ersten Weltkrieg zu einem Zentrum des internationalen Kunsthandels, vgl. Anonym: Aus der Sammlerwelt und vom Kunsthandel, in: *Cicerone* 1924, S. 581.
3 Vgl. Martin 1912, S. 116.
4 Freundliche Auskunft von Uta Reinhardt, StA Lüneburg.
5 Siehe Dyck 2004. – Vgl. Schäfer 2001.
6 Zur Familie Oelze als Sammler und Mäzene der Kunsthalle Bremen vgl. Hansen 2004, hier: Postskriptum. Der Bruder Hugo Oelzes als Sammler und Stifter, S. 23–25.
7 Zu Wilhelm Oelze als Sammler, siehe ebd., S. 16.
8 Ebd.
9 Vgl. Oelze 1914, Biografie, o. S. (1 S.).
10 Ebd.
11 Ebd.
12 Vgl. Oelze, Hugo, in: Onlinedatenbank Passregister – Die Maus.
13 Freundliche Auskunft des StA Lüneburg. Stephan, der einzige Sohn von Friedrich Wilhelm Oelze und Charlotte Michaelsen (1896–1974) fiel im Zweiten Weltkrieg, vgl. Oelze, Stephan (1922–1943), Grabsteine, Friedhof Bremen-Riensberg, in: Onlinedatenbank Grabsteine – CompGen e. V.
14 Siehe Meldekarte Hugo Oelze bei der Fremdenpolizei, StA Amsterdam.
15 Ebd.
16 Ebd. – Vgl. Eeghen 1976, S. 386–387 sowie S. 615.
17 Das Haus Herengracht 623 befand sich seit 1922 im Eigentum des jüdischen Kaufmanns Mozes Schönberg und seiner Frau Rosa Lemberger. 1943 erwarb Oelze das Wohnhaus von Schönberg für 15 000 Gulden. Nach Oelzes Tod verkauften seine Geschwister und Erben das Haus 1968 an den Diamantenhändler R. J. E. Streep. Vgl. Eeghen 1976, S. 386 f.
18 Ebd.
19 Vgl. Kat. Aukt. Brandt 1968, Vorwort von Günter Busch.
20 Vgl. Kat. Aukt. Brandt 1968.
21 Vgl. Busch 1967.
22 Die in Kat. Aukt. Brandt 1968 aufgeführten Ausstellungsdaten der Auktionsobjekte stammen überwiegend aus den 1930er Jahren. Sie liefern daher keine weiteren Anhaltspunkte zum Zeitpunkt des Zugangs in die Sammlung Oelze.
23 Vgl. Onlinedatenbank Nederlands Kunstbezit collectie, Nr. 1724.
24 Siehe Kat. Aukt. de Boer 1940, Nr. 6. – Die Dienststelle Mühlmann, Den Haag, erwarb das Gemälde am 15.2.1941, siehe Archief SNK, Nr. 385, 715, 865. – Siehe auch BArchiv Koblenz, B 323/574, Sonderauftrag Linz, Korrespondenz Galerie Almas, München.
25 Vgl. Dienststelle Kajetan Muehlmann, Den Haag, in: Onlinedatenbank ALIU Red Flag Names.
26 Oelze an Schellenberg, Brief vom 25.1.1943, HAHK, Slg. 19, Kaufangebote und Ankäufe Architekt Gutschow 1943–1947.
27 Ebd.
28 Vgl. Hugo Oelze, Amsterdam, in: Onlinedatenbank ALIU Red Flag Names. – Siehe Archief SNK, Nr. 184 (Oelzes Verkäufe während des Kriegs nach Dresden, Linz und Lübeck).
29 Siehe Silberobjekte: München Nr. 4776/3, 4776/3a, 4776/6, 4776/11, 4776/12b, 4776/17b, 4776/22, 4776/23; Gemälde: München Nr. 9906, 20165 sowie Linz Nr. 3491, in: Datenbank zum Central Collecting Point München, DHM.
30 Das Gemälde, dessen Herkunft unbekannt ist, befand sich von 1942 bis 1944 im Eigentum von Oelze. Am 20.7.1944 erwarb es Göpel für das „Führermuseum" Linz. Siehe Onlinedatenbank Nederlands Kunstbezit collectie, Nr. 2531. – Vgl. Archief SNK, Nr. 184, 434, 726a, 864. – Vgl. BArch Koblenz, B 323/575, Sonderauftrag Linz, Korrespondenz Erhard Göpel. – Vgl. RKD fotodocumentatie.
31 Siehe München Nr. 9906, in: Onlinedatenbank zum Central Collecting Point München, DHM.
32 Vgl. Hugo Oelze und Günter Busch, Briefwechsel 1949–1968, Kunsthalle Bremen, Archiv, Ankaufsakten.
33 Siehe Deutsche Dienststelle für die Benachrichtigung der nächsten Angehörigen (WASt), Berlin, Auskunft vom 3.6.2013: Laut Meldung vom 18.3.1943 diente Hugo Oelze als Ortskommandant L. W. I/1 der Schutzgruppe Amsterdam. Er besaß den Dienstgrad eines Leutnants der Reserve. Vgl. Schellenberg, Reisebericht über Reise nach Holland vom 3.–9.7.1944, StAHH, 363-6, Kulturbehörde, B 36, Dienstreisen von Mitarbeitern der Kunsthalle 1943–1951.
34 Vgl. Laemers 2009, S. 119–129.
35 Ebd.
36 Ebd. – Siehe auch Max Jacob Friedlaender, in: Onlinedatenbank ALIU Red Flag Names.
37 Siehe Walter Andreas Hofer, in: Onlinedatenbank ALIU Red Flag Names.
38 Siehe Notizbuch von Max Jacob Friedländer, 1941–1946, RKD, Den Haag, Archief M. J. Friedländer, Inv. 303–306.
39 Ebd.
40 Ebd.
41 Vgl. Hugo Oelze und Carl Schellenberg, Briefwechsel 1942–1944, HAHK, Slg. 19, Kaufangebote und Ankäufe Architekt Gutschow 1943–1947, sowie Hugo Oelze und Günter Busch, Briefwechsel 1949–1968, Kunsthalle Bremen, Archiv, Ankaufskaufsakten, sowie Akte Nr. 78a, Geschenke und Legate.
42 Siehe Göpel 1959.
43 Siehe Oelze an Erich Meyer, Brief vom 10.10.1959, MKG, Archiv, Anfr. 1959.
44 Siehe folgende Einträge vom 1.7.1940 auf der Meldekarte Hugo Oelze bei der Fremdenpolizei, StA Amsterdam: Director Handelsmij Bredam, Director Handelsmij Scancdinavié und Director/Commissioner NV Ex- en Import Mij Roessingh & Co.
45 Schellenberg, Reisebericht über Reise nach Holland vom 30.3.1944, StAHH, 363-6, Kulturbehörde, B 36, Dienstreisen von Mitarbeitern der Kunsthalle 1943–1951.
46 Konstanty Gutschow, Reichsstatthalter in Hamburg, Architekt für die Neugestaltung der Hansestadt Hamburg, an die Verwaltung für Kunst und Kulturangelegenheiten Hamburg, Brief vom 29.8.1941, HAHK, Slg. 19, Kaufangebote und Ankäufe Architekt Gutschow 1943–1947.
47 Siehe Oelze an Schellenberg, Brief vom 25.1.1943, HAHK, Slg. 19, Kaufangebote und Ankäufe Architekt Gutschow 1943–1947.
48 Oelze an Schellenberg, Brief vom 22.5.1943, HAHK, Slg. 5, Kaufangebote, 1.4.1943–1.5.1948, O, Dr. H. Oelze.
49 Siehe Archief SNK, Nr. 227 (Hamburger Kunsthalle), Nr. 243 (St. Annenmuseum, Lübeck).
50 Vgl. Inv. E-707 der Hamburger Kunsthalle: Adriaen Isenbrant, *Männliches Bildnis*, Holz, Ankauf 19.12.1942, Abgabe an die Niederländische Regierung 28.3.1946. Siehe Onlinedatenbank Nederlands Kunstbezit collectie, Nr. 2462. – Zwei weitere Erwerbungen der Hamburger Kunsthalle von Hugo Oelze: *Toilette einer*

*jungen Dame* von Gerard ter Borch, Inv. E-703, gekauft 1942, Abgabe an die Niederlande 1946, sowie 1943 gegen Tausch erworben *Der Schmerzensmann zwischen Maria und Johannes*, um 1540, von Lucas Cranach d. Ä., Inv. HK-708 (heute noch in der Sammlung).

51 Siehe Notizbuch von Max Jacob Friedländer, RKD, Den Haag, Archief M. J. Friedländer, Inv. 304.
52 Vgl. HAHK, Slg. 5, Kaufangebote, 1.4.1943–1.5.1948, O, Dr. H. Oelze. – Vgl. HAHK, Slg. 19, Kaufangebote und Ankäufe Architekt Gutschow 1943–1947.
53 Ebd.
54 Meldekarte Hugo Oelze bei der Fremdenpolizei, StA Amsterdam.
55 Eeghen 1976, S. 386 f.
56 Meldekarte Hugo Oelze bei der Fremdenpolizei, StA Amsterdam.
57 MKG, Archiv, Geschenk-Lagerbuch V 1953–61, Nr. 4041, Inv. 1953.124.
58 Oelze an Erich Meyer, Brief vom 3.2.1955, sowie Museum für Kunst und Gewerbe an Oelze, Brief vom 8.2.1955, MKG, Archiv, Anfr. 1955.
59 MKG, Archiv, Lagerbuch I u (1955–1966), Nr. 6088 (17178), Inv. 1956-3531.
60 Vgl. Briefwechsel Hugo Oelze, MKG, Archiv, Anfr. 55, 73, 75–76, 80; Ausst 33 6 Sammler; Ausst 33 Korresp. Der früheste archivierte Brief an den Direktor Erich Meyer stammt vom 3.2.1955. Oelze merkte darin an, dass er lange nichts mehr von Meyer gehört und ihn auch leider bei seinem letzten Besuch im Museum nicht angetroffen habe. Siehe MKG, Archiv, Anfr. 55.
61 Ebd.
62 Ebd.
63 Kat. Ausst. Hamburg 1961.
64 Ebd., Kap. 1: Figuren und Reliefs, S. 7, Kat. 12, 41–42, 45–46, 48, 50–51, 55, 58–60, 62–63, 65–66, 69, 92. – Vgl. hierzu die Liste von Hugo Oelze mit Leihgaben für das Museum für Kunst und Gewerbe Hamburg, Nr. 1–19, vom Januar 1961, MKG, Archiv, Anlage zum Brief an die Kulturbehörde Hamburg vom 3.1.1961 wegen Übernahme der Kosten für Versicherung und Transport.
65 Oelze an Meyer, zwei Briefe vom 10.2.1961, MKG, Archiv, Ausst. 33, Korresp.
66 Meyer an Oelze, Brief vom 13.2.1961 sowie Antwort von Oelze vom 20.2.1961, MKG, Archiv, Ausst. 33, Korresp.
67 Ebd.
68 Arno Schönberger an Friedrich Wilhelm Oelze, Brief mit Durchschrift an Busch vom 11.7.1967, Kunsthalle Bremen, Archiv, Nr. 78a.
69 Vgl. hierzu Inventarbücher 1945–1955 und 1956–1960, Kunsthalle Bremen, sowie Das Goldene Buch der Stifter und Mäzene. Schenkungen seit 1972, Kunsthalle Bremen, Archiv.
70 Auch während der Reise von Emil Waldmann nach Amsterdam im August 1940 mit dem Bremer NS-Bürgermeister Heinrich Böhmcker kam es zu keiner nachweisbaren Kooperation mit Hugo Oelze. Vgl. Kunsthalle Bremen, Archiv, Nachlass Emil Waldmann.
71 Oelze an Schellenberg, Brief vom 15.4.1943, HAHK, Slg. 19, Kaufangebote und Ankäufe Architekt Gutschow 1943–1947.
72 Vgl. Emil Waldmann und Friedrich Wilhelm Oelze, Briefwechsel, Kunsthalle Bremen, Archiv, Nr. 78, Nr. 127, sowie Ankaufsakten. – Siehe auch Familienalben mit Urlaubsfotos, Kunsthalle Bremen, Archiv, Nachlass Emil Waldmann.
73 Busch war seit dem Tod Waldmanns im April 1945 Leiter der Kunsthalle Bremen. Aufgrund des Vetos der amerikanischen Besatzungsmacht wegen seiner frühen Mitgliedschaft in der NSDAP wurde er jedoch erst 1950 zum Direktor (bis 1984) ernannt. Als kommissarischer Direktor fungierte von 1945 bis 1950 der Schriftsteller und Übersetzer Rudolf Alexander Schröder.
74 Johann Martin Däubler, *Landschaft*, Gouache, Inv. 1952/285.
75 Eugène Cicéri, *Gesellschaft am Flussufer*, Öl auf Leinwand, Inv. 616-1953/8.
76 Siehe hierzu Ankaufsakten von 1950 bis 1967, darunter Dank von Busch an Friedländer vom 30.6.1954 für die Schenkung einer Skizze von Arthur Fitger, Kunsthalle Bremen, Archiv, Nr. 78.
77 Vgl. Buschhoff 2013.
78 Günter Busch/Horst Keller, *Handbuch der Kunsthalle Bremen*, Bremen 1954.
79 Siehe Oelze an Busch, Brief von 29.12.1953, Kunsthalle Bremen, Archiv, Nr. 191.
80 Siehe Todesanzeige Dr. Max Hugo Oelze, in: *Weser-Kurier*, 9.5.1967, S. 15.
81 Siehe Busch an Oelze, Brief vom 10.4.1967, Kunsthalle Bremen, Archiv, Nr. 78.
82 Siehe ebd. – Siehe auch Bremer Nachrichten 1967 sowie weitere Beiträge im *Weser-Kurier* vom 13.12.1967 und der *Nordsee-Zeitung* vom 14.12.1967.
83 Katharina (Käte) van de Moetter, geboren am 8.2.1908 in Hamborn bei Duisburg, war seit 1932 bei Oelze angestellt und lebte bis nach seinem Tod in der Herengracht 623 in Amsterdam. Nach der Auflösung des Haushalts zog sie nach Purmerend und starb dort nach 1972. Siehe Meldekarte Nr. NL-SAA-2378354 und Nr. AO5907_0350_102, StA Amsterdam. Als „verehrte Hausgenossin" ließ sie Schellenberg in jedem seiner Briefe an Oelze mehr als herzlich grüßen. Oelze ging darauf jedoch nie ein, was die Vermutung zulässt, dass es sich bei ihr um wesentlich mehr als eine reine Hausangestellte gehandelt hat. Siehe Schellenberg an Oelze, Brief vom 20.10.1944: „Sie schreiben gar nicht, wie es der Verehrten geht. Ich werde dann wohl durch Herrn Siebs von ihr hören." HAHK, Slg. 19, Kaufangebote und Ankäufe Architekt Gutschow 1943–1947.
84 Van de Moetter an Busch, Brief vom 30.7.1967, sowie Friedrich Wilhelm Oelze an Busch, Brief vom 21.7.1967, Kunsthalle Bremen, Archiv, Nr. 78a.
85 Arno Schönberger, Direktor Kunstgewerbemuseum Berlin, an Hans Robert Weihrauch, Bayerisches Nationalmuseum, Brief vom 22.8.1967, Kunsthalle Bremen, Archiv, Nr. 78a.
86 Schönberger an Friedrich Wilhelm Oelze, Brief mit Durchschrift an Busch vom 11.7.1967, Kunsthalle Bremen, Archiv, Nr. 78a.
87 Kat. Aukt. Paul Brandt 1968, Nr. 49.
88 Ebd., Nr. 114, hier: *French Landscape*.
89 Ebd., Nr. 96. – Siehe hierzu Weser-Kurier 1972.
90 Siehe Schriftwechsel von Günter Busch zum Vermächtnis Hugo Oelze, 10.4.1967–22.5.1968, Kunsthalle Bremen, Archiv, Angebotsakten. – Als gemeinsames Vermächtnis Friedrich Wilhelm Oelze, Bremen, und Hugo Oelze, Amsterdam, erhielt die Kunsthalle 1968 zusätzlich das Gemälde *Küste bei La Spezia* von Hans Thoma (Kat. 82, Farbtaf. S. 72), Inv. 970-1967/18.
91 Siehe Busch 1967. – Der gleiche Text erschien zehn Jahre später in dem Sammelband Busch 1977, S. 250–253.
92 Vgl. Weser-Kurier 1973.

# Provenienz Hugo Oelze:
## Ausgewählte Werke

68  Provenienz Hugo Oelze: Ausgewählte Werke

70  **Clodion (Claude Michel)**
*Bacchantenzug*, 1787 (Nachguss, 19. Jh.)

Hugo Oelze, Amsterdam, mind. 1957

1957 erworben von der Kunsthalle Bremen als Geschenk von Hugo Oelze

Provenienz Hugo Oelze: Ausgewählte Werke 69

In einem Schreiben vom 19. Mai 1944 berichtete Hugo Oelze dem Direktor der Hamburger Kunsthalle, Carl Schellenberg, vom Ankauf eines Frauenbildnisses „vor wenigen Tagen". Es war nicht bekannt, welcher Künstler das Bild gemalt hatte, daher konsultierte Oelze einige befreundete Gemäldeexperten wie Max Jacob Friedländer, Eduard Plietzsch und Helmuth Lütjens. Schließlich wurde das *Frauenbildnis* dem niederländischen Maler Cornelis Ketel zugeschrieben. Da Oelze dieses Porträt besonders schätzte, vermachte er es kurz vor seinem Tod im April 1967 noch persönlich der Kunsthalle Bremen, zusammen mit den beiden Gemälden *Im Gras liegendes Mädchen* von Camille Pissarro (Kat. 80) und *Judith* aus der Werkstatt Jan Sanders van Hemessen (Kat. 81).

79 **Cornelis Ketel**
*Frauenbildnis*, 1600

Hugo Oelze, Amsterdam, Mai 1944 bis April 1967

Im April 1967 erworben von der Kunsthalle Bremen als Vermächtnis Hugo Oelze

Als Leihgabe von Hugo Oelze wurde das Gemälde *Die Jagd der Atalante* vom 23. Februar bis zum 26. April 1964 in der Ausstellung *Eugène Delacroix 1798–1863* in der Kunsthalle Bremen gezeigt. Nach dem Tod des Sammlers ersteigerte die Kunsthalle die mythologische Darstellung auf der Nachlass-Auktion bei Paul Brandt in Amsterdam für 8200 Gulden. Allerdings wurde die Summe nicht in Rechnung gestellt. Stattdessen erhielt die Kunsthalle das Gemälde als Teil des Vermächtnisses Hugo Oelze, wahrscheinlich in Anerkennung der großen Unterstützung des Museumsdirektors Günter Busch bei der Organisation der Versteigerung.

70 Provenienz Hugo Oelze: Ausgewählte Werke

85 **Antoine-Jean Gros**
*Die Jagd der Atalante*, 1. Drittel 19. Jahrhundert

---

Hugo Oelze, Amsterdam, mind. Februar 1964 bis 26.4.1968

Auktion Nachlass Hugo Oelze, Paul Brandt, Amsterdam, 23.–26.4.1968, Nr. 9

Am 23.–26.4.1968 erworben von der Kunsthalle Bremen als Vermächtnis Friedrich Wilhelm und Hugo Oelze

Provenienz Hugo Oelze: Ausgewählte Werke 71

**67 Eugène Cicéri**
*Gesellschaft am Flussufer*, um 1870/75

Am 23. September 1953 berichtete Hugo Oelze in einem Schreiben an den Kunsthallendirektor Günter Busch von dem „kürzlichen Erwerb eines Cicéris" und bot die Landschaft der Kunsthalle Bremen zum Kauf an. Die Provenienz wurde nicht erwähnt. Die Kunsthalle ging auf das Angebot ein und erwarb mit Rechnung vom 30. September 1953 das Gemälde *Gesellschaft am Flussufer*.

Unbekannter Vorbesitzer, mind. September 1953

Hugo Oelze, Amsterdam, September 1953

Am 30.9.1953 erworben von der Kunsthalle Bremen

**82  Hans Thoma**
*Küste bei La Spezia*, 1874

Dieses Gemälde von Hans Thoma wurde vom 15. Mai bis 12. Juni 1918 als Leihgabe des Bremer Kaufmanns Wilhelm Oelze in der Ausstellung *Meisterwerke der modernen Malerei aus bremischem Privatbesitz* der Kunsthalle Bremen präsentiert. Nach dem Tod des Sammlers 1942 blieb die Landschaft im Besitz der Familie. Nachdem auch der jüngere Sohn Hugo 1967 gestorben war, erhielt die Kunsthalle das Gemälde als Vermächtnis Hugo Oelze, Amsterdam, und Friedrich Wilhelm Oelze, Bremen, geschenkt. Friedrich Wilhelm Oelze (1891–1971) war wie sein Vater Wilhelm lange Jahre Mitglied im Kunstverein Bremen und teilweise auch im Vorstand aktiv. Seine Schenkungen an das Museum nach dem Zweiten Weltkrieg belegen seine enge Verbundenheit mit dem Haus.

---

Wilhelm Oelze, Bremen, mind. 15.5.1918 bis 31.10.1942

---

Friedrich Wilhelm Oelze, Bremen, und Hugo Oelze, Amsterdam, 31.10.1942 bis 1967

---

1967 erworben von der Kunsthalle Bremen als Vermächtnis Friedrich Wilhelm und Hugo Oelze

Provenienz Hugo Oelze: Ausgewählte Werke 73

**80 Camille Pissarro**
*Im Gras liegendes Mädchen*, 1882

Die Pariser Galerie Durand-Ruel erwarb das Gemälde am 30. Mai 1882 vom Künstler. Am 13. Februar 1899 kauften die Kunsthändler Alexandre Bernheim und Georges Petit das Bild und präsentierten es in der Ausstellung *Tableaux par C. Pissarro* in der Galerie Bernheim-Jeune in Paris. 1929 erwarb es die Amsterdamer Kunsthandlung E. J. van Wisselingh von dem Privatsammler Léon Morot in Paris und zeigte es bis 1934 in mehreren Ausstellungen. 1935 fand sich in dem kanadischen Sammler H. Stevenson Southam aus Ottawa ein Käufer. Von diesem erwarb es 1938 die Kunsthandlung E. J. van Wisselingh wieder zurück, um es nach ihrer Ausstellung *Exposition de Peinture Française* vom 6. März bis 6. April 1940 in Amsterdam an einen Privatsammler in den Niederlanden zu verkaufen. Möglicherweise erwarb es damals bereits Hugo Oelze, der seit Jahren ein guter Kunde der Kunsthandlung war. Als Vermächtnis Hugo Oelze übergab er es noch vor seinem Tod am 10. April 1967 persönlich der Kunsthalle Bremen.

Galerie Durand-Ruel, Paris, vom Künstler erworben, 30.5.1882 bis 13.2.1899

Galerie Bernheim-Jeune, Paris, 13.2.1899

Léon Morot, Paris, mind. 1929

Kunsthandlung E. J. van Wisselingh, Amsterdam, 1929 bis 1935

M. H. Stevenson Southam, Ottawa, 1935 bis 1938

Kunsthandlung E. J. van Wisselingh, Amsterdam, 1938 bis 1940

Unbekannte Privatsammlung in den Niederlanden (Hugo Oelze?), mind. 1950

Hugo Oelze, Amsterdam, mind. April 1967

Am 10.4.1967 erworben von der Kunsthalle Bremen als Vermächtnis Hugo Oelze

"Kunst muss aus dem Leben heraus über die Gegenwart heraus wachsen. Sonst bleibt sie leeres Geschwätz. Tote Form ohne Blut."[1]

## "Look! There's Nothing To It" – der Künstler Arnold Blome

*Henrike Hans*

"Kunst muss [...] wachsen", dichtete Arnold Blome und beschrieb damit äußerst anschaulich sein Verständnis eines prozesshaften Kunstschaffens, das auf Eindrücken, Erlebnissen und Erinnerungen basiert. Die Zeilen stehen auch sinnbildlich für sein eigenes künstlerisches Werk, von dem sich etwa 400 Arbeiten erhalten haben und das bis heute größtenteils unbekannt ist.[2] Zwar zeigten sieben Ausstellungen in Bremen und dem Umland, davon vier zu Blomes Lebzeiten, Arbeiten von seiner Hand,[3] nach seinem Tod im Jahr 1972 klang das Interesse an seiner Kunst jedoch ab, sodass Blome bis heute in erster Linie als Sammler wahrgenommen wird. Dabei war das künstlerische Schaffen für ihn identitätsstiftend, wie er in einem autobiografischen Bericht vermerkte:

"Bei all dem wüsten Leben
habe ich immer gemalt und gezeichnet
<u>nicht</u> nur das was ich sah
viel mehr das was ich fühlte, empfand."[4]

Das Bekenntnis ist insofern bemerkenswert, als Blome kein Akademiestudium oder eine vergleichbare künstlerische Ausbildung absolviert hatte. Dennoch war er in Bremen 1919 und 1920 als „freier Zeichner" gemeldet und berichtete, Abendkurse an der Kunstgewerbeschule besucht zu haben; ob er regelmäßig daran teilnahm und welche Inhalte dort vermittelt wurden, lässt sich jedoch nicht mehr feststellen.[5] Auch ein direkter Austausch mit anderen Künstlern ist nicht nachweisbar. 1948 war Blome mit vier Aquarellen in einer Ausstellung der Bremer Künstlergruppe „Der Kreis" in der Kunsthalle vertreten, es ist jedoch keine Korrespondenz mit den Mitgliedern der Gruppe erhalten, und Zeitungsberichte legen nahe, dass Blome als freier Künstler und „Gast" in der Schau ausstellte.[6]

Neben den historischen Archivalien, die nur begrenzt Auskunft über Arnold Blome liefern, sind seine eigenen künstlerischen Arbeiten eine äußerst wichtige Quelle. Folgt man seinen Datierungen, so ist sein Werk im Laufe eines halben Jahrhunderts, zwischen 1910 und den frühen 1960er Jahren, entstanden. Die große motivische und formale Vielfalt des Œuvres erinnert an die bedeutenden Stilrichtungen der ersten Hälfte des 20. Jahrhunderts. Folglich scheint sich Blome autodidaktisch an unterschiedlichen Strömungen oder einzelnen Künstlern orientiert zu haben. Sein Interesse für Malerei und die eigene künstlerische Tätigkeit lassen vermuten, dass er sich schon früh mit der zeitgenössischen Avantgardekunst beschäftigte, zählte er doch altersmäßig selbst zur Generation der Expressionisten. Indem Blome sich mit dem Kubismus, Expressionismus, Futurismus, Konstruktivismus und Dadaismus auseinandersetzte, nahm er ganz heterogene Stilimpulse auf, die sich deutlich in seinem Werk spiegeln.

Einige Merkmale charakterisieren jedoch durchgängig Blomes künstlerische Arbeit. Dies betrifft zum einen das Material seiner Werke. Blome malte und zeichnete fast immer auf Papier oder Karton. Es scheint, als hätte er den künstlerischen Anspruch eines „Leinwandbildes" gemieden und fragiles und „vorläufiges" Material bevorzugt, das er jedoch bewusst nachlässig behandelte. Dies bezeugen Spuren wie kleine Löcher und Lichtränder von aufgelegten Passepartouts. Ferner ist es typisch, dass Blome seine Arbeiten mit Beschriftungen versah. Die Schrift im Bild war für Blome zeitlebens sowohl inhaltlich als auch gestalterisch ein wichtiges Ausdrucksmittel. So fügte er meist den Titel in seine Arbeiten ein, und auch Rückseite oder Passepartout sind oftmals von Beschriftungen überzogen, die manchmal wesentlich später hinzugefügt wurden. Häufig begegnen Jahreszahlen, und teilweise finden sich sogar mehrere unterschiedliche Datierungen in einem Bild. Vermutlich handelt es sich dabei nicht nur um die Entstehungsdaten der Arbeiten, sondern auch um Datierungen von Vorgängerwerken, die das jeweilige Blatt inspiriert haben. So erscheinen zum Beispiel in der Zeichnung *Liebe neuformen 2* die Datierungen 1917 und 1952 (Abb. 15). Außerdem können Jahreszahlen auch Teil eines Titels sein, wie in der Zeichnung *Brüder halt, mein nutzloses Gestammel 1914*.[7] Das Datum bezeichnet hier nicht das Entstehungsjahr, sondern thematisiert Blomes kritische Haltung zu Beginn des Ersten Weltkrieges.

Diese wenigen Beispiele zeigen bereits, dass die handschriftlichen Bemerkungen und Datierungen Blomes vor allem Fragen aufwerfen. Meist sind sie fragmentarisch oder verschlüsselt, manchmal

Der Künstler Arnold Blome 75

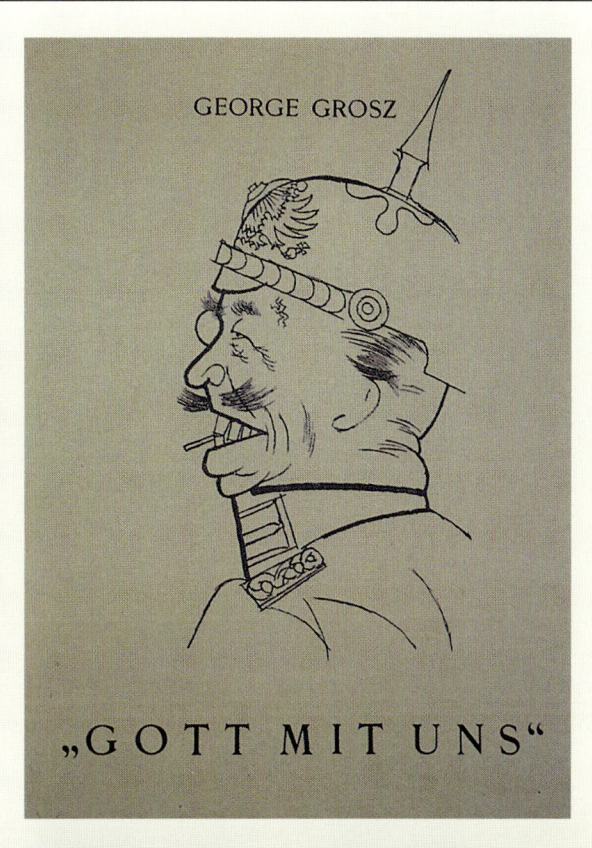

**1** Arnold Blome,
*Pickelhauben,* bez. 1910,
Pastell auf Papier,
33 × 24,5 cm,
Galerie Michael Haas,
Berlin

**2** George Grosz,
*Gott mit uns,* Titel der
Mappe *Gott mit uns,* 1919,
Lithografie

**3** Arnold Blome,
*Arena,* bez. 1914,
Mischtechnik auf Pappe,
34,9 × 20,3 cm,
Galerie Michael Haas,
Berlin

**4** August Macke,
*Russisches Ballett I,* 1914,
Öl auf Leinwand,
Kunsthalle Bremen –
Der Kunstverein in Bremen

bezeichnen sie etwas, das im Bild nicht sichtbar ist.[8] So bemerkte schon ein Redakteur des *Weser-Kuriers* 1966 anlässlich einer Ausstellung, Blomes Arbeiten seien „manchmal geglückte Kompositionen, dann aber auch wieder schwer deutbare, übersetzte Empfindungen"[9].

### Frühwerke – Im Bann von Expressionismus und Konstruktivismus

Laut den Datierungen Blomes stammen seine ersten Arbeiten aus den Jahren um 1910. Dabei handelt es sich um kleinformatige figürliche Zeichnungen und Aquarelle, in denen er mit zarten Linien „mondäne Damen" realistisch wiedergab. Der junge Blome ließ sich also zunächst von der französischen Malerei des 19. Jahrhunderts anregen: Ähnliche Darstellungen der Pariser Bourgeoisie finden sich in den Aquarellen des Malers Constantin Guys (1802–1892).[10] Nur selten sind diese Blätter Blomes datiert, aber einmal gibt er die Entstehung einer Zeichnung mit 1912 an.[11] In diesen ersten Arbeiten entwickelte Blome jedoch noch keinen eigenständigen künstlerischen Ansatz.

Schon bald folgte ein stilistischer Bruch, der für Blome wegweisend wurde. Nun entstand in zunehmend abstrahierender Gestaltung eine Werkgruppe von etwa 40 Arbeiten mit Motiven wie Köpfen und Augen. Hierzu zählt auch eine Reihe von Zeichnungen, die das Zeitgeschehen thematisieren, darunter *Pickelhauben* (Abb. 1). In dem Blatt zeigt Blome drei Soldatenköpfe en face und im Profil, mit Schnurrbart oder Monokel, deren Gesichter zu einem geisterhaften Grinsen verzogen sind. Ihre vereinfachten Gesichtsformen und die dunklen, festen Konturen lassen sie maskenhaft wirken. Diese Soldaten stehen den Figurenschöpfungen des Künstlers George Grosz (1893–1959) nahe, die er als kritische Reaktion auf den Ersten Weltkrieg und später auch auf die Gesellschaft der Weimarer Republik entwarf. Staatliche Repräsentanten treten hier blind und taub auf, mit Schmiss auf der Wange oder Nachttopf auf dem Kopf. Soldaten und brennende Häuser dienen als Referenz zum vergangenen Weltkrieg und als düstere Vorahnung kommender Kriege.[12] Insbesondere Blomes Soldat im Profil erinnert an den grinsenden Soldaten auf dem Titel der Mappe *Gott mit uns* von 1919 (Abb. 2), die Grosz 1920 veröffentlichte. Angesichts der großen stilistischen Unterschiede zu den „mondänen Damen" erscheint Blomes Datierung der *Pickelhauben* auf das Jahr 1910 als wenig glaubhaft. Das Bild zeugt bereits von seiner Auseinandersetzung mit der zeitgenössischen Kunst, besonders den deutschen Expressionisten. Mit seiner kritischen Haltung gegenüber der Obrigkeit nimmt er die Rolle des avantgardistischen Künstlers ein, wie sie beispielsweise George Grosz verkörperte. Die Diskussion gesellschaftlicher Verhältnisse zählte zu allen Zeiten zum Antrieb der Avantgarde und gipfelte in dem Verständnis des Künstlers als Visionär.[13] Dieser gesellschaftliche Anspruch lässt sich in Blomes Werk weiterverfolgen und festigt sein Selbstbild als politischer Künstler.

Auch weitere Arbeiten aus dieser Gruppe scheinen direkt an das Werk bestimmter Künstler anzuschließen. Blomes Arbeit *Arena* (Abb. 3) erinnert etwa an August Mackes (1887–1914) *Russisches Ballett I* von 1912 (Abb. 4), das sich in der Sammlung der Kunsthalle Bremen befindet. Beide Künstler liebten Zirkus- und Theaterszenen und schufen je ein Selbstbildnis als Clown, in dem sie auf die gesellschaftliche Rolle des Künstlers als Außenseiter anspielen.[14] In der Gestaltung zeigen sich jedoch Unterschiede. Das Bühnenmotiv wurde von Macke in eine komplex angelegte Komposition überführt, in der der Blick des Betrachters aus dem Zuschauerraum über eine Rückenfigur auf die Bühne gelenkt wird. Die Bewegung und Vitalität von Mackes Tänzern finden sich bei Blome nicht wieder, er zeigt stattdessen eine isolierte und gesichtslose Figur, die einsam in der Manege steht. Blome reduzierte die Komposition auf wenige Kreisformen und vertikale Linien, um eine perspektivische Gestaltung zu vermeiden, und er beschränkte seine Palette auf die Farben Rot, Grün und Gelb, die in spannungsvollem Kontrast zueinander stehen. Folglich suchte Blome wie die Expressionisten, durch die radikale formale Reduzierung den Ausdruck seiner Bilder zu steigern. Er löste sie dabei zunehmend von der gegenständlichen Wiedergabe, meist jedoch ohne dabei den Bezug zur Wirklichkeit aufzugeben. Nur wenige Blätter Blomes zeigen gänzlich abstrakte und energetische Farbverläufe, darunter eine Arbeit mit dem Titel *Der Sturz in meine Welt* von 1919 (Abb. 5). Zwar erinnert die Darstellung zunächst an symbolisch aufgeladene Formen, wie

**5** Arnold Blome, *Der Sturz in meine Welt*, bez. 1919, Mischtechnik auf Karton, 32,1 × 25,9 cm, Galerie Michael Haas, Berlin

man sie aus der Malerei Franz Marcs (1880–1916) kennt, doch Blome vollzieht hier schon die Wende zur gegenstandslosen Malerei. So finden sich in seinen Bildern, wie ein Redakteur des *Weser-Kuriers* 1966 treffend bemerkte, sowohl „farbliche und formale Klarheit" als auch ebensolche „Konfusion"[15].

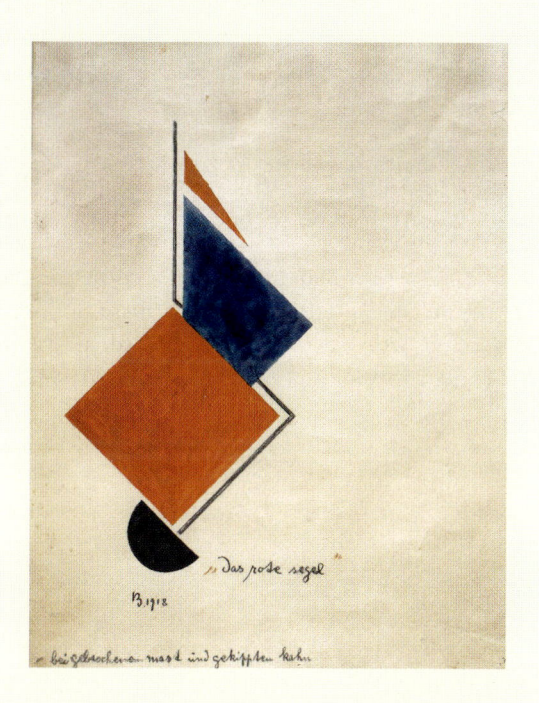

Seit dem Ende der 1910er Jahre beschäftigte sich Blome auch mit ungegenständlichen Kompositionen, in die er geometrische Formen einbrachte. Dies sind Schlüsselwerke, die sich in ähnlicher Weise bis in die 1950er Jahre hinein in seinem Œuvre finden. Eine herausragende Arbeit aus dieser Werkgruppe ist *Das rote Segel* (Abb. 6). Blome setzte hier ein rotes Quadrat, einen schwarzen Halbkreis, ein blaues Viereck und ein rotes Dreieck mittels einer Linie spannungsvoll in Beziehung. Die extrem reduzierte Darstellung veranschaulicht seine Annäherung an Kompositionen der russischen Konstruktivisten. Es heißt zwar, dass Blome die Künstler Kasimir Malewitsch, Alexander Rodtschenko und Wladimir Tatlin persönlich kennengelernt habe, doch Belege dafür gibt es nicht.[16] Arbeiten wie *Das rote Segel* zeugen jedoch davon, dass Blome die russische Avantgardemalerei kannte. So führte er wie die Konstruktivisten den Bildgegenstand auf die Grundformen Dreieck, Viereck und Kreis zurück und konstruierte Gebilde, wie man sie aus der Malerei Kasimir Malewitschs (1879–1935) seit dem Jahr 1915 kennt, so in *Suprematistische Komposition* (Abb. 7). Mit dem Suprematismus, der Darstellung weniger Farbflächen vor zumeist weißem Hintergrund, suchte der russische Künstler, autonome Formen und einen neuen „Realismus", nämlich eine geistige Wahrheit, auf die Leinwand zu bringen.[17] Blome näherte sich den Kompositionen Malewitschs und der Konstruktivisten an, ohne sein bevorzugtes künstlerisches Mittel aufzugeben: So findet sich auch in dem Bild *Das rote Segel* die handschriftliche Bemerkung „bei gebrochenem Mast und gekipptem Kahn". Dies ist politisch zu deuten: Blome thematisierte den Ausgang des Ersten Weltkriegs und die Aufrechterhaltung der eigenen kommunistischen Gesinnung, wenn auch der Kahn – Deutschland – „gekippt" war.

Seine Kenntnisse der Avantgardekunst und deren Einflüsse auf sein Schaffen untermauerte Blome selbst. In der Arbeit mit dem Titel *stil* (Abb. 8) führte er 1924 die bekannten „Ismen" auf: „expression-ismus, futur-ismus, kub-ismus, konstruktiv-ismus, supremat-ismus [...] dada-ismus". Auch bei dieser Komposition orientierte er sich an der zeitgenössischen Kunst: Der Aufbau folgt den Formschöpfungen der russischen Konstruktivisten ebenso wie den Bauhaus-Künstlern aus Weimar, wie zum Beispiel der Arbeit *Auf weißem Grund* (Abb. 9) des Bauhaus-Lehrers László Moholy-Nagy (1895–1946). Moholy-Nagy arbeitete mit Kreishälften und Rechtecken auf weißem Grund, die im Raum zu schweben scheinen. In Blomes Arbeit *stil* erscheint zwischen zwei Kreishälften die Beschriftung und verankert die Formen. Am rechten unteren Bildrand vermerkte er zudem: „das Blut macht die Musik, nicht der Stil allein". Dabei handelt es sich um einen kritischen Verweis auf die „Ismen" in der Kunst des frühen 20. Jahrhunderts und Blome bekräftigte hier sein Kunstverständnis: Jede äußere Form muss mit einer Idee gefüllt werden. Für Blome waren dies seine persönlichen und politischen Kommentare, die zur Komplexität und Vielschichtigkeit seiner Arbeiten wesentlich beitragen.

**6** Arnold Blome, *Das rote Segel*, bez. 1918, Aquarell und schwarze Kreide auf Papier, 45,5 × 34,5 cm, Galerie Cohrs-Zirus, Worpswede

**7** Kasimir Malewitsch, *Suprematistische Komposition (mit blauem Dreieck und schwarzem Rechteck)*, 1915, Öl auf Leinwand, Collection Stedelijk Museum Amsterdam

78  Der Künstler Arnold Blome

**8** Arnold Blome,
*stil*, bez. 1924,
Gouache, Kohle und
Kugelschreiber auf Papier,
47,9 × 37,2 cm,
Galerie Michael Haas,
Berlin

**9** László Moholy-Nagy,
*Auf weißem Grund*, 1923,
Öl auf Leinwand,
Museum Ludwig, Köln

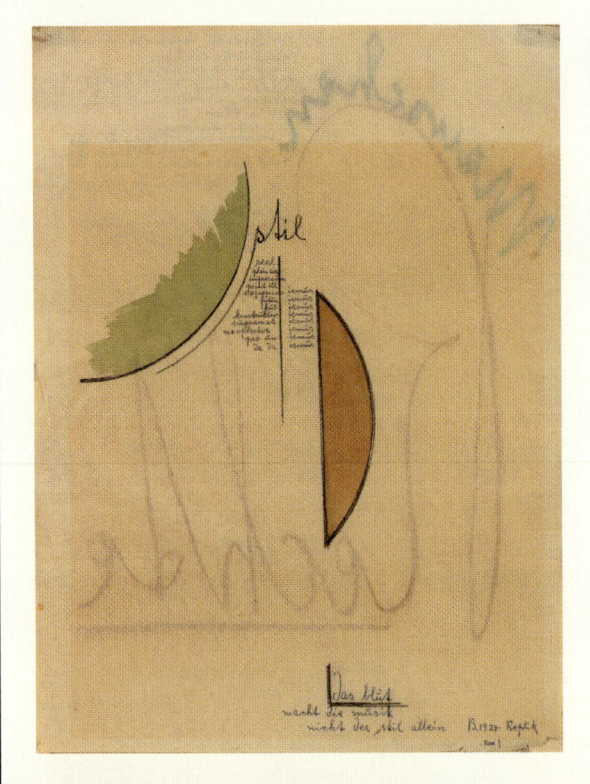

**10** Arnold Blome,
*Der Drachen steigt*,
bez. 1933/39, Gouache
und Bleistift auf Papier,
28 × 34 cm,
Privatsammlung

**11** Arnold Blome,
*Die Kugel rollt*, bez. 1934,
Wachskreide und
Gouache auf Papier,
31,2 × 42 cm,
Kunsthalle Bremen –
Der Kunstverein
in Bremen,
Kupferstichkabinett

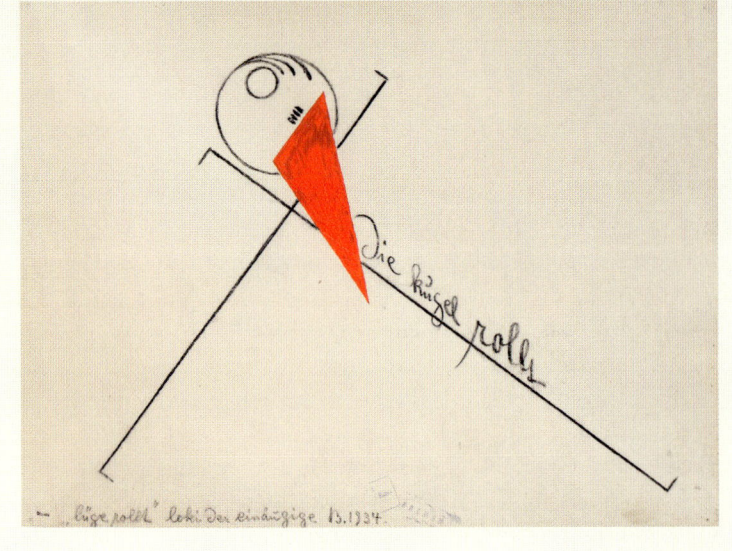

### Dada: Politik und Werbung in der Kunst

In den 1930er Jahren entwickelte Blome seine konstruktivistische Bildsprache fort und reicherte sie zunehmend mit persönlichen und zeitkritischen Kommentaren an. Die Blätter *Der Drachen steigt* (Abb. 10) und die *Die Kugel rollt* (Abb. 11) bestehen aus sparsamen Zeichnungen geometrischer Formen, die die Bildtitel grafisch wiedergeben. Blome synthetisierte hier Form und Inhalt: Die politische Überzeugung wird zum Motiv. Die Bildtitel betonen bereits, dass etwas in Gang gesetzt ist und verweisen mit integrierten Hakenkreuzen auf die Machtübernahme der Nationalsozialisten 1933, die sowohl kritisch als auch ironisch-distanziert reflektiert wird.

In dem Blatt *Die Kugel rollt* ist eine Kugel mit Bärtchen und aufgerissenem Mund als Karikatur Adolf Hitlers zu sehen, dessen Gliedmaßen aus den verlängerten Linien eines Hakenkreuzes bestehen, das mit großen Schritten voranzuschreiten scheint. Ein rotes Dreieck im Zentrum dynamisiert die Komposition. Blome bezeichnete das Blatt am unteren Bildrand als „Loki, der Einäugige". Loki, der Einäugige, war der germanische Gott des Feuers, ein böser und hinterhältiger Charakter und schlauer Betrüger, der schließlich den Untergang der Götterwelt einleitete und dabei selbst umkam. Durch diese pointiert gesetzten Details bekommt das Werk eine weitere, versteckte Bedeutungsschicht. Dabei zeigt das Blatt eine sehr moderne Formensprache, die an den Konstruktivismus erinnert, aber hinsichtlich der Personalisierung an Wirkmechanismen der nationalsozialistischen Propaganda angelehnt ist.[18] In der Arbeit manifestiert sich das reformerische Ziel der Avantgarde, die Grenze zwischen Kunst und Leben aufzuheben: Für Blome wurde die Zeichnung damals ein Ausdrucksmittel für das politisch Unsagbare.[19]

Die Reflexion des Zeitgeschehens in Blomes Werken erinnert an die Dada-Bewegung. Als ironisch-kritischen Kommentar unter anderem auf die Funktionsmechanismen der Kunst und des Kunstmarkts entwickelten die Dadaisten die sogenannte Anti-Kunst, indem sie Gebrauchsgegenstände zu Kunstwerken erklärten und sich von den Stilströmungen (Kubismus, Expressionismus, Futurismus) in der modernen Kunst abwandten.[20] Dada wurde 1916 in Zürich gegründet, und es entstanden später auch „Ableger" in Deutschland. Blome scheint einige Instrumente der Dada-Kunst – die Ablehnung des Originalitätsbegriffs und des L'art pour l'art, die Ironie sowie die Verzahnung von Gesellschaft, Politik und Kunst – adaptiert zu haben. Später schrieb er zum Beispiel auf die Passepartouts seiner Arbeiten fantastische Preise im vierstelligen DM-Bereich. Dabei handelt es sich wohl um eine kritische Anspielung auf den Kunstmarkt, wie man sie auch in der Schrift *Statt einer Biografie* (1923) von Grosz findet.[21] Zudem entspricht Blomes Prinzip unklarer Datierungen der Dada-Theorie: Glaubte man ihnen uneingeschränkt, so hätte er viele Innovationen in der Stilgeschichte des 20. Jahrhunderts vorweggenommen. Daher ist davon auszugehen, dass Blome seine Bilder mitunter vordatierte. Inspiriert durch Dada, löste er sich seit den späten 1920er Jahren von Expressionismus und Konstruktivismus und entwickelte eine eigenständige Formensprache sowie einen Kunstbegriff, die auf seiner politischen Überzeugung als linker Proletarier aufbauten.

Dies zeigt sich insbesondere in der Entwicklung von Wort und Schrift, wie in dem Bild *Le roi*, das ein für die Kunst Blomes ungewöhnlich großes Format hat und eine Blumenvase zeigt – auf den ersten Blick ein klassisches Stillleben.[22] Die Beschriftung spielt hingegen auf das 18. Jahrhundert und die Französische Revolution an: „Ludwig XVI., der arme Teufel, der die Rechnung zahlen musste". Die Worte verleihen der Darstellung eine neue Bedeutung als Bild eines Geköpften, dessen gepuderte Perücke noch von seiner adeligen Herkunft zeugt. Blome schuf hier eine doppeldeutige Darstellung, deren Hintersinn erst durch die Schrift offengelegt wird. Wie schon die Dada-Künstler erkannt hatten, brauchte Blome das Wort in der Malerei, denn die „Mittel der bildenden Kunst allein genügten in dieser Zeit nicht"[23]. Ironische und anarchische Bildkonzepte fußten bei Blome auf politischen Fragen sowie persönlichen Erlebnissen und Stimmungen. Dabei benutzte er das Motiv der Blume vielfach als Symbol für Potenz, wie die Arbeiten *lass blüten dir erzählen* (Farbtaf. S. 85) und *Schwarze Sonne*[24] belegen. Letztere spielt einerseits auf das symbolistische Gedicht *Die schwarze Sonne* (1893/97) von Max Dauthendey (1867–1918) an, andererseits verweist der Titel auf ein bekanntes Symbol der Nationalsozialisten.

Konstruktivistische Gestaltungselemente und zugleich spielerischer Witz von Dada prägen eine weitere Werkgruppe Blomes, die Collagen. Darin

**12** Arnold Blome, *Samenräuber*, Collage auf Papier, undatiert, 47,7 × 32,2 cm, Galerie Michael Haas, Berlin

stellte er Bilder aus Werbeprospekten zusammen, wie beispielsweise in den Arbeiten *Look! There's Nothing To It* (Abb. 13) und *Samenräuber* (Abb. 12). Thema der zentriert angelegten Kompositionen ist das Bild der Frau in der Werbung. Blome konzentriert sich in den knappen Ausschnitten auf einzelne weibliche oder männliche Körperteile und macht den Betrachter unweigerlich zum Voyeur. Dabei geht es Blome nicht nur um eine kritische Stellungnahme zur Medialisierung der Frau als Objekt, sondern er deckt die Mechanismen der Werbung auf und reflektiert augenzwinkernd die Diskrepanz zwischen klischeehaftem Frauenbild und bürgerlichen Moralvorstellungen. Der Titel *Look! There's Nothing To It* spielt direkt auf den Blick des Betrachters an, gleichzeitig könnte man darin aber auch eine Analogie zu Marcel Duchamps (1887–1968) berühmter Persiflage der *Mona Lisa* von 1919 lesen, die er mit *L. H. O. O. Q.* unterschrieb: Mit dem Wortspiel fordert Duchamp einerseits zum Hinschauen auf („Look"), andererseits bezeichnet er die Porträtierte als „heiß". Blome greift mit seinem offensiven Appell die Wirkmechanismen der Propagandakunst auf, die er bereits in den Arbeiten genutzt hatte, die den Nationalsozialismus thematisieren.

Mit ihren doppeldeutigen Verweisen stehen auch Blomes Collagen dadaistischen Werken nahe. Der Künstler Kurt Schwitters (1887–1948) etwa brachte seit 1920 Zeitungsausschnitte in seine Arbeiten ein. Daraus entwickelte sich die sogenannte Merzkunst, deren Name von dem ausgeschnittenen Namenszug aus einer Anzeige für die Commerzbank stammt. Während Schwitters in frühen Werken inhaltliche Elemente zugunsten der Komposition vermied,[25] griff er in den 1940er Jahren die Kunstform der Collage wieder auf – mit Fragmenten der Werbung. Das Merzbild *En Morn* von 1947 (Abb. 14), eine Collage aus Zeitungsfragmenten und Werbemitteln, spiegelt diese Werkphase. Am unteren Bildrand ist zudem der Schriftzug „These are the things we are fighting fo[r]" eingebracht – ein deutlicher Hinweis auf die Konsumherrschaft in der Nachkriegsgesellschaft. Schwitters schuf hier eine vieldeutige Synthese aus Wort und Bild, Aussage und Symbol, die auch Blome anstrebte.

### „Gedankenspiegelung"[26] – Die typografischen Bilder

In den typografischen Bildern Blomes, die zum großen Teil auf die frühen 1950er Jahre datiert sind, dominiert gänzlich die Schrift. Diese Werkgruppe umfasst etwa 50 Arbeiten. Es handelt sich dabei um Texte, die Blome zu Bildern formt, indem er den ornamental-grafischen Wert einzelner Buchstaben steigert. In formaler Hinsicht lassen sich bei den typografischen Bildern drei Arten unterscheiden: bildhaft gestaltete Briefe, Gedichte sowie eine Mischform, die im weitesten Sinne mitgeteilte Gedanken beinhaltet.

Der Aufbau der Wortbilder folgt immer dem gleichen Prinzip: Ein Buchstabe oder ein Wort wird plakativ hervorgehoben, der Rest des Textes fügt sich in die Linien der Schrift oder an den unteren Bildrand ein. Statt inhaltlicher Verschlüsselung wählte Blome hier eine deutliche, mitunter pathetische Sprache, angereichert mit diffusem Gedankengut.[27] Insbesondere, wenn es um die Frage nach dem Lebensstil ging, richtete Blome eindringliche Worte an den Betrachter:

„Geben
alles geben ‚dem Morgen'
ist der einzige Weg
in deine Freiheit
und ins Licht."[28]

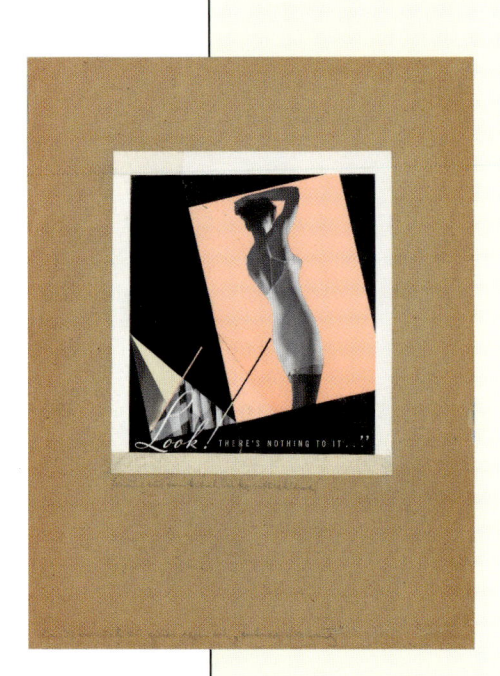

**13** Arnold Blome, *Look! There's Nothing To It*, undatiert, Collage auf Papier, 26,6 × 24 cm, Galerie Michael Haas, Berlin

**14** Kurt Schwitters, *En Morn*, 1947, Papiercollage, Centre Pompidou, Paris

Die Themen der typografischen Bilder sind vor allem sozialer und emotionaler Natur, sie betreffen den Umgang der Menschen miteinander und kreisen um Freiheit, Liebe, Zukunft und die Kunst. Ausgangspunkt ist immer die persönliche Sphäre des Künstlers, und so formulierte Blome die Arbeit *Liebe neuformen 2* (Abb. 15) als Lebens-„Motto"29, andere Wort-Bilder bezeichnete er als „Tagebücher"30. Demnach zeugen die typografischen Bilder in besonderem Maße von Blomes persönlichen Gefühlen und Ansichten. Die gestaltete Schrift ist dabei der Stimmungsträger, sie wird zum Spiegel seiner selbst, wie Blome schrieb: „Ich zeichne male schreibe und sage was in mir ist."31

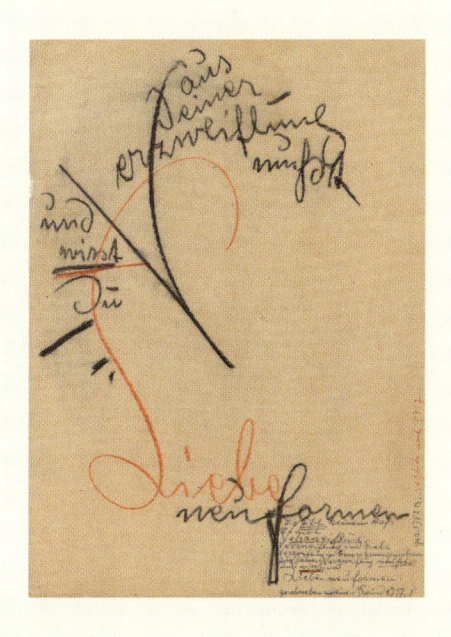

Auch die typografischen Arbeiten haben ihre Vorbilder in der Kunst des frühen 20. Jahrhunderts. Den ästhetischen Wert der Typografie entdeckten die Kubisten, indem sie Buchstaben und Zahlen in ihre Bilder einbrachten. Die italienischen Futuristen erfanden wenig später die *parole in libertà*, die Kunst der befreiten autonomen Wörter. Auch in der Dada-Bewegung war die Typografie im Bild präsent, so setzte Schwitters 1919 sein Merz-Gedicht *An Anna Blume* wie eine Collage zusammen. Damit steigerte er den Ausdruck des einzelnen Wortes, führte die Sätze aber in ihrem Sinngehalt ins Absurde.32 Die inhaltliche Auflösung findet sich bei Blome nicht, es ging ihm in seinen typografischen Bildern weniger um radikale kunst- und literaturtheoretische Ansätze als um den Ausdruck seiner Empfindungen. Leitmotiv und Symbolik, Emotion und die Schönheit der Typografie verlaufen dabei parallel, ohne dass Blome die Grenzen der Malerei aufheben wollte. Demnach strebte er mit den typografischen Bildern zwar auch die gesellschaftliche Erneuerung an, aber in einem Rahmen, der nicht über seine persönliche Sphäre hinausging, sondern vielmehr in einem „philosophischen Hang zu idealisierenden Gedanken" verblieb.33

### 1/2 Jahrhundert im Spiegel

Aus den 1950er Jahren stammt die größte Anzahl zuverlässig datierbarer Werke Blomes, da er hier oft das aktuelle Zeitgeschehen aufgriff. Nun reflektierte er auch verstärkt sein eigenes Werk und plante 1953 eine Ausstellung. Davon zeugt die Einladung zur „Werkstattausstellung eines alten Mannes"34 sowie ein Plakatentwurf mit dem Titel *1/2 Jahrhundert im Spiegel* (Abb. 16). Dort heißt es:

> „1/2 Jahrhundert
> Sturm u. Problematik im Spiegel
> und in den Zeichnungen eines Narren"

Ob die geplante Ausstellung je stattgefunden hat, ist nicht dokumentiert, ein gesellschaftlicher „Spiegel" sind Blomes Werke aus den 1950er Jahren zweifellos. Als Künstler ist er in den Arbeiten am stärksten, in denen er expressive Idee und Form zusammenbrachte. Dazu zählen die politischen Bilder, in denen er sich als denkender Maler und Grafiker präsentierte und eine direkte Vermittlung anstrebte. In der Nachkriegszeit wurde Blome vom bekennenden Proletarier zum Anhänger Kurt Schumachers (SPD) und wandte sich als Kriegsgegner scharf gegen die Wiederaufrüstung. In diesem

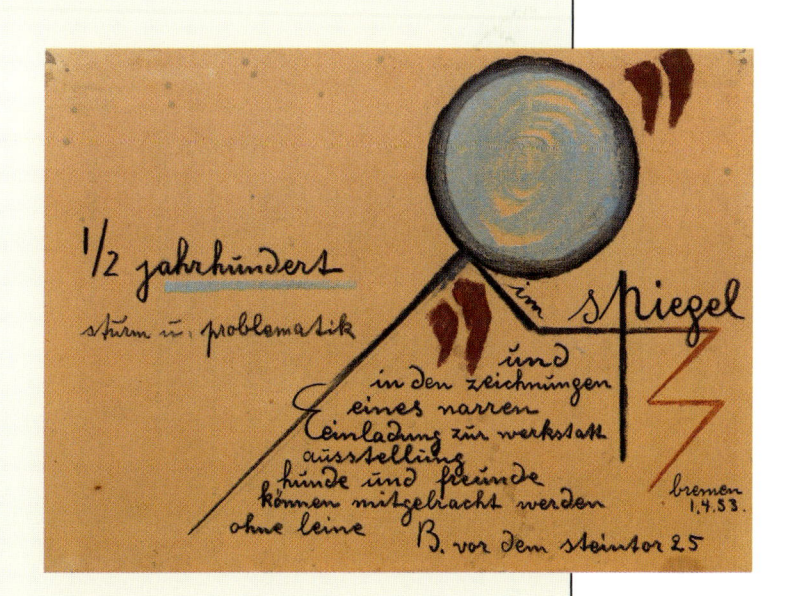

**15** Arnold Blome, *Liebe neuformen 2*, bez. 1917/52, Kreide auf Papier (verso: Plakat aus der Kaiserlichen Gemäldegalerie Wien mit Tizians *Die heilige Familie*), 36 × 26,7 cm, Galerie Michael Haas, Berlin

**16** Arnold Blome, *1/2 Jahrhundert im Spiegel*, bez. 1953, Pastell auf Papier auf Karton, 20,9 × 29,4 cm, Galerie Michael Haas, Berlin

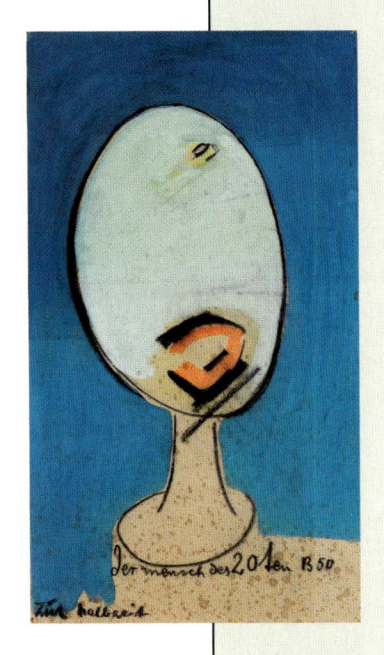

**17** Arnold Blome, *Mensch des 20ten*, bez. 1950, Gouache und Kohle auf Papier, 42 × 25 cm, Galerie Michael Haas, Berlin

**19** Rechts: George Grosz, *Konstruktion (Ohne Titel)*, 1920, Öl auf Leinwand, Kunstsammlung Nordrhein-Westfalen, Düsseldorf

**18** Franz Radziwill, *Einer der Vielen des 20. Jahrhunderts*, 1927, Aquarell, Grafitstift und braune Tusche auf Büttenpapier, Radziwill Sammlung Claus Hüppe, Courtesy Kunsthalle Emden

gesellschaftlichen Kontext steht auch Blomes Arbeit *Der Mensch des 20ten* (Abb. 17), in der man einen zeitgenössischen Kommentar zu Franz Radziwills (1895–1983) Bild *Einer der Vielen des 20. Jahrhunderts* (Abb. 18) vermuten kann. Radziwill zeigt einen sorgsam gekleideten, aber innerlich gebrochenen Mann, dessen Haut die graue Farbe seiner Jacke angenommen hat, Blomes Figur dagegen hat alles Menschliche eingebüßt und stößt als entmündigtes Wesen einen stummen Schrei aus. Die helle Oberfläche des Kopfes gleicht wieder einem Spiegel, den Blome dem Betrachter vorhält.

Auch Grosz – zu dessen Werk sich viele Parallelen finden – zeichnete reduzierte, an die italienische *Pittura metafisica* angelehnte Figuren, einsam in städtischem Umfeld, wie in *Konstruktion* (Abb. 19). Statt der stillen Melancholie der Bilder der *Pittura metafisica* gestaltete Grosz jedoch bedrohliche industrielle Räume, die die soziale Entfremdung des Menschen in der Anonymität der Moderne beschwören.[35] Blomes Mensch spiegelt diese Orientierungslosigkeit, auch wenn er – stumm schreiend und im Kontrast zu dem leuchtend blauen Hintergrund – ungleich vitaler und kämpferischer wirkt. Diese Arbeit, ein kritischer Gesellschaftsgruß zur Halbzeit des Jahrhunderts, verkörpert exemplarisch den emotionalen und persönlichen Charakter der Kunst Blomes.

Blome wurde einmal als Künstler beschrieben, der seine Werke an die Expressionisten oder Konstruktivisten anlehnte, ein anderes Mal als Maler des Informel.[36] Je nachdem, welche Werkphase man betrachtet, erscheinen diese Benennungen auch durchaus zutreffend. Als zu oberflächlich hat sich dagegen die Behauptung erwiesen, Blome habe nie zu einem eigenen Stil gefunden.[37] Immerhin hatte er selbst ein künstlerisches Leitbild formuliert: „Mein großes Vorbild ist Michelangelo. Der schlug seine Bildwerke aus rasender Verzweiflung um seine Zeit in den Stein! [...] Kunst, große Kunst beruht nur auf dem Charakter. Wer ein großer Mensch ist, groß im Charakter und das Handwerkliche beherrscht, wird unweigerlich ein ganz großer Künstler."[38] Dabei ging es Blome nicht um handwerkliche Meisterschaft, sondern um emotionale Ausdruckskraft, die den Charakter des Künstlers spiegelt. Er definierte sich als wachen Zeitgenossen und schuf ebenso kritische wie aktuelle Arbeiten, die – in ihrer formalen Gestaltung angelehnt an die europäische Avantgardekunst des frühen 20. Jahrhunderts – auch heute noch eine große Wirkkraft entfalten.

1 Arnold Blome, *Muss,* bez. 1921/51, Buntstift auf Papier, 49 × 38 cm, Privatbesitz.
2 Einige seiner Werke verkaufte und verschenkte Blome zu Lebzeiten. Ein großes Konvolut von etwa 300 Arbeiten aus dem Nachlass kam 2007 in den Kunsthandel. Wesentlich geringer ist der Bestand in den Museen. Das Landesmuseum für Kunst und Kulturgeschichte Oldenburg besitzt sieben, die Kunsthalle Bremen fünf Arbeiten und erhielt anlässlich der Ausstellung knapp 100 weitere Werke Blomes als Geschenk von Vera und Fritz Vehring. Weitere Werke in Museen sind nicht bekannt.
3 Werke Blomes wurden in den folgenden Ausstellungen gezeigt: *Ausstellung der bremischen Künstlervereinigung Der Kreis,* Kunsthalle Bremen 1948. – *Malerei und Graphik des frühen 20. Jahrhunderts,* Buch- und Kunsthandlung Heinrich Jördens, Bremen 1954 (als Monogrammist A. B.) (mit Katalog). – Kunsthandlung Rolf Ohse, Bremen 1966. – *Arnold Blome,* Galerie Kohbrok/Vehring, Syke 1967. – *Arnold Blome 1894–1972,* Galerie Blome, Bremen 1973. – *Sammler und Mäzen. Bestände aus Privatbesitz im Landesmuseum Oldenburg,* Landesmuseum für Kunst und Kulturgeschichte Oldenburg 1999 (mit Katalog). – *Arnold Blome 1894–1972,* Galerie Roche, Bremen 2009.
4 Blome 1970, Bl. 5.
5 Vgl. Brigitte Reuter in diesem Katalog, S. 8–22, hier: S. 11.
6 Vgl. Rudeloff 1948.
7 Arnold Blome, *Brüder halt,* undatiert, Gouache und Bleistift auf Papier, 48,7 × 47,4 cm, Galerie Michael Haas, Berlin.
8 Für die informativen Gespräche über Blomes Werk danke ich an dieser Stelle Peter Oertel.
9 Weser-Kurier 1966.
10 Für diesen Hinweis danke ich herzlich Rolf Ohse.
11 Arnold Blome, *Dame mit Federhut und Schleier,* bez. 1912, Farbkreide, Kohle, Bleistift auf Papier, 32,2 × 18,6 cm, Landesmuseum für Kunst und Kulturgeschichte Oldenburg. Insgesamt sind etwa zehn Zeichnungen mit „mondänen Damen" erhalten.
12 Vgl. George Grosz, *Stützen der Gesellschaft,* 1926, Öl auf Leinwand, Staatliche Museen zu Berlin, Neue Nationalgalerie. Vgl. Roland März: Die Gemälde der Berliner Jahre von 1915 bis 1931, in: *George Grosz. Berlin – New York,* Kat. Ausst. Neue Nationalgalerie, Berlin, Kunstsammlung Nordrhein-Westfalen, Düsseldorf, Staatsgalerie Stuttgart 1994/95, S. 316–368, hier: S. 347 ff.
13 Vgl. Irit Rogoff: Er selbst. Konfigurationen von Männlichkeit und Autorität in der deutschen Moderne, in: *Blick-Wechsel. Konstruktionen von Männlichkeit und Weiblichkeit in Kunst und Kunstgeschichte,* hrsg. von Ines Lindner, Sigrid Schade, Silke Wenk, Gabriele Werner, Berlin 1989, S. 21–40.
14 August Macke, *Selbstbildnis als Clown,* 1913, Öl auf Leinwand, Privatbesitz, vgl. Ursula Heiderich: *August Macke. Gemälde. Werkverzeichnis,* Ostfildern-Ruit 2008, Nr. 451, S. 452. Blomes *Selbstporträt als Harlekin* ist undatiert und befindet sich in Privatbesitz.
15 Vgl. *Weser-Kurier* 1966.
16 Der Aufenthalt Blomes in Russland sowie seine Bekanntschaft zu den Künstlern wurde zwar immer wieder vermutet, lässt sich jedoch nicht nachweisen, vgl. Küster 1999, S. 119.
17 Vgl. Tatjana Gorjatschewa: Suprematismus und Konstruktivismus. Antagonismus und Ähnlichkeit, Polemik und Zusammenarbeit, in: *Von der Fläche zum Raum. Malewitsch und die frühe Moderne,* Kat. Ausst. Staatliche Kunsthalle Baden-Baden 2008, S. 16–28, hier: S. 17.
18 Für diesen Hinweis danke ich Brigitte Reuter.
19 Dies entspricht Blomes Selbstbild als „entartet" diffamierter Künstler, das er in seinen Arbeiten wie *Der Feuersog,* bez. 1943/44, Gouache auf Karton, 44,2 × 34,7 cm, Galerie Michael Haas, Berlin, beschwört: „Als restlos ‚Entarteter' sah ich im Feuer nicht nur die Farben, sondern auch die Formen." Auch hier kann sich die Datierung ebenso auf den Titel des Blattes beziehen und ist wie die Beschriftung womöglich nachträglich entstanden.
20 Vgl. Willi Verkauf: Ursache und Wirkung des Dadaismus, in: *Dada. Monographie einer Bewegung,* hrsg. von Willi Verkauf, Teufen 1957, S. 8–25, hier: S. 17.
21 Vgl. Riccardo Bavaj: Zwischen Dadaismus und Kommunismus – Kunst und Ideologie bei George Grosz zur Weimarer Zeit, in: *Geschichte und bildende Kunst. Tel Aviver Jahrbuch für deutsche Geschichte* 34, 2006, S. 122–148, hier: S. 142 f.
22 Arnold Blome, *Le roi,* undatiert, Öl auf Karton, 48 × 35 cm, Privatsammlung.
23 Vgl. Willi Verkauf: Ursache und Wirkung des Dadaismus, in: *Dada. Monographie einer Bewegung,* hrsg. von Willi Verkauf, Teufen 1957, S. 8–25, hier: S. 19.
24 Arnold Blome, *Schwarze Sonne,* undatiert, Öl auf Malpappe, ca. 50 × 20 cm, Galerie Michael, Wilhelmshaven. Das Bild trägt den handschriftlichen Zusatz: „Umformung nach M. Dauthendey, den Lebenswunden, den Tagsonnenmüden, umgeben dunkle Sonnen."
25 Vgl. Werner Schmalenbach: *Kurt Schwitters,* München 1984, S. 173–176.
26 Weser-Kurier 1966.
27 Dies bemerkte schon die Kritik angesichts der ersten Ausstellungen, vgl. Weser-Kurier 1966. – Siehe auch Albrecht 1967.
28 Arnold Blome, *Freiheit,* bez. 1931, Kugelschreiber auf Papier, 30 × 20 cm, Privatbesitz.
29 Blome an Walter Müller-Wulckow, Brief vom 25.5.1952, LMO-MW 156.
30 Blome an Friedrich Prüser, Brief vom 15.3.1957, Nachlass Arnold Blome, Bremen.
31 Arnold Blome, *Ich zeichne,* undatiert, Buntstift auf Papier, 49 × 38 cm, Privatbesitz.
32 Vgl. Werner Schmalenbach: *Kurt Schwitters,* München 1984, S. 204.
33 Weser-Kurier 1966.
34 Abschrift Blomes auf einem transparenten Briefumschlag, undatiert, Kunsthalle Bremen – Der Kunstverein in Bremen.
35 Vgl. Roland März: Die Gemälde der Berliner Jahre von 1915 bis 1931, in: *George Grosz. Berlin – New York,* Kat. Ausst. Neue Nationalgalerie, Berlin, Kunstsammlung Nordrhein-Westfalen, Düsseldorf, Staatsgalerie Stuttgart 1994/95, S. 316–368, hier S. 334 f.
36 Vgl. Weser-Kurier 1966. – Graemer 1967. – Ohse 1977, o. S.
37 Vgl. Küster 1999, S. 119.
38 Vgl. Bremer Illustrierte 1966, S. 26 f.

**Arnold Blome**
*Das Auge,* bez. 1912,
Gouache auf Papier, aufgeklebt auf Karton,
31,5 × 28,6 cm,
Galerie Michael Haas, Berlin

**Arnold Blome**
*lass blüten dir erzählen,* undatiert, Gouache und Pastell auf Papier, 55,7 × 41 cm, Galerie Michael Haas, Berlin

**Arnold Blome**
*Ohne Titel,* bez. 1920,
Bleistift, Gouache,
Collage auf Papier,
39,2 × 26,8 cm,
Kunsthalle Bremen –
Der Kunstverein
in Bremen,
Kupferstichkabinett

**Arnold Blome**
*Die Spalte,* bez. 1933,
Bleistift, Aquarell, Collage auf Papier,
39,8 × 49,9 cm,
Kunsthalle Bremen –
Der Kunstverein in Bremen,
Kupferstichkabinett

**Arnold Blome**
*Bomben auf Hamburg,*
bez. 1944,
Gouache auf
Karton,
47,5 × 36,7 cm,
Galerie Michael
Haas, Berlin

**Arnold Blome**
*Bremen im Sturm,* bez. 1944,
Gouache auf Karton auf Karton,
28,8 × 17,6 cm,
Galerie Michael
Haas, Berlin

**Arnold Blome**
*Fresse dich,* bez. 1939,
Gouache und Kreide
auf Papier
(Rückseite eines
Plakats des
sportärztlichen
Dienstes Bremen),
42 × 25 cm,
Galerie Michael
Haas, Berlin

**Arnold Blome**
*Mutter,* undatiert,
Pastell auf Papier,
46,1 × 29,6 cm,
Galerie Michael
Haas, Berlin

**Arnold Blome**
*Auf Barrikade Individuum,* bez. 1951,
Collage, Gouache und Pastell auf Papier,
49,5 × 65,2 cm,
Galerie Michael Haas, Berlin

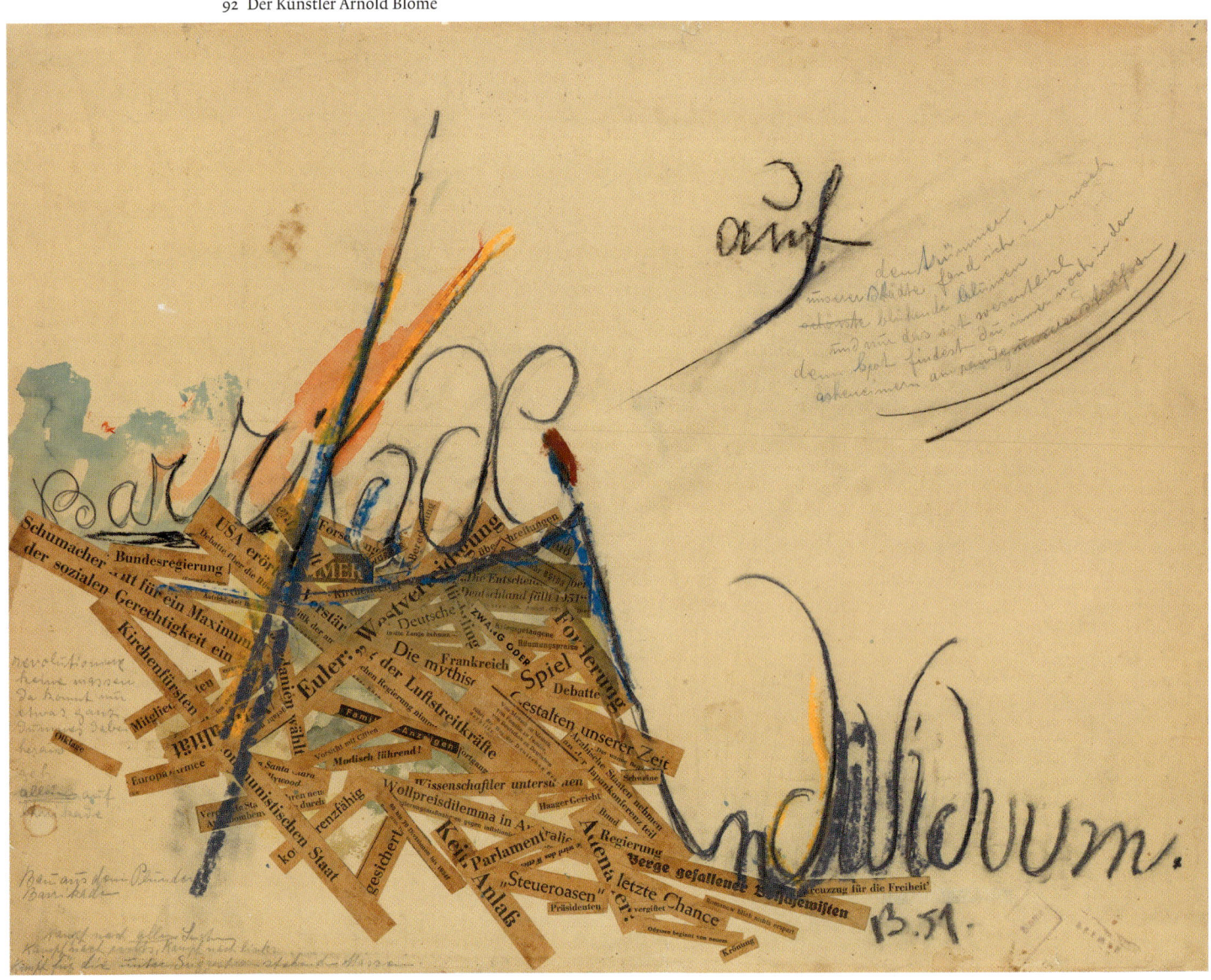

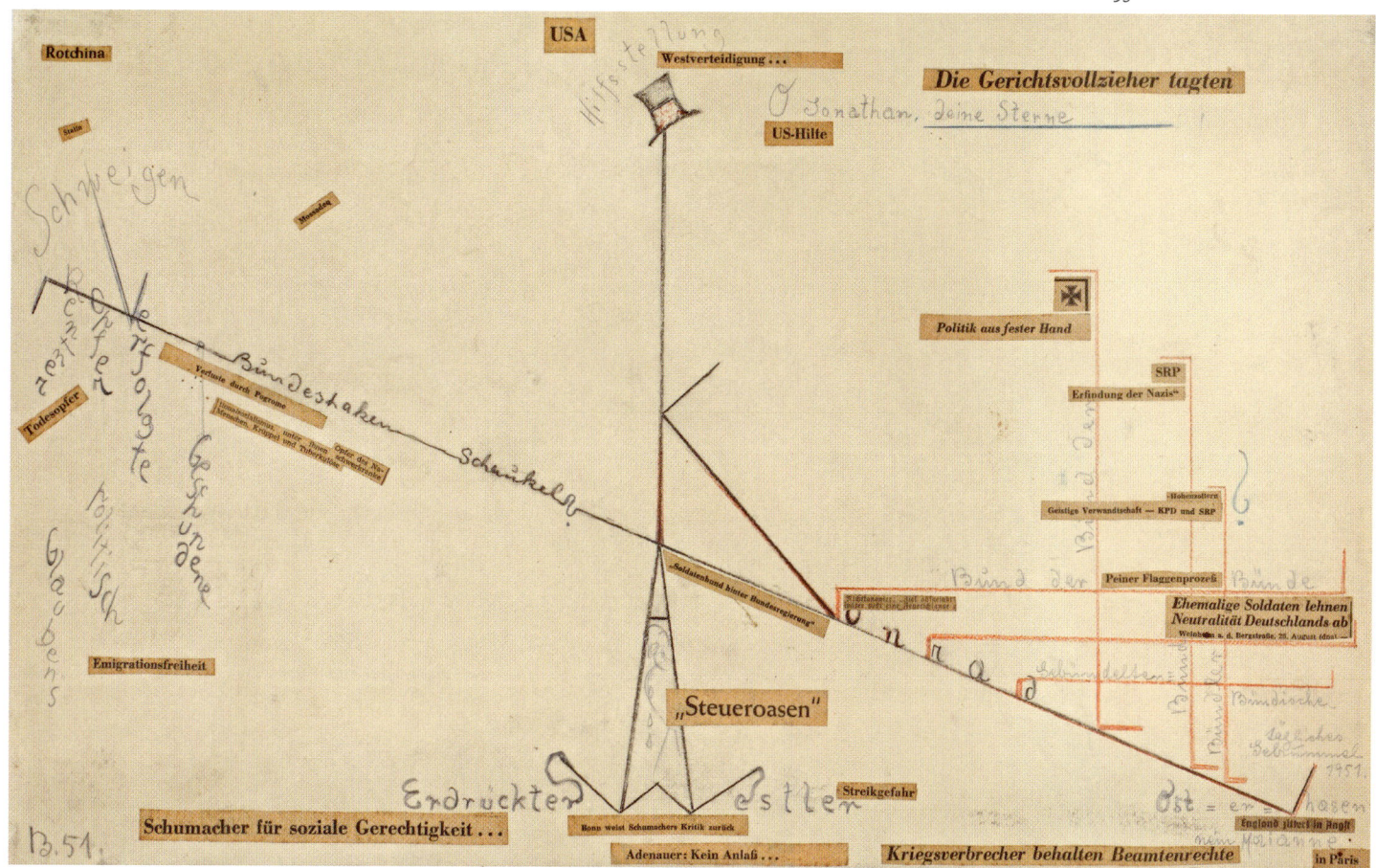

**Arnold Blome**
*Ohne Titel,* bez. 1951,
Bleistift, Wachskreide, Collage auf Papier,
aufgeklebt auf Karton,
33,8 × 54,7 cm (Papier),
45 × 64 cm (Karton),
Kunsthalle Bremen –
Der Kunstverein in Bremen,
Kupferstichkabinett

# Der Oldenburger Direktor und sein Mäzen Arnold Blome – Stationen eines gemeinsamen Weges

*Marcus Kenzler*

Der Bremer Kunstsammler und Mäzen Arnold Blome zählt zu den bedeutenden Stiftern und Förderern des Landesmuseums für Kunst und Kulturgeschichte Oldenburg, das durch das „Vermächtnis Helene und Arnold Blome" nach Ende des Zweiten Weltkriegs beträchtliche Zuwächse verzeichnen konnte. Die zwischen 1947 und 1956 nach Oldenburg gelangten Arbeiten sind allerdings von höchst unterschiedlicher Qualität: Sie zeigen in exemplarischer Weise „die Höhen und Tiefen der aus Leidenschaft zusammengetragenen Sammlung".[1] 42 Gemälde und Ölstudien des Vermächtnisses gehören zu dem Bestand, der zurzeit im Zuge der Provenienzrecherchen am Landesmuseum auf den Prüfstand gestellt wird. Neben dem obligatorischen Sammlungsstempel, der sämtliche in der Nachkriegszeit von Blome geschenkte Exponate als Teil des Vermächtnisses Helene und Arnold Blome ausweist, konnten erste Bilduntersuchungen wichtige Hinweise zur Provenienz zutage fördern, die in dieser Form nur in Oldenburg erhalten sind: Auf den Keilrahmen besagter Bilder finden sich von Blome handschriftlich vermerkte Erwerbungsdaten, Zuschreibungen und weitere Angaben zur Provenienz. Ob der Sammler selbst dieses Faible für die Herkunftsdokumentation entwickelt hatte oder die Vermerke auf die Bitte beziehungsweise Anregung des Museumsdirektors Walter Müller-Wulckow (1886–1964) erfolgten, ist ungeklärt.

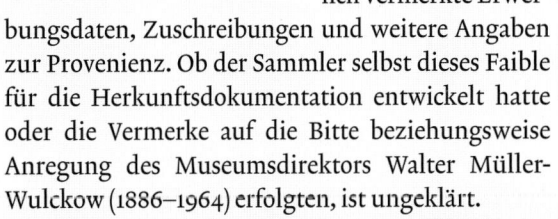

Mit den Schenkungen ging eine mehrjährige Korrespondenz zwischen Müller-Wulckow (Abb. 1) und Blome einher, die auf die Jahre 1947 bis 1953 datiert ist und im privaten Archiv des Gründungsdirektors, das 1991 in den Besitz des Landesmuseums überging, erhalten ist. Der mitunter vertrauliche Tonfall der Briefe und der zunehmend intensive Inhalt lassen darauf schließen, dass beide Männer in den Nachkriegsjahren eine persönliche, allerdings nicht immer unkomplizierte und ebenbürtige Beziehung zueinander aufbauten. Während Müller-Wulckow, der durch geschicktes Handeln und beste Kontakte die Umbruchjahre 1933 und 1945 als Museumsdirektor schadlos überstanden hatte, sein Museum neu aufzustellen suchte und dabei seiner baldigen Pensionierung entgegenblickte, war der etwas jüngere Blome nach dem Tod seiner Frau Helene und seiner Bremer Vertrauten, dem Leiter der Kunsthalle Emil Waldmann (1880–1945) und dem Kustos des Kupferstichkabinetts Wilken von Alten (1885–1944), wie entwurzelt. Sowohl die großzügigen Geschenke aus seiner Sammlung als auch die philosophisch-lyrisch geprägten Diskurse mit Müller-Wulckow nährten die Hoffnung des Sammlers auf einen persönlichen Neuanfang und stellten offensichtlich eine sinnstiftende Bereicherung seines Lebens dar. Sein Wunsch, die Abkehr von der Kunsthalle Bremen durch eine Annäherung an ein anderes Museum zu kompensieren, erfüllte sich indes nicht.

> „Ich möchte wieder für ein Museum tätig sein und mit geringsten Mitteln nach großen Schätzen graben"[2]

In Müller-Wulckow hoffte Blome einen verwandten Geist zu finden, der seine Sammelleidenschaft teilte und Gefallen an kunstwissenschaftlichen Diskursen und einem Austausch über Lebensziele und Gesellschaftsphilosophie hatte. Der 1886 in Breslau (heute Wrocław, Polen) geborene Walter Müller hatte Kunstgeschichte, Archäologie und Philosophie in Heidelberg, Berlin, München und Straßburg studiert und 1907 Margarethe Wulckow geheiratet, deren Namen er angenommen und sich in Müller-Wulckow umbenannt hatte. 1911 war er in Straßburg mit einer Arbeit über den Bildaufbau deutscher Grafik im Spätmittelalter promoviert worden. Mit dem Erbe seines verstorbenen Vaters war es dem in Frankfurt am Main lebenden Müller-Wulckow möglich gewesen, zeitgenössische Kunst, vor allem

1 Walter Müller-Wulckow (1886–1964), Fotografie

Malerei und Kunstgewerbe, zu sammeln; parallel dazu hatte er sich mit der Vermittlung von moderner Kunst, Architektur und Design befasst. 1921 war er zum Gründungsdirektor des Landesmuseums in Oldenburg berufen worden, dessen magazinierte Bestände – insbesondere Kunstgewerbe, die Staatliche Gemäldesammlung und die Großherzogliche Altertümersammlung – im Oldenburger Schloss neu konzipiert werden sollten.

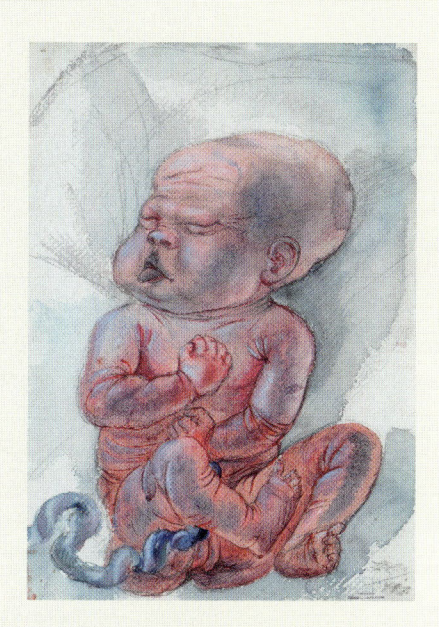

Eine erste Annäherung der beiden Männer vollzog sich unmittelbar nach der ersten Schenkung Blomes an das Landesmuseum. Nachdem am 15. Januar 1947 ein Konvolut von 27 Handzeichnungen des 19. Jahrhunderts mit dem Vermächtnisstempel Blome[3] in Oldenburg eingegangen war, wandte sich der Museumsdirektor am 30. April in einem Dankesschreiben an den Bremer Sammler. Es entwickelte sich nachfolgend ein vorerst unregelmäßiger Briefwechsel, der noch von einer gewissen Förmlichkeit im Ausdruck geprägt war und gegenseitige Besuche sowie weitere in Aussicht gestellte Geschenke zum Thema hatte. Im Juni 1948 erhielt das Landesmuseum die umfangreichste Werkgruppe von insgesamt 299 Gemälden, Zeichnungen, Grafiken, Büchern und Objekten, die in neun unterschiedlich großen Konvoluten in Empfang genommen wurden. So konnte das Landesmuseum am 8. Juni sieben kunsttheoretische und kulturhistorische Bücher für die Bibliothek verzeichnen. Einen Tag später folgte bereits die nächste Lieferung, die zwei Gemälde, ein Pastell sowie 63 Aquarelle und Handzeichnungen umfasste – darunter das Aquarell *Neugeborenes Kind* von Otto Dix (Abb. 2) sowie Arbeiten von Hanns Müller, Dora Bromberger, Herbert Kubica, Karl Dannemann, August Fricke und Arnold Blome selbst. Am 15. Juni 1948 kamen dann weitere 216 Werke nach Oldenburg, unter denen sich allein 24 Gemälde und sieben Ölstudien befanden, darunter eine *Holländische Flußlandschaft* von Claude Joseph Vernet, Dora Brombergers *Gebirgsdorf* (Abb. 3), Aline von Kapffs *Porträt eines braunäugigen Mädchens mit Schleier* (Abb. 4) sowie das *Porträt eines älteren Mannes* von Friedrich Christoph Georg Lenthe und zwei Ölstudien von dessen Sohn, dem Kirchenmaler Gaston Camillo Lenthe. Bemerkenswert sind auch die Gemälde und Ölstudien von Paul Emil Jacobs. Er ist mit einigen Porträtstudien, die als Vorarbeiten für großformatige Gruppenbildnisse entstanden, und einer *Landschaft mit Windmühle*, die der Maler 1838 während einer Griechenlandreise schuf und die Seltenheitswert besitzt – zumal Jacobs kein Landschaftsmaler war – vertreten. Neben diesen Arbeiten beinhaltete das Konvolut vom 15. Juni 112 Handzeichnungen und Aquarelle, darunter Werke von Karl Dannemann, Friedrich Preller dem Älteren, Karl Friedrich Schinkel und Architekturzeichnungen des mit Blome befreundeten Bremer Architekten Friedrich Wilhelm Rauschenberg sowie ein Pastell und eine Rötelzeichnung. Hinzu kamen 63 grafische Blätter, unter anderem Holzschnitte von Ludwig Richter, Radierungen von Karl Dannemann und Kupferstiche von Johann Georg Primavesi, sowie sieben kunstwissenschaftliche Bücher und eine bemalte Servierplatte der Königlichen Porzellan-Manufaktur Berlin. Am 29. Juni 1948 folgten schließlich noch neun weitere Handzeichnungen und das Gemälde *Trois Vieilles Femmes* von Jean Fautrier (Abb. 5).

**2** Otto Dix, *Neugeborenes Kind*, Bleistift, Aquarell, Gouache auf Papier, Landesmuseum für Kunst und Kulturgeschichte Oldenburg

**3** Dora Bromberger, *Gebirgsdorf*, Öl auf Leinwand, Landesmuseum für Kunst und Kulturgeschichte Oldenburg

Angesichts dieser Zuwendungen beschloss Müller-Wulckow, den generösen Schenker mit einer Sonderausstellung zu ehren, und so zeigte das Landesmuseum im Juli und August desselben Jahres in drei Räumen des Oldenburger Schlosses eine repräsentative Schau der geschenkten Werke, zu der Blome am 27. Juli 1948 offiziell eingeladen wurde. „Das Oldenburger Museum hat mir eine große Freude gemacht", so der Sammler einige Tage später in seinem Antwortschreiben. „Sie beschämen mich, ich habe gerade Ihnen doch nur so wenig geben können."[4] Dass das Landesmuseum und dessen Leiter mittlerweile zu wichtigen Bezugspunkten im Leben Blomes geworden waren, verdeutlichte der Sammler in den weiteren Zeilen seines Briefes: „Ich muß Ihnen noch unbedingt weiter etwas recht Gutes geben, denn bei Ihnen finde ich das Verstehen, das mich früher mit Dr. v. Alten und Prof. Waldmann verband. Wenn Dr. v. Alten noch lebte, hätte ich bestimmt nicht diese letzten Jahre so untätig vertrödelt. Ich möchte wieder für ein Museum tätig sein und mit geringsten Mitteln nach großen Schätzen graben. Dazu braucht man aber Menschen mit gleichlaufenden Interessen. Vielleicht muß ich raus aus Bremen, denn ich brauche Menschen wie v. Alten, um nicht ganz im Negativen zu versinken."[5] Als Blome auf diese offenherzigen Zeilen keine Antwort erhielt, wandte er sich im Januar 1949 verunsichert erneut an Müller-Wulckow: „Vielleicht sind Sie mir böse, daß ich die damalige Ausstellung nicht besuchte? Herr Doktor, es war nach den ersten Monaten der Währungsreform und ich hatte damals nicht das bißchen Geld für die Reise."[6] Gewissermaßen als Entschuldigung für sein Fernbleiben und als Zeichen seines guten Willens erkundigte er sich außerdem, ob das Landesmuseum Interesse an Georg Schrimpfs Gemälde *Mädchenakte im Freien* habe (Abb. 6). Müller-Wulckow antwortete umgehend, bedankte sich für das erneute Angebot und bemerkte mit dem Zusatz, nicht „habgierig" erscheinen zu wollen: „Ein Beispiel der schlichten und nazarenischen Art von Schrimpf besitzen wir hier bis jetzt nicht, ein Bild von ihm würde also eine Lücke füllen."[7] Keine zwei Wochen später ließ Blome wissen, dass besagtes Gemälde neben 22 Handzeichnungen, sieben Büchern und einem Kupferstich als weitere Schenkung an das Landesmuseum zur Abholung in der Kunsthalle Bremen bereitstünden.[8] Die Werke wurden am 7. März 1949 im Oldenburger Inventar verzeichnet.[9]

Gut ein Jahr später schickte Müller-Wulckow eine Postkarte an Blome, mit der er sein baldiges Kommen nach Bremen ankündigte und die Hoffnung zum Ausdruck brachte, Blome „froher u. zuversichtlicher als das vorige Mal anzutreffen".[10] Der Sammler schien demnach in keiner guten Verfassung zu sein, was in seinen Briefen an den Museumsdirektor Anfang der 1950er Jahre deutlich zum Ausdruck kam, die einen zunehmend melancholischen und resignierten Ton aufwiesen. Ungeachtet dessen setzte er seine Schenkungen an das Landesmuseum fort und ließ Müller-Wulckow im Juni und Juli 1950 Karl Dannemanns Aquarell *Landstraße nach Nauen*, Hanns Müllers Ölstudie *Zwei Häuser und drei Bäume im Hintergrund*, sechs Handzeichnungen, drei Kunstkataloge – unter anderem Schweizer Bestandskataloge mit Grafik des 15. bis 17. Jahrhunderts – und eine naturdokumentarische Fotografie mit dem Titel *Eiche im Hasbruch* zukommen. Als Blome im Juli 1951 von der Pensionierung Müller-Wulckows erfuhr, schien sich sein Gemütszustand abermals zu verschlechtern, sah er sich doch nun endgültig der Möglichkeit beraubt, wieder für ein Museum arbeiten zu können. Er bat aber, mit dem Verweis auf sein jahrzehntelanges Wirken als „sehr ernsthaft[er]" Kunstsammler, Müller-Wulckow um Vermittlung des Kontakts zu anderen Sammlern.[11] Es folgten bis Ende des Jahres einige kurze Briefwechsel, die das Angesprochene jedoch nicht weiter vertieften.

### „Alles geben und nicht nehmen ist eine der Erkenntnisse auf dem Wege zur Freiheit"[12]

Ab 1952 wurde der Briefwechsel zunehmend von einem Austausch philosophischer Ansichten und Gedankenspiele beherrscht, wobei Blome wiederholt einige Aufzeichnungen zu Themen wie Freiheit, Lebenskampf, Glaube und Tod an Müller-Wulckow schickte, die er, jedwede Form vernachlässigend, handschriftlich und flüchtig auf Notizpapier warf. So konstatierte er in einem so bezeichneten „Auszug aus einem Bekenntnis ‚Freiheit Wahrheit'" vom 17. Mai 1952, dass nicht der „abgeklärte", der „über

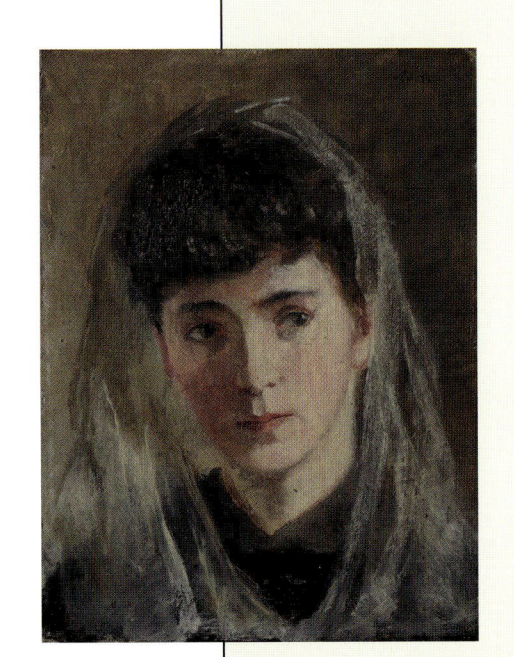

4 Aline von Kapff, *Porträt eines braunäugigen Mädchens mit Schleier*, Öl auf Holz, Landesmuseum für Kunst und Kulturgeschichte Oldenburg

den Dingen stehende Mensch" die Welt weiterbringe, sondern „der immer ringende kämpfende Geist" und rekurrierte dabei auf die Gedankenwelt Nietzsches.[13] Dass Blome diese Gedanken in derart emotionaler und ungeschliffener Weise mit Müller-Wulckow teilte, der wiederum die von vielen Streichungen und Unterstreichungen geprägten, mitunter nur schwer entzifferbaren Blätter in seinem persönlichen Nachlass verwahrte, deutet auf ein erstaunlich vertrautes Verhältnis der beiden Männer hin. Blome berichtete Müller-Wulckow in der Folgezeit häufig von Begegnungen und Erlebnissen des Alltags, aus denen er immer wieder philosophische Exkurse beziehungsweise Erkenntnisse ableitete. So nahm er zum Beispiel die Bitte eines kleinen Mädchens um Unterstützung bei einem Schulaufsatz über die Insel Rügen zum Anlass, seinem Oldenburger Vertrauten persönliche Ansichten zu der Entwicklungsgeschichte des Kreidefelsens mitzuteilen, welche er als Metapher für Evolution und Genesis verstand.[14] Ein anderes Mal animierte ihn eine Volksweise im Radio zu den folgenden Zeilen an Müller-Wulckow: „Verzeihen Sie mir aber das Radio spielt grad das Rattenfängerlied. / Ein fahrender Sänger von Niemand gekannt ein Rattenfänger für fernes Land."[15] Und als verbitterte Reaktion auf einen Vortrag zum Thema „Generalvertrag", den er am 25. Mai 1952 bei Radio Bremen gehört hatte, teilte er Müller-Wulckow mit den Worten „Alles geben und nicht nehmen ist eine der Erkenntnisse auf dem Wege zur Freiheit" seinen „Wahlspruch" mit.[16] Es liegt nahe, dass diese Devise auch Ausgangspunkt seiner Schenkungen war, was bedeuten würde, dass sich Blome wohl auch deshalb als Förderer und Wohltäter betätigte, um seine persönliche Freiheit zu erlangen, die sich ihm im Sinne einer Erlösung von allem Materiellen zugunsten einer geistigen Emanzipation darstellte. Getrieben von Selbstzweifeln und der Sorge, Müller-Wulckow durch sein exzentrisches Mitteilungsbedürfnis zu überfordern, vermerkte er auf einem kleinen, eilig herausgerissenen Notizzettel, den er einem Brief nach Oldenburg beifügte: „Lieber Dr. Wenn Ihnen meine Zuschriften lästig sind, bitte sagen Sie es mir, ich würde das verstehen. B."[17]

### „Wir Beide gehören eben der Expressionistengeneration an"[18]

Müller-Wulckow zeigte aber durchaus Verständnis für Blome und antwortete mit den empathischen Zeilen: „Sie können also sicher sein, dass ich Ihnen nachfühlen und auch Ihren Gedanken folgen kann."[19] Dass sich der pensionierte Museumsdirektor offensichtlich in die Situation seines Gegenübers hineinversetzen konnte, liegt in der Tatsache begründet, dass beide Männer mehr verband, als die im Landesmuseum erhaltenen Briefe vermuten lassen. So war 1952, im Jahr des letztgenannten Briefwechsels, Müller-Wulckows zweite Ehefrau Adele Hildegard, geborene Leßer, gestorben. Es kann folglich davon ausgegangen werden, dass Müller-Wulckow Blomes Einsamkeit und Isolation nachvollziehen beziehungsweise teilen konnte – umso mehr, da er als Pensionär nun auch auf der Suche nach einem neuen Lebensinhalt war. Darüber hinaus konnte er sich auch mit Blomes Selbstverständnis als Sammler identifizieren, da er selbst seit vielen Jahren Kunst und Kunsthandwerk sammelte. Sein 1910 verstorbener Vater hatte ihm die damals beachtliche Summe von 200 000 Reichsmark hinterlassen und ihn somit wirtschaftlich in die Lage versetzt, sich seiner Leidenschaft des Sammelns zu widmen. Wie Blome besaß auch Müller-Wulckow eine besondere Vorliebe für zeitgenössische Kunst, die ihn begeisterte und inspirierte und die ihn bevorzugt Werke deutscher Expressionisten erwerben ließ.[20] Die Vernetzung mit den wichtigsten Künstlern und Sammlern seiner Zeit gereichte ihm dabei zum Vorteil; zudem bewirkte eine schwere Typhuserkrankung im Jahr 1914 die Befreiung vom Kriegsdienst, sodass er sich vollends seinen Erwerbungen widmen und in kurzer Zeit eine beträchtliche Sammlung aufbauen konnte. Wie Blome sah sich auch Müller-Wulckow in den darauffolgenden Jahrzehnten angesichts finanzieller Engpässe genötigt, Teile seiner Kunstsammlung zu veräußern.[21] Allerdings agierte der Bremer Sammler eher als *marchand amateur*, der gelegentlich Werke veräußerte, um sei-

**5** Jean Fautrier, *Trois Vieilles Femmes*, 1924, Öl auf Leinwand, Landesmuseum für Kunst und Kulturgeschichte Oldenburg

nen Lebensunterhalt zu bestreiten oder um neue, noch erstrebenswertere Kunstwerke erstehen zu können.

**6** Georg Schrimpf, *Mädchenakte im Freien*, 1914, Öl auf Leinwand, Landesmuseum für Kunst und Kulturgeschichte Oldenburg

Über diese Gemeinsamkeiten hinaus hatte Müller-Wulckow offenbar Gefallen an der Korrespondenz und dem regen Austausch philosophischer Gedankenspiele gefunden, denn auch er verfasste längere Briefe an den Bremer Sammler, in denen er sich unter anderem mit dem „Problem der Freiheit"²² beschäftigte. Er brachte wiederholt seine Sorge um Blomes Wohlergehen zum Ausdruck, der noch immer unter dem Tod der Ehefrau und der Einsamkeit litt, zunehmend mittellos wurde und der Verbitterung verfiel. So schrieb Müller-Wulckow im September 1952: „Sie besänftigen in Etwas [sic] die Erinnerung an den leidenschaftlichen Ausbruch bei meinem späten Besuch, der mich erkennen liess, wie einsam Sie sind u. wieviel sich infolgedessen bei Ihnen aufgestaut hat."²³ Dem Brief fügte er einige selbstverfasste Gedichte bei, in denen er die Suche nach einem vertrauten Menschen thematisierte und das Streben nach Zukünftigem beschwor. Obgleich nicht belegt ist, wann diese Zeilen entstanden sind, ist doch die Parallelität der Gedankenwelten beider Männer offensichtlich. In einem Brief von Silvester 1952 betonte Müller Wulckow abermals die Gemeinsamkeiten und konstatierte: „Wir Beide gehören eben der Expressionistengeneration an. Unser Prophet und Wegbereiter war Nietzsche, der als erster die Umwertung aller Werte vollzogen."²⁴ In seinem Antwortschreiben vom Januar 1953 brachte Blome seine Freude über die Brieffreundschaft zum Ausdruck, in die sich aber noch immer Verbitterung über die geschwundene Verbindung zur Kunsthalle Bremen mischte: „Ich bin sehr froh Herr Dr., das [sic] ich mich mit Ihnen unterhalten kann. Das konnte ich zuletzt mit von Alten. Wenn man Ihnen in der Bremer Kunsthalle sagt: ‚Blome zieht sich von der Bremer Kunsthalle zurück‘, dann stimmt das nicht. Es ziehen sich nur manchmal ‚Menschen‘ von mir zurück, für die meine Sprache ‚shocking‘ ist. Dabei hat sich diese Sprache nie geändert."²⁵

Noch im selben Jahr endet die im Nachlass Müller-Wulckow enthaltene Korrespondenz zwischen Blome und dem inzwischen pensionierten Museumsdirektor, der 1964 starb. Ob es einen weiteren Kontakt gab, der über den im Landesmuseum Oldenburg archivierten Briefwechsel hinausging, ist nicht bekannt.

### Epilog eines Vermächtnisses

Am 9. August 1956, also rund sechs Jahre nach der letzten Schenkung, ließ Blome dem Landesmuseum Oldenburg letztmalig elf Zeichnungen und Grafiken zukommen. Der beigegebenen Werkliste fügte der Sammler den kurzen handschriftlichen Kommentar bei: „Bitte, wenn etwas dabei ist, was für Ihr Institut ungeeignet ist, so geben Sie es mir zurück. Wünschen Sie weitere Geschenksendungen von mir? Hochachtungsvoll Blome."²⁶ Dem knappen und formellen Ton dieser Zeilen ist deutlich zu entnehmen, dass Blome dem Oldenburger Museum zwar noch zugetan war, jedoch kein persönliches Verhältnis zu dem neuen Leiter Herbert Wolfgang Keiser (1913–1984) aufbauen konnte oder wollte.

Die Herkunftsüberprüfungen zu den Gemälden und Ölstudien aus Blomes Oldenburger Vermächtnis dauern weiter an. Die beschriebenen Provenienzvermerke auf einigen Bildrückseiten erleichtern in gewisser Weise die Recherchen, doch führen die meisten Hinweise zu neuen Fragen, die noch nicht geklärt werden konnten. Vieles spricht dafür, dass ein Großteil der Gemälde und Ölstudien aus Privatbesitz stammt, eindeutige Belege für einen unrechtmäßigen Erwerb beziehungsweise einen NS-verfolgungsbedingten Entzug dieser Werke konnten bis dato nicht ermittelt werden.

1 Vgl. Küster 1999, S. 120.
2 Blome an Müller-Wulckow, Brief vom 13.8.1948, LMO-MW 156.
3 Vgl. u. a. Onlinedatenbank Frits Lugt.
4 Vgl. Blome an Müller-Wulckow, Brief vom 13.8.1948, LMO-MW 156.
5 Ebd.
6 Vgl. Blome an Müller-Wulckow, Brief vom 28.1.1949, LMO-MW 156.
7 Vgl. Müller-Wulckow an Blome, Brief vom 1.2.1949, LMO-MW 156.
8 Vgl. Blome an Müller-Wulckow, Brief vom 12.2.1949, LMO-MW 156.
9 Vgl. Empfangsbestätigung des Landesmuseums Oldenburg vom 7.3.1949 zum Vermächtnis Arnold Blome, LMO-A 1112.
10 Vgl. Müller-Wulckow an Blome, Postkarte vom 18.2.1950, LMO-MW 156.
11 Vgl. Blome an Müller-Wulckow, Brief vom 21.7.1951, LMO-MW 156.
12 Vgl. Aufzeichnungen von Arnold Blome, 25.5.1952, LMO-MW 156.
13 Vgl. Aufzeichnungen von Arnold Blome, 17.5.1952, LMO-MW 156.
14 Vgl. Aufzeichnungen von Arnold Blome, 23.5.1952, LMO-MW 156.
15 Vgl. Blome an Müller-Wulckow, Postkarte vom 7.6.1952, LMO-MW 156.
16 Vgl. Aufzeichnungen von Arnold Blome, 25.5.1952, LMO-MW 156.
17 Vgl. Blome an Müller-Wulckow, Notiz, LMO-MW 156.
18 Vgl. Müller-Wulckow an Blome, Brief vom 31.12.1952, LMO-MW 156.
19 Vgl. Müller-Wulckow an Blome, Brief vom 20.9.1952, LMO-MW 156.
20 Vgl. Stamm 2011, S. 305.
21 Vgl. Heckötter 2011.
22 Vgl. Blome an Müller-Wulckow, Postkarte vom 5.7.1952, LMO-MW 156.
23 Vgl. Müller-Wulckow an Blome, Brief vom 20.9.1952, LMO-MW 156.
24 Vgl. Müller-Wulckow an Blome, Brief vom 31.12.1952, LMO-MW 156.
25 Vgl. Blome an Müller-Wulckow, Brief vom 5.1.1953, LMO-MW 156.
26 Vgl. Blome, Liste über „11 Blatt originale Zeichnungen und Graphik" vom 9.8.1956, LMO-A 724.

# Das Vermächtnis von Helene und Arnold Blome im Focke-Museum

*Karin Walter*

Im Inventarbuch des Focke-Museums erscheint Arnold Blome erstmals 1933. Er hatte damals dem Museum acht „Photos von Hafenanlagen, Schiffen und Bremer Bauten" übergeben.[1] Erst 1947, also 14 Jahre später, findet sich sein Name erneut im Inventarbuch. Kriegsbedingt war zwischenzeitlich der Museumsbetrieb nahezu zum Erliegen gekommen. Das Museum war auch noch nicht wiedereröffnet,[2] als Blome nach dem Tod seiner Frau 1946 begann, dem Museum Objekte aus dem „Vermächtnis Helene und Arnold Blome" zu übergeben. Das erste Konvolut umfasste 78 Nummern, wobei die ersten 50 Objekte pauschal als „Diverse Einzelblätter, Photos, Stiche, Zeichnungen, etc." erfasst sind. All diese Blätter stehen mehr oder weniger im Bezug zu dem Bremer Architekten Friedrich Wilhelm Rauschenberg (1853–1935),[3] dessen Pläne und Zeichnungen Blome deutschlandweit an zahlreiche Institutionen verteilte.[4] Dem Focke-Museum übergab er 1947 und 1948 nochmals rund 80 Werke aus dem Bestand dieser für das Landesmuseum interessanten Bremensien.[5] Das Museum besaß zu diesem Zeitpunkt bereits eine Skizze Rauschenbergs, die dieser selbst 1919 dem Museum übergeben hatte. 1960 kamen dann noch fünf weitere Zeichnungen von einem anderen Schenker hinzu.[6]

Das Vermächtnis Helene und Arnold Blome von 1947 an das Focke-Museum von umfasste darüber hinaus einige Möbelstücke des 18. und 19. Jahrhunderts unbekannter Provenienz.[7] Vermutlich handelt es sich dabei um die summarisch als „antike Möbel und Antiquitäten" bezeichneten Objekte, die Blome bereits in seinem Testament von 1944 dem Focke-Museum als Erbe in Aussicht gestellt hatte.[8] Als Vermächtnis Blome verzeichnet das Inventarbuch im Jahr 1947 ferner „90 Kataloge", die sich nicht näher identifizieren lassen. 1956 überließ Blome dem Focke-Museum außerdem mehrere maritime Objekte, die aus dem Nachlass des Bremer Marineingenieurs Johann Neide stammten.[9] Möglicherweise gehörten dazu auch das bereits 1947 übergebene Schiffsmodell eines Minensuchbootes aus dem Ersten Weltkrieg (Abb. 2) sowie ein Nivelliergerät (Abb. 1).

Die Lieferung der Objekte erfolgte in mehreren Chargen, die sich in einer Vielzahl datierter Empfangsbestätigungen niederschlägt. Den Zeitumständen geschuldet, aber vielleicht auch angesichts der Menge, erfolgten die Einträge ins Inventarbuch nicht parallel dazu, sondern gebündelt. Dies erschwert heute den Überblick über den Umfang des Vermächtnisses.[10]

Mit dem bis 1953 tätigen Direktor des Focke-Museums Ernst Grohne (1888–1957) pflegte Blome freundschaftlichen Kontakt. Grohne soll ihn mehrfach in der Wohnung besucht und entsprechende Objekte vor Ort ausgesucht haben. Überliefert ist auch ein überschwänglicher Dankesbrief Grohnes vom 9. Februar 1949, in dem er Blomes Kennerschaft und Großzügigkeit preist, sich für alle bisherigen Gaben bedankt und weitere in Aussicht gestellte Stücke erwähnt. Blome präsentierte diesen Brief später als Beleg für die frühere Wertschätzung sei-

**1** Nivelliergerät, Focke-Museum Bremen

**2** Modell eines Minensuchbootes aus dem Ersten Weltkrieg, Focke-Museum Bremen

nes Mäzenatentums,[11] insbesondere da er mit Grohnes Nachfolger Werner Kloos (1909–1990) nicht den gleichen freundschaftlich-intensiven Austausch hatte. Als Blome 1956 dem Focke-Museum zahlreiche Objekte zur Stadtgeschichte, zur Volkskunde, zur Spielzeugabteilung und zum Kunsthandwerk überreichte,[12] bestätigte Kloos nur nüchtern deren Empfang. Auf eine andere Schenkung reagierte Kloos nach Blomes Erachten nicht schnell genug, weshalb dieser sich bereits 14 Tage später in einem Schreiben an das Staatsarchiv darüber beschwerte, dass ihm Kloos noch nicht gedankt habe.[13] Seitdem sind keine weiteren Geschenke Blomes an das Focke-Museum dokumentiert. Sein Name erscheint im Inventarbuch nur noch zweimal, und zwar als Verkäufer.[14] Alle späteren Einträge sind Nachinventarisierungen: Sie sind durch Blomes blauen Vermächtnisstempel identifizierbar. Als Provenienzbeleg erweist er sich zwar als hilfreich, doch die Position des Stempels beeinträchtigt oft das Objekt. Auf den Skizzenblättern hat Blome sowohl die Vorder- wie auch die Rückseite damit gekennzeichnet und dabei den Abdruck so nahe an die eigentliche Zeichnung gesetzt, dass kein Passepartout ihn später verdecken kann. Schon Grohne hatte Blome attestiert, dass er sich damit unvergesslich mache: „Der Vermächtnisstempel, mit dem die betreffenden Objekte signiert sind, wird kommenden Geschlechtern von Ihrer großzügigen Gesinnung Zeugnis ablegen".[15]

[1] Infolge dieser unspezifischen Formulierung lassen sich heute nur mehr sechs dieser Bilder in den Sammlungsbeständen des Focke-Museums identifizieren.

[2] Mit Kriegsausbruch 1939 schloss das Museum, die meisten Bestände wurden ausgelagert – eine vorausschauende Maßnahme, denn 1944 wurde das Museumsgebäude vollkommen zerstört. Erst 1953 wurde es wiedereröffnet, nun an einem neuen Standort.

[3] Der aus einer Bremer Baumeisterfamilie stammende Rauschenberg hat als Architekt zahlreicher Gebäude sowie seit 1903 in seiner Funktion als Regierungsbaumeister viele Spuren im Bremer Stadtbild hinterlassen.

[4] Aus dem Briefverkehr Blomes und den Dankschreiben der Institutionen geht hervor, dass u. a. folgende Orte mit Werken von Sohn und Vater Rauschenberg bedacht wurden: Bibliothek der Technischen Hochschule Braunschweig (28.3.1950), Niedersächsisches Volkstums-Museum Hannover (5.2.1949), Bibliothek der Technischen Hochschule Karlsruhe (17.2.1949), Landesmuseum der Provinz Westfalen in Münster (14.2.1949), Landesmuseum Oldenburg (15.6.1948), vgl. Nachlass Arnold Blome, Bremen.

[5] Es handelt sich dabei um persönliche Unterlagen von Rauschenberg selbst und anderen Familienmitgliedern, wie Schulzeugnisse, Einladungskarten und Glückwunschkarten, der Meisterbrief zum Maurermeister sowie Skizzenbücher und einzelne Blätter mit Zeichnungen aus dem Zeitraum 1874 bis 1909. Möglicherweise stammen auch die übrigen Fotografien und Zeichnungen Bremer Persönlichkeiten sowie Bremer Ansichten verschiedener Künstler und Fotografen aus dieser Provenienz.

[6] Geschenk des ehemaligen Senators für Bauverwaltung und Stadterweiterung Carl Thalenhorst (1875–1964).

[7] Dazu gehören ein Sofa, ein Bettgestell, eine Kommode, ein Schrank, ein Tisch, zwei Stühle und ein Torfkasten (Inv. 1947.063–1947.070).

[8] Testament vom 11.12.1944, Nachlass Arnold Blome, Bremen.

[9] In einem Brief an das Bremer Staatsarchiv 1956 bezeichnet Blome Neide als „Stabsingenieur der Kaiserlichen Marine und späterer Fregattenkapitän an einer Marineschule, wohl Kiel", Nachlass Arnold Blome, Bremen.

[10] So bestätigt Museumsdirektor Ernst Grohne beispielsweise am 10.1.1947 den Eingang eines unter der Nummer 1947.062 eingetragenen Ölbildes. Die unter den Inventarnummern davor eingetragenen Objekte wurden erst in einer Empfangsbestätigung vom 3.2.1947 aufgeführt. Einige Objekte wurden später nachinventarisiert, andere, vor allem die Bücher, wurden im Inventarbuch überhaupt nicht erfasst. So lassen sich die in vier Dankesschreiben vom 21.1., 27.6., 1.7. und 12.7.1949 genannten Objekte nicht immer mit den oft pauschal formulierten Einträgen im Inventarbuch identifizieren.

[11] Vgl. Bremer Illustrierte 1966. Ein weiterer Beleg ist eine Gouache Blomes, die er zwar „für Freund Grohne" bezeichnete, diesem aber wohl nie übergab, denn sie befand sich 2013 im Nachlass Blomes, den die Galerie Michael Haas, Berlin, erworben hatte.

[12] Es handelt sich um ein mit Intarsien eingelegtes Nähkästchen, sieben Bremer Siegelstempel, einen Zigarrenbehälter, einen als Studentenseidel bezeichneten Deckelhumpen mit Porzellandeckel, Salzstreuer, Serviettenringe sowie vier Gesellschaftsspiele (Inv. 1956.411–1956.416).

[13] Blome an Friedrich Prüser, Brief vom 28.2.1957, Nachlass Arnold Blome, Bremen.

[14] 1960 verkaufte er für 200 DM eine Zeichnung des Bremer Rokokobildhauers Theophilus Wilhelm Frese (Inv. 1960.001), 1962 eine anonyme Handzeichnung aus dem 18. Jahrhundert mit der Darstellung einer Waffe für 160 DM (Inv. 1962.016).

[15] Grohne an Blome, Brief vom 9.2.1949, Nachlass Arnold Blome, Bremen.

**3** Siegelstempel, Focke-Museum Bremen

# „Hiermit danken wir Ihnen vielmals" – Arnold Blome und das Übersee-Museum Bremen

*Silke Seybold*

Auffallend groß und schwer ist ein Fotoalbum im Bestand des Übersee-Museums Bremen. Eine im braunen Ledereinband eingeprägte Chrysanthemenblüte erinnert an das kaiserliche und nationale Siegel Japans. Und tatsächlich, die darin zusammengestellten 66 handkolorierten Architektur- und Landschaftsaufnahmen entstanden fast ausschließlich auf Honshu, der größten Insel Japans (Abb. 1–3). Selten sind Menschen zu sehen: Mal lichtete der Fotograf in den städtischen Szenen Passanten wohl eher zufällig ab, mal arrangierte er bewusst in seinen Landschaftskompositionen einzelne Personen.[1] Immer befinden sich die Menschen nur im Mittel- oder Hintergrund und nie treten sie als Individuum hervor. Die Bilder von Yokohama und Tokio, von den Tempeln von Kamakura und Nikko, vom Fudschi und von verschiedenen Hotelgebäuden wirken wie Reiseerinnerungen. Seit der offiziellen Öffnung Japans zum Westen 1859 kamen Reisende aus der ganzen Welt mit Schiffen in das Land. Yokohama wurde zu einem wichtigen Hafen. Hier entstanden zahlreiche Fotostudios, in denen sich die Reisenden als Andenken Fotografien in oft prächtigen Alben individuell zusammenstellen konnten. Ein Teil der Bilder des vorliegenden Albums konnte dem 1880 eröffneten Studio von Kusakabe Kinbei (1841–1932) zugeordnet werden.[2] Ob Kusakabe auch Urheber dieser Bilder ist, war bisher nicht eindeutig zu klären, denn er kaufte 1885 einen Teil der Negative des Fotografen Felice Beato (1832–1909) und nutzte diese unter seinem Namen bis 1910 weiter.[3] Ein handschriftlicher Kommentar „Kulturbilder noch 19tes Japan Bl" auf der ersten Seite des Albums deutet auf einen Einordnungsversuch der Bilder und gleichzeitig auch auf den Stifter des Albums hin. „Bl" dürfte für Blome stehen, den Namen, der sich als Stempelabdruck mit dem Text „Vermächtnis Helene und Arnold Blome Bremen" wiederholt in dem Album findet. Die Eingangsbücher des Übersee-Museums bestätigen, dass am 15. Januar 1957 ein Album mit Bildern aus Japan von Arnold Blome aus Bremen als Geschenk angenommen wurde.[4]

Für die Erfassung des Albums, die 2001 im Rahmen eines Projekts zum Aufbau des Historischen Bildarchivs erfolgte, waren das erfreulich viele Informationen, doch da bei diesem Projekt Zehntausende von Bildträgern zu bearbeiten waren, blieb keine Zeit für tiefer gehende Recherchen.[5]

Im Jahr 2012 spielte der Name Arnold Blome im Übersee-Museum erneut eine Rolle. Sein Ziehsohn Peter Oertel schenkte dem Museum eine afrikanische Figur. Es zeigte sich allerdings, dass die Figur, eine Puppe der Dowayo aus Kamerun, nicht aus der Sammlung Blome stammte. Doch angesichts des Albums, das durch seine Größe und Schönheit bei der Bearbeitung aufgefallen war, stand auf einmal eine ganz andere Frage im Raum. Wie ist Blome in dessen Besitz gekommen? Ist dieses bereits Anfang des

**1** *1671. Otometoge to Fujiyama*, kolorierte Fotografie, Studio von Kusakabe Kinbei, vor 1910, Übersee-Museum Bremen

**2** *521. Festival Lanterns, Bentendori Yokohama*, kolorierte Fotografie, Studio von Kusakabe Kinbei, vor 1910, Übersee-Museum Bremen

20. Jahrhunderts beliebte und teure Sammelgut eventuell im Nationalsozialismus unrechtmäßig enteignet worden? Und gibt es weitere Bestände von Blome im Übersee-Museum? Dank der Zusammenarbeit mit der Kunsthalle Bremen war bekannt, dass Blome zu den Gaben, die er einer Institution machte, je ein Schreiben mitschickte und auch eine Bestätigung erwartete. Eine erste Auswertung dieses Schriftwechsels ergab Folgendes: Vermutlich war Blome den Museumsmitarbeitern schon länger bekannt.[6] Seine erste bisher bekannte Schenkung[7] an das Haus bestätigte Alfred Nawrath (1890 – unbekannt), seit wenigen Monaten vorläufiger amtierender Leiter, Anfang des Jahres 1947.[8] An Nawrath wandte sich Blome im Februar 1949 erneut.[9] Doch inzwischen hatte Herbert Abel (1911–1994) die kommissarische Leitung des Hauses übernommen und führte die Kommunikation mit Blome, die weitere Schenkungen belegt, bis Juli 1949 fort. Die Briefe waren stets sachlich und freundlich. Der nächste Kontakt erfolgte erst 1956. Nun war es der Direktor des Staatsarchivs in Bremen, Friedrich Prüser, der sich an den Direktor Helmuth O. Wagner (1897–1977) wandte und eine Schenkung von Blome übermittelte.[10] Diesen Weg wählte Blome in den nächsten Monaten mehrmals. Nie mehr trat er direkt an das Übersee-Museum heran – auch nicht, als er sehr verärgert war, da ihn keine Empfangsbestätigungen des Museums, auf die er sehr großen Wert legte, erreicht hatten. Stattdessen klagte er dem Direktor des Staatsarchivs sein Leid: „Bis vor etwa 10 Jahren habe ich diesen ‚anderen bremischen Instituten' glaube ich fast, sehr viel gegeben. Dann kam ein schwerer Bruch in diese an sich glückliche Verbindung."[11] Bisher gibt es keine direkten Hinweise, was damals passiert war. Es könnte jedoch sein, dass es mit der Affäre um den Kunstfälscher Lothar Malskat zusammenhing, gegen den 1948 in Bremen ein Gerichtsverfahren lief, das jedoch eingestellt wurde. Blome war insofern involviert, als er Werke begutachtet hatte, die der Bremer Buch- und Kunsthändler Heinrich Jördens zwischen 1946 und 1948 von Malskat gekauft hatte.[12]

Der Ton der Eingangsbestätigungen an Blome von 1956 und 1957 blieb dennoch freundlich, immer wurde ihm gedankt. Es fällt jedoch auf, dass das letzte Schreiben des Übersee-Museums nicht wie üblich von dem Direktor, sondern von einer Verwaltungsangestellten unterschrieben worden war.[13] Als Anfang 1958 der neue Direktor des Staatsarchivs Bremen Karl Heinz Schwebel wieder eine Schenkung Blomes weiterleiten wollte, schrieb ihm der Direktor des Übersee-Museums: „Auf Grund der Erfahrung, die wir mit Herrn Blome gemacht haben, lehnen wir es ab, weitere Geschenke von ihm anzunehmen".[14]

Es waren Bücher, Fotografien und Zeichnungen, die Blome dem Übersee-Museum übergeben hatte. Alle hatten einen thematischen Bezug zur Völkerkunde oder Naturkunde, den Themenschwerpunkten des Hauses. Blome hatte also genau ausgewählt, was er dem Übersee-Museum anbot. Leider sind manche Objektbeschreibungen in den Briefen zu unbestimmt, um sie im Bestand zu identifizieren. Doch neben dem japanischen Album sind zurzeit sieben Bücher, vier gezeichnete Tier- und Pflanzenstudien, die Handzeichnung einer Bruchsteinmauer und eine Zeichnung der Feste von Groß-Barmen im damaligen Deutsch Südwestafrika sicher dem Geber Blome zuzuschreiben (Abb. 4). Für alle diese Dinge gilt: Die Provenienz ist nicht belegt. Die Suche beginnt erst.[15]

**3** *23. O. Fujiya Hotel, Miyanoshita*, kolorierte Fotografie, Fotograf unbekannt, vermutlich Ende des 19. Jahrhunderts, Übersee-Museum Bremen

**4** *Feste Gross-Barmen / Deutsch-Süd-West / Zerstört von den Hereros / Erbaut von O. L. H. Hilken / mit 9 Soldaten*, Zeichnung auf Papier, Urheber und Datierung unbekannt, Übersee-Museum Bremen

1 Zur Gestaltung der Landschaftsfotografie im 19. Jahrhunderts vgl. Silke Seybold: *Der Nachlass von Philipp Engelhardt. Eine Untersuchung zur Photographie als ethnohistorische Quelle*, unveröff. Magisterarbeit, Mainz 1997, S. 55 f.
2 Zur frühen Fotografie in Japan vgl. Philipp March/Claudia Delank: *Abenteuer Japanische Fotografie 1860–1890*, Heidelberg 2002. – Siehe auch Database of Japanese Old Photographs in Bakumatsu-Meiji Period, Nagasaki University Library Collection <http://oldphoto.lb.nagasakiu.ac.jp/en/index.html>.
3 Bereits in den 1860er Jahren hatte Kusakabe als Kolorist für den in Venedig geborenen Beato gearbeitet, der sich 1863 in Yokohama niedergelassen hatte. Eine sorgfältige Koloration ist übrigens typisch für diese frühen Fotografien aus Japan und es ist kein Zufall, dass die handkolorierten Fotografien an japanische Farbholzschnitte erinnern, denn viele Koloristen hatten zuvor auch Farbholzschnitte bearbeitet.
4 Vgl. auch Zitat in der Überschrift des Beitrags: Helmuth O. Wagner an Blome, Brief vom 23.1.1957, Übersee-Museum Bremen, Aktenarchiv, Karton Nr. 369/1a. In dem Brief dankt er für das Album mit Bilddokumenten „Japan im 19. Jahrhundert".
5 Silke Seybold: Das, was man nicht sieht. Über das Historische Bildarchiv im Übersee-Museum Bremen, in: *Tendenzen*, Jahrbuch 9, Übersee-Museum Bremen (2000), 2001, S. 83–94.
6 Blome an die Handelskammer Bremen, Brief vom 4.10.1946, Nachlass Arnold Blome, Bremen. Blome stellte einen Antrag zur Arbeitserlaubnis als Restaurator, als Referenz erwähnte er ein Schreiben des „Museums für Völkerkunde an das Landeswirtschaftsamt in dem meine kulturelle Aufbauarbeit hervorgehoben wird". Vermutlich handelt es sich hier um das Übersee-Museum Bremen, das nach Ende des Zweiten Weltkriegs für einige Jahre in Anlehnung an seinen bis 1933 gültigen Namen „Museum für Natur-, Völker- und Handelskunde" genannt wurde.
7 Blome übergab dem Museum laut Akten zwei Bilder, zwei Bücher, neun Kunstkataloge und neun Stiche. Von diesen konnten bisher nur eine Zeichnung von Groß-Barmen und eines der Bücher, *Schiffahrt im alten Peru*, identifiziert werden. Bücher und Bildmaterial wurden damals am Museum nicht wie Objekte einzeln erfasst, deshalb ist es heute schwierig, die Eingänge von Blome aus dem Gesamtbestand herauszuarbeiten.
8 Nawrath an Blome, Brief vom 3.2.1947, Nachlass Arnold Blome, Bremen.
9 Blome an Nawrath, Brief vom 16.2.1949, Übersee-Museum Bremen, Aktenarchiv, Karton Nr. 219.
10 Prüser an Wagner, Brief vom 12.12.1956, Übersee-Museum Bremen, Aktenarchiv, Karton Nr. 369/1a.
11 Blome an Prüser, Brief vom 28.2.1957, StAB 7,51-15, Altregistratur, Blome, Bd. 1, 1958.
12 Vgl. Weser-Kurier 1954. Der Artikel erschien, da im Rahmen des berühmten Prozesses wegen Bildfälschung in Lübeck die Einstellung des Bremer Verfahrens hinterfragt wurde. Blome und Jördens mussten 1954 am 33. Verhandlungstag in Lübeck aussagen.
13 Skribemaritz an Blome, Brief vom 4.4.1957, Übersee-Museum Bremen, Aktenarchiv, Karton Nr. 369/1a.
14 Wagner an Schwebel, Notiz vom 27.2.1958, StAB 7,51-15, Altregistratur, Blome, Bd. 1, 1958.
15 Ich bedanke mich bei Brigitte Reuter für die Unterstützung und Anregungen.

# Verdächtige Erwerbungen.
# Arnold Blome und die Provenienzforschung
# an der Staats- und Universitätsbibliothek Bremen

*Joachim Drews*

Die Staats- und Universitätsbibliothek Bremen war die erste Bibliothek in Deutschland, die sich mit Fragen von NS-Raubgut und dessen Restitution befasst hat. Der zufällige Fund eines Nutzers gab 1991 den Anstoß für die systematische Erforschung eines spezifischen Teils der Zugänge der Bibliothek. Auf sogenannten Judenauktionen hatte die damalige Staatsbibliothek (die Vorgängerinstitution der heutigen Staats- und Universitätsbibliothek) Bücher von jüdischen Familien erworben, die auf dem Weg ins Exil ihr Hab und Gut über den Hafen Bremen hatten verschiffen lassen. Durch die kriegsbedingte Einstellung des zivilen Schiffsverkehrs im September 1939 verblieb das Umzugsgut dieser Familien in Bremen, wurde später beschlagnahmt und schließlich 1942/43 auf den erwähnten Auktionen versteigert. Die Staatsbibliothek erwarb hier insgesamt mindestens 1475 Bücher.

1991 begannen die Nachforschungen nach den früheren rechtmäßigen Eigentümern dieser Bücher. Die pensionierte Oberschulrätin Elfriede Bannas untersuchte die Herkunft der Bücher und konnte so 330 Bände namentlich zuordnen. Der größte Teil (insgesamt 290 Bücher) konnte in den folgenden Jahren an Besitzer und Erben aus aller Welt restituiert werden. Die Bemühungen der Staats- und Universitätsbibliothek Bremen galten jahrelang als wegweisend für weitere Aktivitäten im deutschen Bibliothekswesen. Inzwischen sind die Forschungen nach NS-Raubgut ein selbstverständlicher Bestandteil der bibliothekarischen Arbeit geworden.

Nachdem dieses Projekt 2009 abgeschlossen war, kam die gezielte Provenienzforschung in der Staats- und Universitätsbibliothek vorübergehend zum Stillstand. In den folgenden Jahren begann jedoch die Kunsthalle Bremen mit Forschungen zum Thema NS-Raubgut. Hierbei wurde deutlich, dass der damals in Bremen bekannte Händler und Sammler Arnold Blome nach dem Zweiten Weltkrieg auch der Staats- und Universitätsbibliothek rund 2000 Bücher geschenkt hatte (Abb. 1). Erste Recherchen in den Zugangsbüchern ergaben, dass diese Bände fein säuberlich verzeichnet waren. Da Blome einen Teil seiner Bilder und Bücher auch aus NS-raubgutverdächtigen Provenienzen erworben hatte (zum Beispiel bei den sogenannten Judenauktionen), sollen nun die Zugänge von Blome detailliert untersucht werden. Darüber hinaus haben sich in den vergangenen Jahren Hinweise auf andere verdächtige Erwerbungen im Zeitraum 1933 bis 1945 ergeben. Schnell zeichnete sich daher ab, dass nicht nur die Bücher von Arnold Blome, sondern sämtliche Neuzugänge der Bibliothek in diesem Zeitraum systematisch untersucht werden müssen.

Mittlerweile ist ein Projektantrag bei der Arbeitsstelle für Provenienzforschung, Berlin, positiv bewilligt worden, sodass im Herbst 2014 ein zunächst auf zwei Jahre befristetes Projekt starten kann. Wir danken der Kunsthalle Bremen, die durch ihre Forschungen zu Arnold Blome einen wichtigen Anstoß zur Wiederaufnahme der Provenienzrecherche an der Staats- und Universitätsbibliothek gegeben hat.

1 Reglement für den Bremer Wehrverein, Bremen 1861, Rücktitelseite. Seit 1949 als Teil des „Vermächtnisses Helene und Arnold Blome" im Besitz der Staats- und Universitätsbibliothek Bremen

# Im Dienst der Provenienzforschung – Analyse und Dokumentation von Gemälderückseiten

*Anke Preußer*

Ausgangspunkt jeder Provenienzforschung ist das originale Kunstwerk. Neben der Zuschreibung an einen Künstler, der Datierung und der Ikonografie sind Material, Technik und Restaurierungsmaßnahmen von großer Bedeutung. Sie geben Hinweise zur Identifizierung des Werks in den Ausstellungs- und Auktionskatalogen, den Archivalien und Schriftstücken, die die häufig wechselvolle Geschichte des Objekts in unterschiedlichen Sammlungen dokumentieren.

Vor allem Rückseiten von Gemälden bieten oftmals wichtige Informationen in Form von Etiketten, Notizen oder Stempeln, die über die Zuschreibung, Besitzverhältnisse und die Herkunft eines Objekts Aufschluss geben können. Auch über den Herstellungsprozess und etwaige Veränderungen des Materialgefüges durch restauratorische Eingriffe sagen sie häufig etwas aus. So führen beispielsweise Aufspannungen auf neue Keilrahmen nicht selten zu veränderten Bildmaßen, was bei der Suche nach den historischen Spuren des Gemäldes eine wichtige Rolle spielen kann. Die Provenienzforschung wird in diesem Bereich vielfach von Restauratoren unterstützt, die Aussagen zum originalen Bestand eines Objekts treffen. Sie können spätere Zutaten beziehungsweise Veränderungen in Form von Restaurierungen aufzeigen oder Beschriftungen unterschiedlicher Art durch UV-Strahlung, Streiflichtanalyse oder Vergrößerungstechniken lesbar machen.

Bei der Provenienzforschung in der Kunsthalle Bremen wurde für jedes Gemälde eine Rückseitendokumentation erstellt, in der die Untersuchungsergebnisse festgehalten sind. Dabei wurden Beschriftungen und Aufkleber jeglicher Art in einer Abbildung der Gemälderückseite mit Nummern versehen und anschließend detailliert beschrieben. Als Beispiel dient das Gemälde *Teich mit schilfbestandenem Ufer* von Karl Peter Burnitz (Abb. 1). Es zeigt einen schilfumstandenen Teich mit schmaler, blauer Himmelszone. Das Gemälde, das 1948 als Teil des Vermächtnisses Helene und Arnold Blome in die Kunsthalle Bremen kam, befindet sich in seinem Originalzustand und weist keine größeren restauratorischen Maßnahmen auf. Es ist mit einer profilierten, vergoldeten Nadelholzleiste gerahmt. Wann der Zierrahmen montiert wurde, ist unbekannt. Er ist jedenfalls nicht ursprünglich für das Gemälde geschaffen worden, da die Innenmaße nicht mit den Außenmaßen des Bildes übereinstimmen, sondern nachträglich angepasst wurden. Für die Provenienzforschung bedeutet dies, dass Bezeichnungen und Etiketten auf diesem Zierrahmen nur bedingt berücksichtigt werden können.

Auf der Rückseite des Bildträgers befinden sich zahlreiche Papieretiketten, Stempel und handschriftliche Notizen. Ein gedrucktes Etikett ❶ trägt die Aufschrift „Kunst-Verein Bremen. / KB / Oktober 1938". Es bezieht sich auf eine Ausstellung in der Kunsthalle Bremen, die hier „KB" abgekürzt ist. Das Bild muss dort gezeigt worden sein. Dies bestätigt ein zweiter Aufkleber ❷ mit der handschriftlichen Bezeichnung „P. Burnitz / Am Teich / Sonderausstellung Bremer / Kunsthalle". Diese Ausstellung mit dem Titel *Aus der Sammlung eines Bremers* fand von Oktober bis November 1938 statt und präsentierte eine Auswahl von Werken aus dem Besitz von Arnold Blome: Die beiden Etiketten belegen daher, dass Blome das Gemälde bereits vor diesem Zeitpunkt erworben haben muss. Während es sich bei dem ersten Etikett um eine übliche Transportbezeichnung der Kunsthalle handelt, wurden auf dem zweiten Etikett von unbekannter Hand zunächst lediglich Künstler und Titel vermerkt. Da, soweit bekannt,

**1** Karl Peter Burnitz, *Teich mit schilfbestandenem Ufer*, Kunsthalle Bremen – Der Kunstverein in Bremen

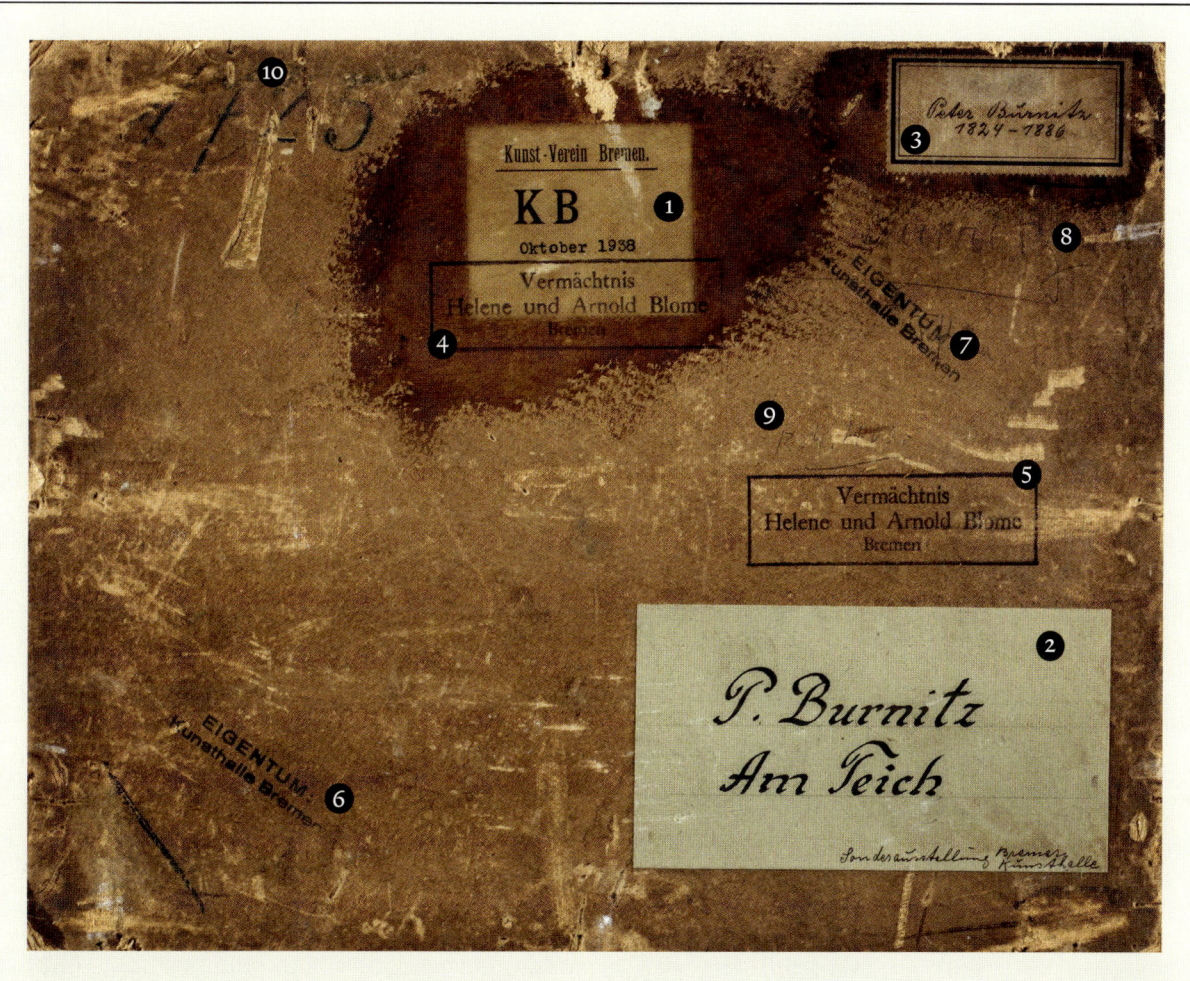

**2** Karl Peter Burnitz, Rückseite des Gemäldes, *Teich mit schilfbestandenem Ufer*, Kunsthalle Bremen – Der Kunstverein in Bremen

alle Werke von Blome, die in dieser Ausstellung gezeigt wurden, diese Art Etikett aufweisen, wurde es vermutlich von Mitarbeitern der Kunsthalle angebracht. Blome selbst fügte dann den Hinweis „Sonderausstellung Bremer / Kunsthalle" hinzu. Ein drittes Etikett ❸ ist das typische Sammleretikett von Arnold Blome. Es findet sich auf allen Gemälden aus seiner Privatsammlung seit 1946. Hier vermerkte er Namen und Lebensdaten des Künstlers sowie die Nummer seines privaten Gemäldeinventars.

Die Rückseite des Bildes trägt ferner je zwei Vermächtnisstempel Arnold Blomes ❹❺ und Eigentumsstempel der Kunsthalle Bremen ❻❼. Handschriftlich sind direkt auf der Rückseite zum einen der Name „Burnitz" vermerkt worden ❽, zum anderen gibt die Notiz „RM 400,–" eventuell einen Hinweis auf einen Kaufbetrag ❾. RM ist in diesem Fall die Abkürzung für Reichsmark, die gültige Währung zwischen 1924 und 1948. Diese Notiz wurde von unbekannter Hand geschrieben. Was die Zahl 1725 in der oberen linken Ecke ❿ bedeutet, konnte bisher nicht ermittelt werden. Eventuell handelt es sich um die Losnummer bei einer Versteigerung, dazu würde auch der Schätzpreis von 400 Reichsmark passen.

Nach seinem Gemäldeinventar hat Blome das Bild bei einer Glashandlung Weiter in Frankfurt am Main erworben. Dazu gibt es auf der Rückseite jedoch keine Hinweise. Es muss allerdings bedacht werden, dass Etiketten und handschriftliche Bezeichnungen in Kreide, Bleistift oder Buntstift von ihrem Zweck her rein funktional und von ihrem Material her nur flüchtige Zeugen der Geschichte der Kunstwerke sind. Sie wurden in der Regel von einem neuen Eigentümer entfernt, sodass häufig gar keine oder nur Fragmente zu finden sind. Auch in unserem Fall kann die Frage, wann und von wem Arnold Blome das kleine Bild erworben hat, allein durch die Analyse der Rückseite nicht abschließend geklärt werden. Sie liefert jedoch wertvolle Hinweise und unverwechselbare Indizien für weitere Nachforschungen in Bibliotheken und Archiven.

# Katalog der Werke mit ihren Provenienzen

*Brigitte Reuter*

### Arnold Blome – Geschenke und Verkäufe an die Kunsthalle Bremen

Im Folgenden sind die Gemälde und Skulpturen, die über Arnold Blome in die Kunsthalle Bremen kamen, mit ihren Provenienzen aufgeführt. Eingeschlossen sind auch später verkaufte und verschollene Kunstwerke. Die 624 Papierarbeiten aus dem Vorbesitz Arnold Blome konnten aus Platzgründen hier nicht verzeichnet werden.

#### 1936

**1**
Johann Jacob Witte
1816 – Bremen – 1894
*Helgoländer Fischerboot*
Öl auf Leinwand
35,5 × 44,5 cm
Inv. 172-1936/12
Provenienz:
Arnold Blome, Bremen,
mind. 1936 –
1936 erworben von der Kunsthalle Bremen für 100 RM –
1989 verkauft bei Bolland & Marotz, Bremen, Auktion 55, Nr. 725

**2**
Anonym, 16. Jahrhundert
(Kopie nach
Hans Rottenhammer)
*Thronende Madonna*
Öl auf Kupfer
23 × 19 cm
Inv. 198-1936/15
Provenienz:
Arnold Blome, Bremen,
mind. März 1936 –
Im März 1936 erworben von der Kunsthalle Bremen für 750 RM

**3**
Wilhelm Krause
1803 Dessau – Berlin 1864
*Seestück,* 1845 (vormals *Rettung Schiffbrüchiger*)
Öl auf Papier auf Pappe
13 × 22 cm
Bez. u. r.: W. Krause. fc. 1845
Inv. 257-1936/21
Provenienz:
Kunsthandlung Heinz Spielmeyer, Dessau,
mind. Februar 1937 –
Arnold Blome, Bremen,
Februar 1937 –
Im Februar 1937 erworben von der Kunsthalle Bremen für 31,50 RM als Geschenk des Galerievereins

**4** (Farbtaf. S. 25)
Alessandro Magnasco
1667 – Genua – 1749
*Landschaft mit betenden Mönchen,*
um 1700
Öl auf Leinwand, doubliert
66 × 49,8 cm
Inv. 268-1936/22
Provenienz:
Anhaltinische Gemäldegalerie Dessau, mind. 1932 bis max. Dezember 1936 –
Kunsthandlung Heinz Spielmeyer, Dessau, mind. Januar bis Februar 1937 –
Arnold Blome, Bremen,
mind. Februar bis März 1937 –
Im März 1937 erworben von der Kunsthalle Bremen für 3000 RM als Geschenk des Galerievereins.
Das Gemälde wird bereits 1932 im Bestandskatalog der Kunsthalle Bremen aufgeführt und Ende 1936 inventarisiert. Die Bezahlung und somit der Eigentümerwechsel fand jedoch erst Anfang 1937 (Rechnungsdatum) statt.

#### 1937

**5**
Carl Georg Köster
1812 Hamburg – Düsseldorf 1893
*Abendliche Heidelandschaft*
Öl auf Holz
25 × 35 cm
Bez. u. r.: C. G. Köster
Inv. 355-1937/3
Provenienz:
Auktion im Hildebrandhaus, Amtliche Fürsorgestelle, Albutenstraße 1a, Bremen,
Juni 1937 –
Arnold Blome, Bremen,
mind. Juni 1937 –
Im Juni 1937 erworben von der Kunsthalle Bremen für 100 RM –
Am 25.11.1987 verkauft an die Sparkasse Bremen

#### 1938

**6**
Paul Emil Jacobs
1802 – Gotha – 1866
*Griechische Landschaft* (Studie),
1838
Öl auf Papier auf Holz
30 × 28 cm
Bez. auf dem umgeschlagenen Teil des Papieres: E. Jacobs
Inv. 480-1938/3
Provenienz:
Auktion Max Perl, Berlin,
29.–30.11.1937, Nr. 198,
Los Nr. 1073 und 1075
(Konvolute) –
Arnold Blome, Bremen,
30.11.1937 (für insgesamt 53 RM) bis 1938 –
1938 erworben von der Kunsthalle Bremen für 25 RM

### 1946

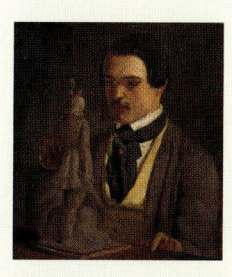

**7**
Theobald Reinhold Freiherr
von Oer
1807 Nottbeck/Westfalen –
Coswig/Sachsen 1885
*Bildnis eines Bildhauers*
Öl auf Leinwand
32 × 29 cm
Inv. 608-1946/6
Provenienz:
Auktion Internationales
Kunst- und Auktions-Haus
Berlin, max. 1935 –
Arnold Blome, Bremen,
mind. 1935 bis 12.10.1946 –
Am 12.10.1946 erworben von
der Kunsthalle Bremen als
Geschenk von Arnold Blome

### 1947

**8** (Farbtaf. S. 36)
Karl Dannemann
1896 Bremen – Werder 1945
*Expressionistische Komposition,*
späte 1920er Jahre
Öl auf Leinwand
69 × 53,5 cm
Bez. u. r.: K. Dannemann
Inv. 76-1947/1
Provenienz:
Buch- und Kunsthandlung
Franz Leuwer, Bremen,
mind. 18.5.1946 –
Arnold Blome, Bremen,
18.5.1946 (für 750 RM) bis
29.1.1947 –
Am 29.1.1947 erworben von
der Kunsthalle Bremen
als Vermächtnis Helene und
Arnold Blome

**9** (Farbtaf. S. 29)
Friedrich Nerly
(eigentl. Friedrich Nehrlich)
1807 Erfurt – Venedig 1878
*Canale Grande mit Blick auf
Santa Maria della Salute in
Venedig,* um 1845
Öl auf Leinwand
67,5 × 86 cm
Bez. u. r.: F. Nerly. f.
Inv. 381-1947/5
Provenienz:
G. M. Wittich, Berlin,
mind. 1898 –
Arnold Blome,
mind. 25.1.1947 –
Am 25.1.1947 erworben von
der Kunsthalle Bremen
als Vermächtnis Helene und
Arnold Blome

**10** (Farbtaf. S. 24)
Jan Cornelisz. Holblock
um 1612 – Amsterdam – 1679
*Ideallandschaft,* um 1660
Öl auf Leinwand
67 × 85 cm
Bez. u. r.: J. Holblock
Inv. 383–1947/6
Provenienz:
Kaspar Heinrich Freiherr von
Sierstorpff, Bad Driburg, 1802
bis max. 29.3.1842 –
Gemäldegalerie Bad Driburg,
mind. 29.3.1842 bis 19.4.1887 –
Auktion Rudolph Lepke,
Berlin, 19.4.1887, Nr. 105 –
Wilhelm Laporte, Hannover,
19.4.1887 bis 25.5.1900 –
Emil und Else Sicker, Hannover, 25.5.1900 bis max. 1935 –
Arnold Blome, Bremen,
mind. 1935 bis 25.1.1947 –
Am 25.1.1947 erworben von
der Kunsthalle Bremen
als Vermächtnis Helene und
Arnold Blome

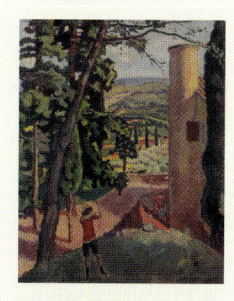

**11** (Farbtaf. S. 33)
Eugen Spiro
1874 Breslau – New York 1972
*Südliche Landschaft,* 1913
Öl auf Leinwand
80,5 × 65,3 cm
Bez. u. r.: Eugen Spiro/1913
Inv. 390-1947/7
Provenienz:
Unbekannte Privatsammlung,
Berlin, mind. 12.4.1932 –
Auktion Internationales
Kunst- und Auktions-Haus
Berlin, 12.4.1932, Nr. 425b –
Auktion Internationales
Kunst- und Auktions-Haus
Berlin, 24.5.1932, Nr. 255 –
Arnold Blome, Bremen,
24.5.1932 bis 25.1.1947 –
Am 25.1.1947 erworben von
der Kunsthalle Bremen
als Vermächtnis Helene und
Arnold Blome

**12** (Farbtaf. S. 28)
Ernst Willers
1802 Vegesack – München (?)
1880
*Eiche im Hasbruch,* 1831/35
Öl auf Pappe
64,5 × 50 cm
Inv. 395-1947/8
Provenienz:
Aline von Kapff, Bremen,
bis 21.3.1936
(Nachlassverkauf) –
Arnold Blome, Bremen,
21.3.1936 bis 25.1.1947 –
Am 25.1.1947 erworben von
der Kunsthalle Bremen
als Vermächtnis Helene und
Arnold Blome

**13**
Anonym, französisch,
18. Jahrhundert
*Amor*
Öl auf Leinwand auf Holz
81 × 61 cm
Inv. 399-1947/9
Provenienz:
Arnold Blome, Bremen,
mind. 1947 –
1947 erworben von der Kunsthalle Bremen als Vermächtnis
Helene und Arnold Blome –
Verschollen seit mind. 1991

**14**
Felix Kreutzer
1835 – Düsseldorf – 1876
*Mitteldeutsche Gebirgslandschaft,*
1865
Öl auf Leinwand
47 × 63 cm
Bez. u. l.: F. Kreutzer 65
Inv. 400-1947/10
Provenienz:
Hellmut Meyerdierks,
Bremen, mind. 16.5.1916 –
Clara Meyerdierks, Bremen,
16.5.1916 bis 1934 –
Auktion Meyerdierks,
Bremen, 1934 –
Arnold Blome, Bremen, 1934
bis 23.1.1947 –
Am 23.1.1947 erworben von
der Kunsthalle Bremen
als Vermächtnis Helene und
Arnold Blome

**15** (Farbtaf. S. 26)
Anonym, deutsch,
16. Jahrhundert
*Zwei Rebhühner*
Tempera auf Papier,
aufgezogen auf Holz
14 × 9,7 cm
Inv. 499-1947/11
Provenienz:
Wilhelm Herbst, Bremen,
mind. 1915 –
Emil Herbst, Bremen,
1915 bis 1940 –
Nachlass-Auktion Dr. Herbst,
Bremen, August 1941 –
Arnold Blome, Bremen,
August 1941 (für 11 RM) bis
28.1.1947 –
Am 28.1.1947 erworben von
der Kunsthalle Bremen
als Vermächtnis Helene und
Arnold Blome

**16**
Heinrich Deiters
1840 Münster –
Düsseldorf 1916
*Landschaft*
Öl auf Holz
23,5 × 30,5 cm
Inv. 500-1947/12
Provenienz:
Wilhelm Herbst, Bremen,
mind. 1915 –
Emil Herbst, Bremen,
1915 bis August 1940 –
Nachlass-Auktion Dr. Herbst,
Bremen, August 1941 –
Arnold Blome, Bremen,
August 1941 bis 23.1.1947 –
Am 23.1.1947 erworben von
der Kunsthalle Bremen
als Vermächtnis Helene und
Arnold Blome

**17**
Anonym, Deutsch-Römer,
um 1820
*Italienische Volksszene* (Studie)
Öl auf Leinwand
22,5 × 26 cm
Inv. 501-1947/13
Provenienz:
Kunstantiquariat Franz Meyer,
Dresden, mind. 8.9.1935,
Nr. 18 (15,–/24,– RM) –
Arnold Blome, Bremen,
8.9.1935 bis 23.1.1947 –
Am 23.1.1947 erworben von
der Kunsthalle Bremen
als Vermächtnis Helene und
Arnold Blome

**18**
Claude Joseph Vernet
1714 Avignon – Paris 1789
*Schiffbruch*
Öl auf Leinwand
71 × 90 cm
Inv. 502-1947/14
Provenienz:
Arnold Blome, Bremen,
mind. 1947 –
1947 erworben von der Kunsthalle Bremen als Vermächtnis Helene und Arnold Blome –
Verschollen seit mind. 1991

**19** (Farbtaf. S. 34)
Ramah (eigentl.
Henri François Raemaeker)
1887 Saint Josse-ten-Noode – Brüssel 1947
*Viehhändler*, 1925
Öl auf Leinwand
80 × 100 cm
Bez. u. r.: Ramah/1925
Inv. 504-1947/16
Provenienz:
Ausstellung, Galerie du
Centaure, Brüssel, 21.11. bis
2.12.1925 –
Ausstellung, Künstlervereinigung Cercle Artistique et
Littéraire, Waux Hall, Brüssel,
29.11. bis 9.12.1927 –
Robert Sostberg, Berlin,
9.12.1927 bis 27.9.1932 –
Nachlass-Auktion Robert
Sostberg, Internationales
Kunst- und Auktions-Haus
Berlin, 27.9.1932 –
Arnold Blome, Bremen,
27.9.1932 bis 25.1.1947 –
Am 25.1.1947 erworben von
der Kunsthalle Bremen
als Vermächtnis Helene und
Arnold Blome

**20**
Felix Meseck
1883 Danzig – Höxter 1955
*Elegische Komposition*
Verso: *Landschaft mit
weidendem Vieh*
Öl auf Leinwand
87 × 105 cm
Bez. u. r.: F. Meseck
Inv. 505-1947/17
Provenienz:
Arnold Blome, Bremen,
mind. 20.1.1947 –
Am 20.1.1947 erworben von
der Kunsthalle Bremen
als Vermächtnis Helene und
Arnold Blome

**21** (Farbtaf. S. 35)
Wilhelm Kohlhoff
1893 Berlin – Schweinfurt 1971
*Die Barke*, um 1918/19
Öl auf Leinwand
39 × 33 cm
Bez. u. r.: Kohlhoff
Inv. 509-1947/18
Provenienz:
Unbekannte Privatsammlung,
Berlin, mind. 17.11.1931 bis
29.8.1932 –
Auktion Internationales
Kunst- und Auktions-Haus
Berlin, 29.8.1932, Nr. 163 –
Arnold Blome, Bremen,
29.8.1932 bis 23.1.1947 –
Am 23.1.1947 erworben von
der Kunsthalle Bremen
als Vermächtnis Helene und
Arnold Blome

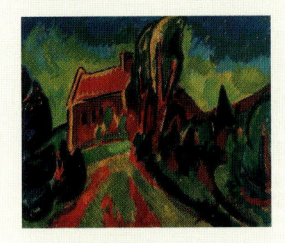

**22** (Farbtaf. S. 30)
Karl Schmidt-Rottluff
1884 Rottluff/Chemnitz –
Berlin 1976
*Das rote Haus*, 1913
Öl auf Leinwand
75 × 90 cm
Bez. u. r.: S. Rottluff 1913
Inv. 511-1947/19
Provenienz:
Im Besitz des Künstlers bis
1919 –
*Permanente Ausstellung*,
Kunsthalle Bremen, 1919 –
Kurt Specht, Bremen, 1919
(für 1400 Mark) bis 2.11.1946 –
Auktionator Otto Schoener,
Bremen, Dezember 1946 –
Arnold Blome, Bremen,
Dezember 1946 bis 21.1.1947 –
Am 21.1.1947 erworben von
der Kunsthalle Bremen
als Vermächtnis Helene und
Arnold Blome

**23** (Farbtaf. S. 31)
Erich Heckel
1883 Döbeln/Sachsen –
Radolfzell 1970
*Haus in Dangast*, 1908
Öl auf Leinwand
69 × 86,5 cm
Inv. 111-1947/20
Provenienz:
Graphisches Kabinett J. B.
Neumann, Berlin, mind. 1919 –
Kurt Specht, Bremen, 1919
(für 1200 Mark) bis 2.11.1946 –
Auktionator Otto Schoener,
Bremen, 1946 –
Arnold Blome, Bremen, 1946
bis 21.1.1947 –
Am 21.1.1947 erworben von
der Kunsthalle Bremen
als Vermächtnis Helene und
Arnold Blome

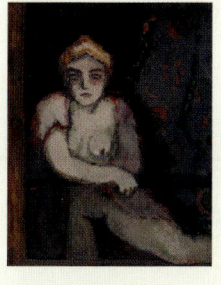

**24** (Farbtaf. S. 32)
Kees van Dongen
1877 Delfshaven/Rotterdam –
Monte Carlo 1968
*Die Bettlerin (La Mendiante)*,
um 1905/07 (vormals *Artistin*)
Öl auf Leinwand
100 × 80,7 cm
Bez. verso: Kees van
Dongen/La Mendiante
Inv. 517-1947/21
Provenienz:
Daniel-Henry Kahnweiler,
Paris, vom Künstler
erworben 1908 –
Kunstsalon Paul Cassirer,
Berlin, Juni bis Juli 1919,
Nr. 21 –
Galerie Commeter, Hamburg,
August 1919 –
Ausstellung *Kees van Dongen.*

*Frauen*, Galerie Alfred
Flechtheim, Düsseldorf,
5.–18.10.1919, Nr. 22 –
48. Sonderausstellung
*Meisterwerke deutscher Kunst aus
Hannoverschem Privatbesitz*,
Kestnergesellschaft Hannover,
5.2.–1.3.1922, Nr. 53 –
Robert Sostberg, Berlin,
mind. 27.9.1932 –
Nachlass-Auktion Robert
Sostberg, Internationales
Kunst- und Auktions-Haus
Berlin, 27.9.1932 –
Arnold Blome, Bremen,
27.9.1932 bis 25.1.1947 –
Am 25.1.1947 erworben von
der Kunsthalle Bremen
als Vermächtnis Helene und
Arnold Blome

**25**
Anonym, deutsch,
17. Jahrhundert
*Kopf eines Heiligen
(Judas Thaddäus)*
Öl auf Leinwand auf Pappe
26,5 × 22,2 cm (oval)
Inv. 521-1947/25
Provenienz:
„Kunsthaus am Wall"
(Buch- und Kunsthandlung
Franz Leuwer?), mind. 1947 –
Arnold Blome, Bremen,
mind. 1947 –
1947 erworben von der
Kunsthalle Bremen
als Vermächtnis Helene und
Arnold Blome –
Am 21.6.1990 verkauft
beim Kunsthaus Lempertz,
Köln, Auktion 652, Nr. 31

**26**
Bernhard Wiegandt
1851 Köln – Bremen 1918
*Seestück*
Öl auf Pappe
32 × 42 cm
Bez. u. r.: B Wiegandt
Inv. 522-1947/26
Provenienz:
Nachlass Bernhard Wiegandt,
Bremen, 28.3.1918
bis 25.4.1920 –
Emil Herbst, Bremen, max.
25.4.1920 bis August 1941 –
Nachlass-Auktion Dr. Herbst,
Bremen, August 1941 –
Arnold Blome, Bremen,
August 1941 bis 23.1.1947 –
Am 23.1.1947 erworben von
der Kunsthalle Bremen
als Vermächtnis Helene und
Arnold Blome

**27**
August Töpfer
1834 Ingolstadt – Bremen 1911
*Mittelgebirgslandschaft*, 1886
Öl auf Pappe auf Holz
31,5 × 40 cm
Bez. u. l.: Nammen
12. Aug. 1886
Inv. 523-1947/27
Provenienz:
Emil Herbst, Bremen,
mind. 1940 –
Nachlass-Auktion Dr. Herbst,
Bremen, August 1941 –
Arnold Blome, Bremen,
August 1941 bis 1947 –
1947 erworben von der
Kunsthalle Bremen als
Vermächtnis Helene und
Arnold Blome –
1991 verkauft beim Kunsthaus
Neumeister, München,
Auktion 259, Nr. 737

**28**
Gustav Heinrich Naecke
1785 Frauenstein/Sachsen –
Dresden 1835
*Dromedar*
Öl auf Leinwand
39 × 30 cm
Bez. o. r.: Naeke
Inv. 524-1947/28
Provenienz:
Kunsthändler Wilhelm Axt,
Dresden, mind. 1932 –
Arnold Blome, Bremen, 1932
bis 23.1.1947 –
Am 23.1.1947 erworben von
der Kunsthalle Bremen
als Vermächtnis Helene und
Arnold Blome

**29**
Johan Barthold Jongkind
1819 Lattrop – 1891 Saint-
Égrève
*Fischerboote am Meer*
Öl auf Leinwand
26 × 45 cm
Inv. 525-1947/29
Provenienz:
Arnold Blome, Bremen,
mind. 1947 –
1947 erworben von der
Kunsthalle Bremen als
Vermächtnis Helene und
Arnold Blome –
1989 verkauft bei Bolland &
Marotz, Bremen, Auktion 55,
Nr. 814

**30**
Gaston Camillo Lenthe
1805 Dresden – Schwerin 1860
*Campagnalandschaft mit Blick auf die Sabinerberge*
Öl auf Leinwand
22 × 37 cm
Bez. u. l.: [Nachlassstempel]
Inv. 526-1947/30
Provenienz:
Nachlass Gaston Lenthe,
seit 1860 –
Elfriede Streitenfeld,
Eisenach, bis August 1937 –
Arnold Blome, Bremen,
August 1937 bis 27.1.1947 –
Am 27.1.1947 erworben von der
Kunsthalle Bremen
als Vermächtnis Helene und
Arnold Blome

**31** (Farbtaf. S. 27)
Gaston Camillo Lenthe
1805 Dresden – Schwerin 1860
*Campagnalandschaft
im Sonnenschein*, 1835/36
Öl auf Leinwand
23,5 × 34,5 cm
Inv. 527-1947/31
Provenienz:
Großherzog Paul Friedrich
von Mecklenburg-Schwerin,
25.2.1836 bis 1919 –
Elfriede Streitenfeld, Eisenach,
1919 bis August 1937 –
Arnold Blome, Bremen,
August 1937 bis 27.1.1947 –
Am 27.1.1947 erworben von
der Kunsthalle Bremen
als Vermächtnis Helene und
Arnold Blome

**32**
Franz Anton Maulbertsch
(Maulpertsch)
1724 Langenargen/
Bodensee – Wien 1796
*Nymphe und Faun*, um 1786
Öl auf Leinwand, doubliert
25,4 × 31 cm
Inv. 607-1947/35
Provenienz:
Arnold Blome, Bremen,
mind. 1.10.1938 bis 1947 –
1947 erworben von der Kunsthalle Bremen als Vermächtnis
Helene und Arnold Blome

**1948**

**33**
Karl Dannemann
1896 Bremen – Werder 1945
*Selbstbildnis*, 1920
Öl auf Leinwand
44 × 35 cm
Bez. u. l.: K. Dannemann
Inv. 532-1948/1
Provenienz:
Arnold Blome, Bremen,
mind. 7.6.1947 –
Am 7.6.1948 erworben von
der Kunsthalle Bremen
als Vermächtnis Helene und
Arnold Blome

**34**
Ludwig Streitenfeld
1849 Wien – Eisenach 1930
*Sommerlandschaft*, 1872
Öl auf Leinwand
31,3 × 25,8 cm
Bez. u. l.: L. Streitenfeld 72
Inv. 533-1948/2
Provenienz:
Buch- und Kunsthandlung
Franz Leuwer, Bremen,
mind. 7.8.1946 –
Arnold Blome, Bremen,
7.8.1946 bis 7.6.1948 –
Am 7.6.1948 erworben von
der Kunsthalle Bremen
als Vermächtnis Helene und
Arnold Blome

**35** (Farbtaf. S. 37)
Kurt Edzard
1890 Bremen –
Braunschweig 1972
*Stehende Frau*, 1920
Bronze, grün-braun patiniert
43,7 (mit Sockel) × 12,5 × 10,5 cm
Bez. hinten am Sockel: K E 20;
bez. re. am Sockel: K E
Inv. 334-1948/2
Provenienz:
Im Besitz des Künstlers bis
27.5.1946 –
Arnold Blome, Bremen,
27.5.1946 (für 2000 RM)
bis 27.1.1947 –
Am 27.1.1947 erworben von
der Kunsthalle Bremen
als Vermächtnis Helene und
Arnold Blome

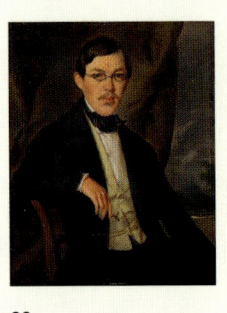

**36**
Anton Fiala
1812 Nimburg/
Böhmen – 1863 (?)
*Bildnis eines jungen Mannes*, 1850
Öl auf Holz
29 × 23,5 cm
Bez. u. l.: Fiala/1850
Inv. 534-1948/3
Provenienz:
Auktion Wiener Auktionshaus
J. Fischer, 19.10.1936, Nr. 49 –
Auktion Wiener Auktionshaus
J. Fischer, 18.3.1937, Nr. 1119 –
Buch- und Kunsthandlung
Franz Leuwer, Bremen,
mind. 7.8.1946 –
Arnold Blome, Bremen,
7.8.1946 (für 500 RM)
bis 1948 –
1948 erworben von der Kunsthalle Bremen als Vermächtnis
Helene und Arnold Blome

**37**
Matthäus Kern
1801 Riedhausen – Wien 1852
*Herrenbildnis*, 1846
Öl auf Kupfer
23,5 × 18,5 cm
Bez. r.: M Kern
[MK als Ligatur] f. 1846.
Inv. 535-1948/4
Provenienz:
Arnold Blome, Bremen,
mind. 1948 –
Am 11.6.1948 erworben von
der Kunsthalle Bremen
als Vermächtnis Helene und
Arnold Blome

# Katalog der Werke mit ihren Provenienzen

**38**
Étienne Maria Kolbe
1810 – Düsseldorf – 1834
*Damenbildnis*
Öl auf Leinwand
48 × 39 cm
Inv. 539-1948/8
Provenienz:
Arnold Blome, Bremen,
mind. 1948 –
1948 erworben von der
Kunsthalle Bremen
als Vermächtnis Helene und
Arnold Blome

**39**
Anonym, 19. Jahrhundert
(vormals Ferdinand Georg
Waldmüller)
*Herrenbildnis*
Öl auf Holz
20 × 17 cm (oval)
Inv. 540-1948/9
Provenienz:
Arnold Blome, Bremen,
mind. 22.9.1948 –
Am 22.9.1948 erworben von
Arnold Blome als Vermächtnis
Helene und Arnold Blome

**40**
Christian Erhardt
1730 Augsburg – 1805
*Landschaft aus der Umgebung von Wien*
Öl auf Leinwand
38 × 45,5 cm
Bez. u. auf dem Stein: C. E.
Inv. 541-1948/10
(2. Inv. 1094-1972/42)
Provenienz:
Arnold Blome, Bremen,
mind. 25.9.1948 –
Am 25.9.1948 erworben von
der Kunsthalle Bremen
als Vermächtnis Helene und
Arnold Blome

**41** (Abb. S. 106)
Karl Peter Burnitz
1824 – Frankfurt am
Main –1886
*Teich mit schilfbestandenem Ufer*
Öl auf Leinwand auf Pappe
23,5 × 28 cm
Inv. 550-1948/19
Provenienz:
Adolf Weiter, Glaserei und
Antiquitäten, Frankfurt am
Main, mind. 1931 –
Arnold Blome, Bremen,
mind. 1931 bis 22.9.1948 –
Am 22.9.1948 erworben von
der Kunsthalle Bremen
als Vermächtnis Helene und
Arnold Blome

## 1967

**42**
Franz Reinhold
1816 – Wien –1893
*Parklandschaft*, 1856
Öl auf Pappe
28 × 37 cm
Bez. u. r.: F. Reinhold 56.
Inv. 953-1967/1
Provenienz:
Unbekannter Vorbesitzer,
Wien, mind. 1954 –
Arnold Blome, Bremen, 1954
bis 5.1.1967 –
Am 5.1.1967 erworben von
der Kunsthalle Bremen
als Dauerleihgabe des Senators
für das Bildungswesen,
Bremen

## Heinrich Glosemeyer – Geschenke und Verkäufe an die Kunsthalle Bremen

### 1941

**43** (Farbtaf. S. 54)
Gotthardt Kuehl
1850 Lübeck – Dresden 1915
*Nähstunde im Waisenhaus*
Öl auf Leinwand
87 × 84 cm
Bez. Mi. u.: Gotthardt Kuehl
Inv. 427-1941/1
Provenienz:
Ausstellung *Einzelwerke des 19. Jahrhunderts*, Galerie Gerstenberger, Chemnitz, mind.
September bis Oktober 1935 –
Heinrich Glosemeyer, Bremen,
mind. März 1941 –
Im März 1941 erworben von
der Kunsthalle Bremen
als Geschenk von Heinrich
Glosemeyer

### 1942

**44**
Anonym, 16. Jahrhundert
(Werkstatt Jacopo Bassano)
*Landschaft mit Geburt Christi und Verkündigung an die Hirten*
Öl auf Leinwand
80,1 × 103,2 cm
Inv. 9-1941/2
Provenienz:
Heinrich Glosemeyer, Bremen,
mind. November 1941 bis
Februar 1942 –
Am 11.2.1942 erworben von der
Kunsthalle Bremen für 6500
RM als Geschenk des Galerievereins –
Am 12.12.1991 verkauft beim
Kunsthaus Neumeister, München, Auktion 259, Nr. 354

## 1943

**45** (Farbtaf. S. 53)
Leo von König
1871 Braunschweig – Tutzing/Starnberger See 1944
*Grüner Papagei vor Azaleenblüten*, 1908
Öl auf Leinwand
48,5 × 34,5 cm
Bez. u. r.: 1908/L. v. König
Inv. 512-1943/7
Provenienz:
Theodor Behrens, Hamburg, mind. 26.10.1910 bis Juni 1921 –
Witwe Theodor Behrens, Hamburg, Juni 1921 bis max. 1936 –
Heinrich Glosemeyer, Bremen, max. Juni 1921 bis Dezember 1943 –
Im Dezember 1943 erworben von der Kunsthalle Bremen für 3000 RM aus Staatsmitteln

## 1945

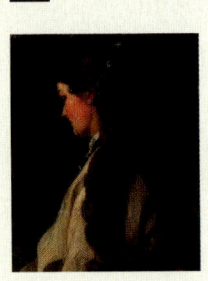

**46**
Anonym, 2. Hälfte 19. Jahrhundert
(vormals Otto Scholderer)
*Junges Mädchen*
Öl auf Pappe
40,5 × 33 cm
Inv. 530-1945/2
Provenienz:
Heinrich Glosemeyer, Bremen, mind. 22.11.1942 bis 15.12.1944 –
Am 15.12.1944 erworben von der Kunsthalle Bremen als „Geschenk eines Kunstfreundes zum 65. Geburtstag von Prof. Emil Waldmann"

## 1946

**47**
Padovani
*Seehundjagd*
Radierung
Inv. 1946/33
Provenienz:
Heinrich Glosemeyer, Bremen, mind. 1946 –
1946 erworben von der Kunsthalle Bremen als Geschenk Heinrich Glosemeyer –
Verschollen

## 1947

**48**
Filippo Falciatore
1728 – Neapel – 1768
*Judith und Holofernes*
Öl auf Kupfer
26,1 × 38,4 cm
Inv. 520-1947/24
Provenienz:
Kurt Marius Gustav Struben, Bremen, mind. 4.3.1942 –
Charlotte Struben, Bremen, 4.3.1942 bis 1946 –
Heinrich Glosemeyer, Bremen, 1946 bis 30.1.1948 –
Am 30.1.1948 erworben von der Kunsthalle Bremen als Geschenk von Heinrich Glosemeyer

## 1948

**49**
Denis van Alsloot
Um 1570 Mechelen – Brüssel um 1626
*Winterlandschaft*
Öl auf Leinwand
118 × 169 cm
Inv. 544-1948/13
Provenienz:
Unbekannter Privatbesitzer G. V., mind. Februar 1944 –
Auktion Kunsthaus Wilhelm Ettle, Frankfurt am Main, 23.2.1944, Nr. 104, Los Nr. 2 für 17 000 RM –
Heinrich Glosemeyer, Bremen, 23.2.1944 bis 1948 –
1948 erworben von der Kunsthalle Bremen als Geschenk von Heinrich Glosemeyer –
Am 21.6.1990 verkauft beim Kunsthaus Lempertz, Köln, Auktion 652, Nr. 2

**50**
Franz Skarbina
1849 – Berlin – 1910
*Sitzende Frau*
Schwarze Kreide
Inv. 1948/62
Provenienz:
Heinrich Glosemeyer, mind. 1948 –
1948 erworben von der Kunsthalle Bremen für insgesamt 75 DM im Konvolut mit Kat. 51 und 52 –
Verschollen

**51**
Emil Orlik
1870 Prag – Berlin 1932
*Männlicher Profilkopf*
Bleistift
18,8 × 14,8 cm
Inv. 1948/63
Provenienz:
Heinrich Glosemeyer, mind. 1948 –
1948 erworben von der Kunsthalle Bremen für insgesamt 75 DM im Konvolut mit Kat. 50 und 52

**52**
Emil Orlik
1870 Prag – Berlin 1932
*Otto Brahms*
Schwarze Kreide
20 × 11,9 cm
Inv. 1948/64
Provenienz:
Heinrich Glosemeyer, mind. 1948 –
1948 erworben von der Kunsthalle Bremen für insgesamt 75 DM im Konvolut mit Kat. 50 und 51

Katalog der Werke mit ihren Provenienzen 115

## 1949

**53** (Farbtaf. S. 51)
August Wilhelm Wedeking
1807 Bremen – München 1875
*Blick vom Glockenturm*, 1847
Öl auf Leinwand
43 × 35,5 cm
Bez. u. li.: A. W. Wedeking 1847
Inv. 567-1949/12
Provenienz:
Kunsthandlung A. W. Wedeking, Bremen, mind. April 1847 –
Heinrich Glosemeyer, Bremen, max. Dezember 1946 bis September 1949 –
Im September 1949 erworben von der Kunsthalle Bremen als Geschenk von Heinrich Glosemeyer

**54**
Eduard von Gebhardt
1838 Järva-Jaani –
Düsseldorf 1925
*Studie zur Beweinung Christi*
Öl auf Pappe
25,7 × 30,6 cm
Bez. u. l.: Gebhardt
Inv. 1949/118
Provenienz:
Heinrich Glosemeyer, mind. September 1949 –
Im September 1949 erworben von der Kunsthalle Bremen als Geschenk von Heinrich Glosemeyer

## 1950

**55** (Farbtaf. S. 50)
Ferdinand Georg Waldmüller
1793 Wien – Hinterbrühl 1865
*Herrenbildnis*, 1856
Öl auf Leinwand
63,5 × 50,3 cm
Bez. u. l.: F. G. Waldmüller 1856
Inv. 681-1950/6
Provenienz:
Auktion Kunsthaus Dorotheum, Wien, 6.2.1924, Konsignationsnr. 202 414 –
Kunsthandlung Dr. Nathan, Ludwigsgalerie, München, mind. 6.2.1924 bis max. 1.8.1949 –
Heinrich Glosemeyer, Bremen, mind. 1.8.1949 bis November 1950 –
Im November 1950 erworben von der Kunsthalle Bremen als Geschenk von Heinrich Glosemeyer

**56**
Lovis Corinth
1858 Tapiau/Ostpreußen –
Zandvoort 1925
*Landschaft bei Tapiau*, 1918
Aquarell
25 × 31,5 cm
Bez. u. r.: Lovis Corinth/Tapiau 1918
Inv. 1950/211
Provenienz:
Kunsthandlung W. Hallensleben, Zerbst/Anhalt, mind. 1950 –
Heinrich Glosemeyer, Bremen, 1950 –
Am 17.11.1950 erworben von der Kunsthalle Bremen aus Staatsmitteln

## 1953

**57**
Anonym, 19. Jahrhundert
(vormals Thomas Lawrence)
*Zwei musizierende junge Mädchen*
Öl auf Leinwand
137,2 × 103,7 cm
Inv. 593-1952/7
Provenienz:
Unbekannter Privatbesitzer, New York,
mind. 1926 bis max. 1928 –
Marcell Nemes, Budapest/München, mind. 1928 bis 28.10.1930 –
Zweite Nachlass-Auktion Marcell Nemes, Galerie Hugo Helbing, München, 2.11.1933, Nr. 172 –
Heinrich Glosemeyer, Bremen, max. Januar 1947 bis Februar 1953 –
Im Februar 1953 erworben von der Kunsthalle Bremen

**58**
Floris van Schooten
1885/88 – Haarlem 1656
*Frühstücksstillleben*, um 1640/50
Öl auf Eichenholz
52,5 × 83,5 cm
Bez. u. r.: F. v. S.
Inv. 777-1953/23
Provenienz:
Heinrich Glosemeyer, Bremen, mind. 28.1.1949 bis Mai 1953 –
Im Mai 1953 erworben von der Kunsthalle Bremen im Tausch gegen Gemälde von Alexandre Calame, Johann Rieger und Heinrich Schilking

## 1955

**59** (Farbtaf. S. 55)
Max Liebermann
1847 – Berlin – 1935
*Papageienallee*, 1902
Öl auf Leinwand
88,1 × 72,5 cm
Bez. u. Mi.: M. Liebermann
Inv. 690-1955/10
Provenienz:
Kunstsalon Paul Cassirer, Berlin, mind. 16.4.1902 bis 17.10.1903 –
Eduard Arnhold, Berlin, 17.10.1903 bis 10.8.1925 –
Johanna Arnhold, Berlin, 10.8.1925 bis 7.2.1929 –
Elisabeth Clewing, Berlin, 7.2.1929 bis Juli 1942 –
Heinrich Glosemeyer, Bremen, Juli 1942 bis 27.10.1955 –
Am 27.10.1955 erworben von der Kunsthalle Bremen, zusammen mit Kat. 60 und 61, aus Staatsmitteln (Sonderbewilligung der Freien Hansestadt Bremen)

**60** (Farbtaf. S. 52)
Jan Fyt
1611 – Antwerpen – 1661
*Jagdstillleben*, 1648/52
Öl auf Leinwand
90 × 101 cm
Inv. 691-1955/11
Provenienz:
Unbekannter Privatbesitzer,
mind. Oktober 1902 –
Auktion Rudolph Lepke,
Berlin, 21.10.1902, Nr. 64 –
Gräfin Rümerskirch, Salzburg,
mind. 21.10.1902 bis 23.3.1903 –
Auktion Hugo Helbing,
München, 23.3.1903, Nr. 25 –
Unbekannte Privatsammlung,
Bremen, mind. 1942 –
Heinrich Glosemeyer, 1942
(durch Vermittlung der Kunsthalle Bremen) bis 27.10.1955 –
Am 27.10.1955 erworben
von der Kunsthalle Bremen,
zusammen mit Kat. 59 und 61,
aus Staatsmitteln (Sonderbewilligung der Freien Hansestadt Bremen)

**61** (Farbtaf. S. 57)
Paula Modersohn-Becker
1876 Dresden-Friedrichstadt –
Worpswede 1907
*Säugling mit der Hand der Mutter*,
1901/03
Öl auf Leinwand
31,3 × 26,7 cm
Inv. 692-1955/12
Provenienz:
Rainer Maria Rilke,
Worpswede, 25.12.1905 bis
max. 1919 –
Clara Rilke-Westhoff, Fischerhude, mind. 1919 bis mind.
4.5.1952 –
Heinrich Glosemeyer, Bremen,
mind. 9.3.1954 bis 27.10.1955 –
Am 27.10.1955 erworben von
der Kunsthalle Bremen,
zusammen mit Kat. 59 und 60,
aus Staatsmitteln (Sonderbewilligung der Freien Hansestadt Bremen)

**1957**

**62**
Max Liebermann
1847 – Berlin – 1935
*Holländische Bäuerin mit Kind auf dem Schoß*, 1916
Feder, laviert und aquarelliert
25,7 × 20 cm
Bez.: Max Liebermann, Wiesbaden 30/9.16, mit Widmung
Inv. 1957/140
Provenienz:
Heinrich Glosemeyer, Bremen,
mind. 1957 –
1957 erworben von der Kunsthalle Bremen als Geschenk von
Heinrich Glosemeyer

**1995**

**63** (Farbtaf. S. 56)
Fritz von Uhde
1848 Wolkenburg/Sachsen –
München 1911
*Zwei Mädchen*, 1909
Öl auf Leinwand
110 × 89 cm
Bez. u. r.: F. von Uhde
Inv. 1344-1995/2
Provenienz:
*Internationale Kunstausstellung*,
München, 1.6. bis 31.10.1909,
Nr. 1583 (im Besitz des
Künstlers) –
Kunsthandlung Fritz Gurlitt,
Berlin, mind. 2. – 19.12.1910 –
Privatsammlung L. B., Berlin,
max. 19.12.1910 bis 18.10.1940 –
Auktion Hans W. Lange,
Berlin, 18.10.1940, zum
Schätzpreis von 4000 RM –
Kunsthandlung Rudolph Axt,
Dresden, 18.10.1940 (für
3000 RM) bis max. Juli 1942 –
Heinrich Glosemeyer, Bremen,
mind. Juli 1942 bis 7.8.1969 –
Elisabeth Glosemeyer,
Bremen, 7.8.1969 bis 1995 –
1995 erworben von der
Kunsthalle Bremen als
Geschenk von Elisabeth und
Heinrich Glosemeyer

**2000**

**64**
Paula Modersohn-Becker
1876 Dresden-Friedrichstadt –
Worpswede 1907
*Stehendes Kind nach links gewandt vor Landschaft*, 1900–1903
Tempera auf Pappe
26,1 × 10,3 cm
Inv. 1362-2000/4
Provenienz:
Otto Modersohn, Worpswede,
21.11.1907 bis 10.3.1943 –
Konrad Tegtmeier, Worpswede, 10.3.1943 bis 1946 –
Heinrich Glosemeyer, Bremen,
1946 bis 7.8.1969 –
Elisabeth Glosemeyer, Bremen, 7.8.1969 bis 2000 –
2000 erworben von der Kunsthalle Bremen als Geschenk von
Elisabeth Glosemeyer

Katalog der Werke mit ihren Provenienzen 117

Hugo Oelze – Geschenke und Verkäufe an die Kunsthalle Bremen

## 1949

**65**
Benno Elkan
1877 Dortmund – London 1960
*Gerhart Hauptmann*, 1922
Zweiseitiger Bronzeguss, brüniert
Ø 13,5 cm
Inv. 342-1949/4
Provenienz:
Hugo Oelze, Amsterdam, mind. September 1949 –
Im September 1949 erworben von der Kunsthalle Bremen als Geschenk von Hugo Oelze

## 1952

**66**
Johann Martin Däubler
1756 – Nürnberg – 1821
*Landschaft*
Gouache
17,2 × 22,6 cm
Inv. 1952/285
Provenienz:
Hugo Oelze, Amsterdam, mind. 1952 –
1952 erworben von der Kunsthalle Bremen

## 1953

**67** (Farbtaf. S. 71)
Eugène Cicéri
1813 Paris – Bourron-Marlotte 1890
*Gesellschaft am Flussufer*, um 1870/75
Öl auf Leinwand
32 × 40,5 cm
Inv. 616-1953/8
Provenienz:
Unbekannter Vorbesitzer, mind. September 1953 –
Hugo Oelze, Amsterdam, September 1953 –
Am 30.9.1953 erworben von der Kunsthalle Bremen

## 1954

**68**
Cornelis de Vos (?)
1585 Hulst – Antwerpen 1651
*Knabenbildnis*
Schwarze und weiße Kreide
30,5 × 26 cm
Inv. 1954/132
Provenienz:
Hugo Oelze, Amsterdam, mind. 1954 –
1954 erworben von der Kunsthalle Bremen als Geschenk von Hugo Oelze

## 1955

**69**
Max Liebermann
1847 – Berlin – 1935
*Studienblatt mit Netzflickerinnen*
Verso: *Waldstudie*
33,3 × 57,4 cm
Schwarze Kreide
Inv. 1955/152
Provenienz:
Hugo Oelze, Amsterdam, mind. 1955 –
1955 erworben von der Kunsthalle Bremen

## 1957

**70** (Farbtaf. S. 68)
Clodion (Claude Michel)
1738 Nancy – Paris 1814
*Bacchantenzug*, 1787 (Nachguss, 19. Jh.)
Relief, Bronze, dunkelbraun patiniert
21,5 × 51 × 2,5 cm
Inv. 394-1957/2
Provenienz:
Hugo Oelze, Amsterdam, mind. 1957 –
1957 erworben von der Kunsthalle Bremen als Geschenk von Hugo Oelze

## 1960

**71**
Max Beckmann
1884 Leipzig – New York 1950
*Adam und Eva*, 1917
Radierung, Kaltnadel
Blatt 49,5 × 31,9 cm
Platte 24 × 18 cm
Bez. u. l.: Adam u Eva (Probedruck); u. r.: Beckmann
Inv. 1960/6
Provenienz:
Georg Swarzenski, Frankfurt am Main/Brookline, Massachusetts, USA, erwoben vom Künstler, 1917 bis 14.6.1957 –
Georg jun. und Hans Swarzenski, 14.6.1957 bis März 1960 –
Hugo Oelze, Amsterdam, April 1960 –
Am 4.4.1960 erworben von der Kunsthalle Bremen

## 1961

**72**
Abraham van Beijeren
um 1620/21 Den Haag – Overschie 1690
*Stillleben mit Instrumenten* (Fragment)
Öl auf Holz
41,5 × 119 cm
Inv. 849-1961/19
Provenienz:
Hugo Oelze, Amsterdam, mind. März 1961 bis 17.6.1961 –
Am 17.6.1961 erworben von der Kunsthalle Bremen als Geschenk von Hugo Oelze anlässlich der Wiedereröffnung der Kunsthalle

118  Katalog der Werke mit ihren Provenienzen

**1963**

**73**
Giovanni Francesco Barbieri,
gen. Il Guercino
1591 Cento – Bologna 1666
*Mädchen, Vorhang raffend*
Feder in Braun
20,3 × 31 cm
Inv. 1963/164
Provenienz:
Hugo Oelze, Amsterdam,
mind. März 1963 –
Am 12.3.1963 erworben
von der Kunsthalle Bremen –
Verschollen

**1964**

**74**
Anne Louis Girodet (?)
1767 Montargis – Paris 1824
*Mythologische Szene*
Schwarze Kreide
33,6 × 25,3 cm
Inv. 1964/541
Provenienz:
Hugo Oelze, Amsterdam,
mind. Dezember 1964 –
Am 9.12.1964 erworben
von der Kunsthalle Bremen –
Verschollen

**75**
Achille (?) Devéria
1800 – Paris – 1857
*Mädchen am Klavier*
Feder und Pinsel in Braun auf
schwarzer Kreide
23,6 × 18,2 cm
Inv. 1964/542
Provenienz:
Hugo Oelze, Amsterdam,
mind. Dezember 1964 –
Am 9.12.1964 erworben von
der Kunsthalle Bremen

**1965**

**76**
Louise Abbéma
1853 Étampes – Paris 1927
*Sarah Bernhardt*, 1875
Einseitiger Bronzeguss
Ø 15,8 cm
Inv. 426-1965/3
Provenienz:
Hugo Oelze, Amsterdam,
mind. Dezember 1965 –
Am 31.12.1965 erworben
von der Kunsthalle Bremen

**77**
Anonym, französisch,
18. Jahrhundert
*Drei Putten*
Rötel
13,9 × 12 cm
Inv. 1965/414
Provenienz:
Hugo Oelze, Amsterdam,
mind. Dezember 1965 –
Am 31.12.1965 erworben
von der Kunsthalle Bremen –
Verschollen

**1966**

**78**
Jusepe di Ribera
1591 Xàtiva – Neapel 1652
*Der kleine Hieronymus*
Rötel
20,2 × 28,3 cm
Inv. 1966/333
Provenienz:
Hugo Oelze, Amsterdam,
mind. Juli 1966 –
Am 7.7.1966 erworben von der
Kunsthalle Bremen –
Verschollen

**1967**

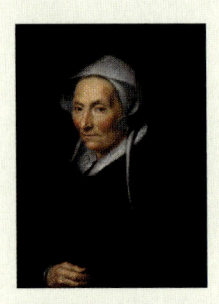

**79** (Farbtaf. S. 69)
Cornelis Ketel
1548 Gouda – Amsterdam 1616
*Frauenbildnis*, 1600
Öl auf Eichenholz
Bez. M. r.: Aetatis 76 / Ao. 1600
66 × 49,5 cm
Inv. 959-1967/7
Provenienz:
Hugo Oelze, Amsterdam,
Mai 1944 bis April 1967 –
Im April 1967 erworben von
der Kunsthalle Bremen
als Vermächtnis Hugo Oelze

**80** (Farbtaf. S. 73)
Camille Pissarro
1830 Charlotte Amalie/Saint
Thomas – Paris 1903
*Im Gras liegendes Mädchen*, 1882
Öl auf Leinwand
64,5 × 78 cm
Bez. u. li.: C. Pissarro 82
Inv. 960-1967/8
Provenienz:
Galerie Durand-Ruel, Paris,
vom Künstler erworben,
30.5.1882 bis 13.2.1899 –
Galerie Bernheim-Jeune,
Paris, 13.2.1899 –
Léon Morot, Paris,
mind. 1929 –
Kunsthandlung E. J. van
Wisselingh, Amsterdam, 1929
bis 1935 –
M. H. Stevenson Southam,
Ottawa, 1935 bis 1938 –
Kunsthandlung E. J. van
Wisselingh, Amsterdam,
1938 bis 1940 –
Unbekannte Privatsammlung
in den Niederlanden
(Hugo Oelze?), mind. 1950 –
Hugo Oelze, Amsterdam,
mind. April 1967 –
Am 10.4.1967 erworben
von der Kunsthalle Bremen als
Vermächtnis Hugo Oelze

**81**
Werkstatt Jan Sanders van
Hemessen
1500 Hemiksem –
Haarlem 1566
*Judith*, 1533–1537
Öl auf Eichenholz, parkettiert
100,5 × 76,5 cm
Inv. 061-1967/9
Provenienz:
Hugo Oelze, Amsterdam,
mind. April 1967 –
Im April 1967 erworben von
der Kunsthalle Bremen
als Vermächtnis Hugo Oelze

**82** (Farbtaf. S. 72)
Hans Thoma
1839 Bernau/Schwarzwald –
Karlsruhe 1924
*Küste bei La Spezia*, 1874
33,5 × 45,5 cm
Inv. 970-1967/18
Provenienz:
Wilhelm Oelze, Bremen,
mind. 15.5.1918 bis 31.10.1942 –
Friedrich Wilhelm Oelze,
Bremen, und Hugo Oelze,
Amsterdam, 31.10.1942
bis 1967 –
1967 erworben von der
Kunsthalle Bremen
als Vermächtnis Friedrich
Wilhelm und Hugo Oelze

## 1968

**83**
Anonym, französisch, nach
1802
*Madame Récamier*
Modell für die Manufaktur
Samson, Paris
Terrakotta
42 × 35 × 19,5 cm
Inv. 441-1968/1
Provenienz:
Hugo Oelze, Amsterdam,
mind. 1967 bis 26.4.1968 –
Auktion Nachlass Hugo Oelze,
Paul Brandt, Amsterdam,
23.–26.4.1968, Nr. 49 –
Am 23–26.4.1968 erworben
von der Kunsthalle Bremen
als Stiftung der Reis- und
Handels-GmbH, Bremen

**84**
Antoine Guillemet
1841 Chantilly – Mareuil-sur-
Belle/Dordogne 1918
*Landschaft mit Windmühle*
Öl auf Leinwand
23,9 × 35,10 cm
Bez. u. li.: A. Guillemet
Inv. 993-1968/5
Provenienz:
Hugo Oelze, Amsterdam,
mind. April 1967
bis 26.4.1968 –
Auktion Nachlass Hugo Oelze,
Paul Brandt, Amsterdam,
23.–26.4.1968, Nr. 114 –
Am 23.–26.4.1968 erworben
von der Kunsthalle Bremen

**85** (Farbtaf. S. 70)
Antoine-Jean Gros
1771 Paris – Meudon 1835
*Die Jagd der Atalante*, 1. Drittel
19. Jahrhundert
Öl auf Papier auf Leinwand
42 × 59,5 cm
Inv. 1067-1972/15
Provenienz:
Hugo Oelze, Amsterdam,
mind. Februar 1964 bis
26.4.1968 –
Auktion Nachlass Hugo Oelze,
Paul Brandt, Amsterdam, 23.–
26.4.1968, Nr. 9 –
Am 23.–26.4.1968 erworben
von der Kunsthalle Bremen
als Vermächtnis Friedrich
Wilhelm und Hugo Oelze

# Anhang

## Abkürzungen

**ALIU**
Art Looting Intelligence Unit

**BADV**
Bundesamt für zentrale Daten und offene Vermögensfragen, Berlin

**BArch**
Bundesarchiv Koblenz

**CCP**
Central Collecting Point

**DHM**
Deutsches Historisches Museum, Berlin

**HAHK**
Historisches Archiv der Hamburger Kunsthalle

**LAB**
Landesarchiv Berlin

**LMO**
Landesmuseum für Kunst und Kulturgeschichte Oldenburg

**LMO-MW**
Landesmuseum für Kunst und Kulturgeschichte Oldenburg, Nachlass Müller-Wulckow

**MKG**
Museum für Kunst und Gewerbe Hamburg

**NARA**
National Archives and Records Administration, Washington D. C.

**NK**
Nederlands Kunstbezit

**RKD**
Rijksbureau voor Kunsthistorische Documentatie, Den Haag

**SNK**
Stichting Nederlands Kunstbezit

**StA**
Stadtarchiv

**StAB**
Staatsarchiv Bremen

**StAHH**
Staatsarchiv der Freien und Hansestadt Hamburg

**WASt**
Wehrmachtsauskunftsstelle für Kriegerverluste und Kriegsgefangene

**ZADIK**
Zentralarchiv des internationalen Kunsthandels, Köln

## Archivbestände

Stadtarchiv Amsterdam
- Meldekartei der Fremdenpolizei

Deutsche Dienststelle für die Benachrichtigung der nächsten Angehörigen von Gefallenen der ehemaligen deutschen Wehrmacht (WASt), Berlin
- Archiv der Wehrmachtsunterlagen

Landesarchiv Berlin (LAB)
- LAB A Rep. 243-04, Reichskammer der bildenden Künste – Landesleitung Berlin

Archiv der Böttcherstraße, Bremen
- Akte Ausstellung Schiestl-Arding 1963 (Schriftwechsel mit Heinrich Glosemeyer)

Kunsthalle Bremen
- Aktenarchiv
- Ausstellungsbücher der Kunsthalle Bremen
- Bildakten
- Das Goldene Buch der Stifter und Mäzene. Schenkungen bis 1972
- Inventarbücher der Kunsthalle Bremen
- Nachlass Emil Waldmann

Nachlass Arnold Blome, Bremen

Privatarchiv Rolf Ohse, Bremen
- Korrespondenz Arnold Blome mit Rolf Ohse, 1965–1966

Staatsarchiv Bremen (StAB)
- StAB 4,114/312-13, Nordische Kunsthochschule, Findbuch Nimz, Bremen 2007, Nr. 12, Studentenlisten 1907–1944
- StAB 4,128, Feuerwehr, Za 247, Bericht über Tätigkeit und Verwaltung der Bremer Feuerwehr 1936/37 (1937), Sammlung der Tagesbefehle, Bd. 1–4
- StAB 4,24-FC VII 9, Seemanns-Amt Bremen, Akte Schiff Großherzogin Elisabeth, Oldenburg
- StAB 4,54-E 2558, Entnazifizierungsakte Heinrich Jördens, Teil 1 und 2
- StAB 4,42/3-6 und 7, Jüdisches Umzugsgut, Kassenbuch und Versteigerungsprotokolle
- StAB 4,75,5-1401, Hanseaten-Werke AG, Bremen, Bauakte, Glosemeyer & Feder
- StAB 4,82/1, Einwohnermeldekartei
- StAB 7,51-15, Altregistratur, Blome, Bd. 1, 1958
- StAB 7,66-779, Gartenhof Hanseaten-Werke, Ansicht und Grundriss, Architekt Christian Roselius, Bremen

Übersee-Museum Bremen
- Aktenarchiv, Korrespondenz
- Aktenarchiv, Schenkungen an das Museum

Algemeen Rijksarchief, Den Haag
- Archief Stichting Nederlands Kunstbezit (SNK)

Rijksbureau voor Kunsthistorische Documentatie (RKD), Den Haag
- Fotodokumentation
- Archief Max Jacob Friedländer
- Archief Kunsthandlung Piet de Boer

Historisches Archiv der Hamburger Kunsthalle (HAHK)
- Slg. 5, Kaufangebote, 1.4.1943–1.5.1948
- Slg. 5, Kaufangebote, 1.5.1948–30.6.1949
- Slg. 19, Kaufangebote und Ankäufe Architekt Gutschow 1943–1947
- 32-225.4, Verkäufe von Gemälden

Museum für Kunst und Gewerbe Hamburg (MKG)
- Archiv, Geschenk-Lagerbuch V 1953-61, Nr. 4041, Inv. 1953.124
- Archiv, Lagerbuch I u (1955–1966), Nr. 6088 (17178), Inv. 1956-3531
- Archiv, Anfragen 1955–1980
- Archiv, Ausst. 33, Korresp.
- Archiv, Ausst. 33 6 Sammler

Staatsarchiv der Freien und Hansestadt Hamburg (StAHH)
- 363-6 Kulturbehörde, B 36, Dienstreisen von Mitarbeitern der Kunsthalle 1943–1951

Bundesarchiv Koblenz (BArch)
- BArch Koblenz, B 323/153, „Sonderauftrag Linz". Rechnungen über Ankäufe aus dem Kunsthandel und von privat in Deutschland und Österreich; Zahlungsanweisungen der Reichskanzlei 1943–45, Bd. 1–2
- BArch Koblenz, B 323/173 und B 323/174, „Sonderauftrag Linz". Rechnungen, Überweisungsanträge sowie -aufträge 1944–45, Bd. 1–2
- BArch Koblenz, B 323/191, Consolidated Interrogation Report No. 4, Linz Hitler's Museum and Library, 15.12.1945
- BArch Koblenz, B 323/331, Aussagen und Erklärungen von Händlern und Verkäufern A–J
- BArch Koblenz B 323/574, Sonderauftrag Linz, Korrespondenz Galerie Almas, München
- BArch Koblenz B 323/575, Sonderauftrag Linz, Korrespondenz Erhard Göpel

Zentralarchiv des internationalen Kunsthandels, Köln (ZADIK)
- ZADIK A13 Galerie Michael Hertz, IV

Stadtarchiv Lüneburg
- Einwohnermeldekartei

LWL-Landesmuseum für Kunst und Kulturgeschichte, Münster
- Archiv, Korrespondenz Arnold Blome, Inv. 129/49

Landesmuseum für Kunst und Kulturgeschichte Oldenburg (LMO)
- Altaktenarchiv
- Nachlass Müller-Wulckow (LMO-MW)

## Bibliografie

Albrecht 1967
K. Albrecht: Ein Sammler, der auch gemalt hat, in: *Bremer Nachrichten*, 22.4.1967

Apelt 1958
Hermann Apelt: *Erinnerungen aus 57 Jahren Kunstverein*, Bremen 1958

Augustiny 1938
Waldemar Augustiny: Ausstellung in der Kunsthalle. Unbekannte Bremer Privatsammlung, in: *Bremer Zeitung*, 5.10.1938

Blome 1970
Arnold Blome: *Bericht für meinen Peter*, unveröffentlichtes Manuskript, Nachlass Arnold Blome, Bremen

Bremer Adressbuch
*Bremer Adressbuch*, 1794–2002, siehe auch Onlineausgabe bis Bestand 1955, Staats- und Universitätsbibliothek Bremen 2013 <http://nbn-resolving.de/urn:nbn:de:gbv:46:1-2132>

Bremer Illustrierte 1966
Anonym: „… sonst bleibt mir nur der Freitod!", in: *Bremer Illustrierte* 1, 1966, Nr. 3, S. 24–27

Bremer Nachrichten 1966
G. A.: Sein Selbstporträt zeigt einen Harlekin. Arnold Blome – ein Bremer Original – In seiner Wohnung stapeln sich Kunstschätze, in: *Bremer Nachrichten*, 6.7.1966

Bremer Nachrichten 1967
Anonym: Die Bremer Kunsthalle bekam drei wertvolle Ölbilder geschenkt, in: *Bremer Nachrichten*, 13.12.1967

Bruhns 2001
Maike Bruhns: *Kunst in der Krise*, Bd. 1: Hamburger Kunst im „Dritten Reich", Hamburg 2001

Busch 1967
Günter Busch: Glück des Sammlers, in: *Frankfurter Allgemeine Zeitung*, 29.12.1967

Busch 1977
Günter Busch: Glück des Sammlers, in: ders.: *Hinweis zur Kunst. Aufsätze und Reden*, Hamburg 1977, S. 250–253

Busch 1986
Günter Busch: *Max Liebermann. Maler, Zeichner und Graphiker*, Stuttgart 1986

Buschhoff 2013
Anne Buschhoff: Anmerkungen zur Ausstellungstätigkeit und Ankaufspolitik der Kunsthalle Bremen nach 1945 unter Günter Busch, in: *„So fing man einfach an, ohne viele Worte". Ausstellungswesen und Sammlungspolitik in den ersten Jahren nach dem Zweiten Weltkrieg*, hrsg. von Julia Friedrich und Andreas Prinzing für das Museum Ludwig, Berlin 2013, S. 131–138

Dokumentation Kriegsverluste 1991
*Dokumentation der durch Auslagerung im 2. Weltkrieg vermißten Kunstwerke der Kunsthalle Bremen*, Teil 1 des Ausstellungsprojektes Gerettete Bremer Kunstschätze, Bremen 1991

Dorrmann 2002
Michael Dorrmann: *Eduard Arnhold (1849–1925). Eine biographische Studie zu Unternehmer- und Mäzenatentum im Deutschen Kaiserreich*, Berlin 2002

Dyck 2004
Joachim Dyck: Gottfried Benn und sein Bremer Echo Friedrich Wilhelm Oelze, in: *Die Kunsthalle Bremen und ihre Stifter. Friedrich Wilhelm Oelze – Freund der Künste und Vertrauter Gottfried Benns*, Kat. Ausst. Kunsthalle Bremen 2004, S. 4–15

Eeghen 1976
Isabella H. van Eeghen, G. Roosegaarde Bisshop, Hendrik Frederik Wijnman: *Vier eeuwen Herengracht*, Amsterdam 1976

Göpel 1959
Erhard Göpel: Der Nachlaß Max J. Friedländers. Die Versteigerung der Kunstwerke aus seinem Besitz in Amsterdam, in: *Frankfurter Allgemeine Zeitung*, 26.3.1959

Graemer 1967
Dieter Graemer: Ereignis von Rang. Kunstgalerie mit Blome-Ausstellung eröffnet, in: *Kreiszeitung Hoya*, 24.4.1967

Hansen 2004
Dorothee Hansen: Friedrich Wilhelm Oelze und die bildende Kunst, in: *Friedrich Wilhelm Oelze – Freund der Künste und Vertrauter Gottfried Benns*, Kat. Ausst. Kunsthalle Bremen 2004, S. 16–31

Hansen/Holsing 2011
Dorothee Hansen und Henrike Holsing: *Vom Klassizismus zum Kubismus. Bestandskatalog der französischen Malerei in der Kunsthalle Bremen*, München 2011

Hansen/Reuter 2014
Dorothee Hansen und Brigitte Reuter: *Die Kunsthalle Bremen und die Nordische Kunsthochschule 1933 bis 1945 – Spurensuche im Archiv*, Manuskript im Druck, voraussichtlicher Erscheinungstermin Winter 2014

Heckötter 2011
Anna Heckötter: Christian Rohlfs, Sonnenuntergang, in: *Expressionismus im Rhein-Main-Gebiet. Künstler – Händler – Sammler*, Kat. Ausst. Museum Giersch, Frankfurt am Main 2011, S. 312

Hohenfeld 2014
Kai Hohenfeld: Die Picasso-Connection. Der Kunsthändler Michael Hertz und die Picasso-Bestände der Kunsthalle Bremen, in: *Sylvette, Sylvette, Sylvette. Picasso und das Modell*, Kat. Ausst. Kunsthalle Bremen 2014, S. 242–249

Hopp 2012
: Meike Hopp: *Kunsthandel im Nationalsozialismus. Adolf Weinmüller in München und Wien*, Diss. München 2012, Köln, Weimar, Wien 2012 (= Veröffentlichungen des Zentralinstituts für Kunstgeschichte in München 30)

Jahresbericht 1928
: *Jahresbericht des Vorstandes des Kunstvereins in Bremen über das Geschäftsjahr 1927–1928*, Bremen 1928

Jahresbericht 1935
: *Jahresbericht des Vorstandes des Kunstvereins in Bremen über das Geschäftsjahr 1934–1935*, Bremen 1935

Kat. Aukt. Bolland & Marotz 1999
: 104. Auktion. Bolland & Marotz, Hanseatisches Auktionshaus Bremen, 11.12.1999

Kat. Aukt. Bolland & Marotz 2001
: 109. Auktion. Bolland & Marotz, Hanseatisches Auktionshaus Bremen, 30.–31.3.2001

Kat. Aukt. Bolland & Marotz 2002
: 114. Auktion. Bolland & Marotz, Hanseatisches Auktionshaus Bremen, 29.6.2002

Kat. Aukt. Bolland & Marotz 2006
: 131. Auktion. Bolland & Marotz, Hanseatisches Auktionshaus Bremen, 13.–14.10.2006

Kat. Aukt. Brandt 1968
: *The Dr. M. Hugo Oelze Collection*, Kat. Aukt. Paul Brandt, Amsterdam, 23.–24.4.1968

Kat. Aukt. De Boer 1940
: Kat. Aukt. Kunsthandel P. de Boer, Rotterdamsche Kunstkring, Rotterdam, 21.3.–8.4.1940

Kat. Aukt. Puppel 1941
: *Sammlung Beckmann – Bremen*, Kat. Aukt. Reinhold Puppel, vormals Hollstein & Puppel, Kunstantiquariat und Kunstversteigerer, Nr. 60, Berlin, 27.–28.2.1941

Kat. Aukt. Rudolph 1951
: *Zweite Kunstversteigerung der Galerie Dr. phil. Hans Rudolph in Hamburg*, Kat. Aukt. Dr. phil. Hans Rudolph, Hamburg, 29.–30.3.1951

Kat. Aukt. Weinmüller 1939
: *Buchminiaturen und Handzeichnungen aus älterer und neuerer Zeit. Zwei Münchner Sammlungen und andere Beiträge*, Kat. Aukt. Adolf Weinmüller, München, Nr. 19, 9.–10.3.1939

Kat. Ausst. Berlin 2011
: *Gute Geschäfte. Kunsthandel in Berlin 1933–1945*, Kat. Ausst. Aktives Museum Faschismus und Widerstand in Berlin, Berlin 2011

Kat. Ausst. Bremen 1980
: *Die Deutsche Romantik und ihre Folgen*, Kat. Ausst. Graphik + Buch Antiquariat, Peter Oertel, Bremen 1980

Kat. Ausst. Bremen 1981
: *I. Künstler in Bremen 1900–1945*, Kat. Ausst. Graphik + Buch Antiquariat, Peter Oertel, Bremen 1981

Kat. Ausst. Bremen 2002
: *Schokolade. Geschichte, Geschäft und Genuss*, Kat. Ausst. Übersee-Museum Bremen 2002

Kat. Ausst. Bremen 2004
: *Friedrich Wilhelm Oelze – Freund der Künste und Vertrauter Gottfried Benns*, Kat. Ausst. Kunsthalle Bremen 2004 (= Die Kunsthalle Bremen und ihre Stifter 3)

Kat. Ausst. Bremen 2011
: *Polizei. Gewalt – Bremens Polizei im Nationalsozialismus*, hrsg. im Auftrag des Senators für Inneres und Sport der Freien Hansestadt Bremen, Kat. Ausst. Stadtbibliothek Bremen 2011

Kat. Ausst. Frankfurt am Main 2011
: *Expressionismus im Rhein-Main-Gebiet. Künstler – Händler – Sammler*, Kat. Ausst. Museum Giersch, Frankfurt am Main 2011

Kat. Ausst. Hamburg 1961
: *Sechs Sammler stellen aus*, Kat. Ausst. Museum für Kunst und Gewerbe Hamburg 1961

Küster 1999
: Bernd Küster: Der Enthusiast als Sammler: Arnold Blome, in: *Sammler und Mäzen. Bestände aus Privatbesitz im Landesmuseum Oldenburg*, Kat. Ausst. Landesmuseum für Kunst und Kulturgeschichte Oldenburg 1999 (= Kataloge des Landesmuseums Oldenburg 15), S. 118–131

Laemers 2009
: Suzanne Laemers: „Der schwere aber unvermeidliche Schritt." Friedländers letzte Jahre in Berlin und sein Leben in den Niederlanden, in: *Jahrbuch der Berliner Museen* N. F. 51, 2009, S. 119–129

Martin 1912
: Rudolf Martin: *Jahrbuch des Vermögens und Einkommens der Millionäre in den drei Hansestädten (Hamburg, Bremen, Lübeck)*, Berlin 1912

Nordwest-Zeitung 1948
: Anonym: Ausstellung im Landesmuseum, in: *Nordwest-Zeitung*, 7.10.1948

Oelze 1914
: Hugo Oelze: *Die Einwilligung des Verletzten*, Diss. Leipzig 1914, Borna, Leipzig 1914

Ohse 1977
: Rolf Ohse, *10 Jahre Galerie Fritz Vehring Syke 1967–1977*, Faltblatt 1977

Poll 2011
: Nana Poll: Die Reichskulturkammer, in: *Gute Geschäfte. Kunsthandel in Berlin 1933–1945*, Kat. Ausst. Aktives Museum-Faschismus und Widerstand in Berlin 2011, S. 122–128

Rudeloff 1948
: Ralf Rudeloff: Ausstellung „Der Kreis", in: *Weser-Kurier*, 19.5.1948

Schäfer 2001
: Hans Dieter Schäfer: *Herr Oelze aus Bremen. Gottfried Benn und Friedrich Wilhelm Oelze*, Göttingen 2001

Schleier 1998
: Bettina Schleier: Das Umzugsgut jüdischer Auswanderer, in: *Bremisches Jahrbuch*, hrsg. vom Staatsarchiv Bremen, Bd. 77, 1998, S. 247–265

Schwarzwälder 2002
: Herbert Schwarzwälder: *Das Große Bremen-Lexikon*, Bremen 2002

Stamm 2011
: Rainer Stamm: „Bahn frei für das wahrhaft Bedeutsame." Walter Müller-Wulckow in Frankfurt, in: *Expressionismus im Rhein-Main-Gebiet. Künstler – Händler – Sammler*, Kat. Ausst. Museum Giersch, Frankfurt am Main 2011, S. 304–309

Wacker 1938
: Herbert Wacker: Aus der Sammlung eines Bremers, in: *Bremer Nachrichten*, 6.10.1938

Waldmann 1935
: Emil Waldmann: Verarmte Sammler, in: *Kunst- und Antiquitäten-Rundschau* 43, 1935, Nr. 10, S. 239–241

Weltkunst 1938
: Anonym: Ein Sammlerbesitz in der Bremer Kunsthalle, in: *Weltkunst* 12, 23.10.1938, Nr. 42/43

Weser-Kurier 1954
 Anonym: „Ich habe an Malskat geglaubt". Bremer Kunsthändler als Zeuge in Lübeck. Verteidigung will wissen, warum 1948 das Verfahren gegen Malskat eingestellt wurde, in: *Weser-Kurier*, 21.10.1954

Weser-Kurier 1966
 Anonym: Gedankenspiegelung, in: *Weser-Kurier*, 9.9.1966

Weser-Kurier 1966a
 Anonym: Heinrich Glosemeyer wird 70, in: *Weser-Kurier*, 8.–11.4.1966

Weser-Kurier 1972
 Anonym: Antoine-Jean Baron Gros, Jagd der Atalante, in: *Weser-Kurier*, 14.6.1972

Weser-Kurier 1973
 G. H.: Ein Dilettant im höchsten Verstande. Dr. jur. Hugo Oelze (1892–1967), Stifter und Mäzene des Bremer Kunstvereins (XI), in: *Weser-Kurier*, 15.9.1973

### Datenbanken

Onlinedatenbank ALIU Red Flag Names
 ALIU Red Flag Names and Index. The Central Registry of Information on Looted Cultural Property 1933–1945 <www.lootedart.com>

Onlinedatenbank zum Central Collecting Point München, DHM
 Deutsches Historisches Museum (DHM) in Berlin in Zusammenarbeit mit dem Bundesamt für zentrale Daten und offene Vermögensfragen, Berlin (BADV) <www.dhm.de/datenbank/ccp>

Onlinedatenbank Frits Lugt
 Frits Lugt, Fondation Custodia. Les Marques de Collections de Dessins & d'Estampes <www.marques-decollections.fr>

Onlinedatenbank Grabsteine – CompGen e. V.
 Grabsteine Friedhof Bremen-Riensberg <www.grabsteine.genalogy.net/tomb>

Datenbank Grabsteine – Die Maus
 Die „Maus". Gesellschaft für Familienforschung e. V. Bremen, Grabsteine in Bremen und Umgebung. Datenbank nicht mehr online zugänglich.

Onlinedatenbank Interrogation Reports, NARA
 National Archives and Records Administration, Washington D. C. (NARA), M 1946: Administration records […] from the Munich Central Collecting Point (CCP) <www.fold3.com>

Lost Art Internet Database
 Koordinierungsstelle für Kulturgutverluste Magdeburg. Lost Art Internet Database <www.lostart.de>

Onlinedatenbank Nederlands Kunstbezit collectie, NK
 Origins Unknown Agency (Bureau Herkomst Gezocht), Nederlands Kunstbezit collectie (NK), Archief Stichting Nederlands Kunstbezit (SNK), Algemeen Rijksarchief, Den Haag <www.herkomstgezocht.nl>

Onlinedatenbank Passregister Die Maus Passregister.
 Ein Gemeinschaftsprojekt der „Maus". Gesellschaft für Familienforschung e. V. Bremen mit der Handelskammer Bremen und dem Staatsarchiv Bremen <www.die-maus-bremen.de/Datenbanken/auswanderer/passregister/index>

Onlinedatenbank zur Provenienzdokumentation, BADV
 Bundesamt für zentrale Daten und offene Vermögensfragen, Berlin (BADV) www.badv.bund.de/003_menue_links/eo_ov/do_provenienz/bo_dokumentationen/index.php>

Online Datenbank zum „Sonderauftrag Linz", DHM
 Deutsches Historisches Museum (DHM) in Berlin in Zusammenarbeit mit dem Bundesamt für zentrale Dienste und offene Vermögensfragen, Berlin (BADV) <www.dhm.de/datenbank/linzdb>

# Namensregister

## A

Abbéma, Louise 118
Abel, Herbert 103
Almas-Dietrich, Maria 40, 46
Alsloot, Denis van 114
Alten, Wilken von 13, 16, 20, 21, 94, 96, 98
Arnhold, Eduard 42, 55, 115, 121
Arnhold, Johanna 55, 115
Augustiny, Waldemar 14, 21, 121
Axt, Rudolf 56, 111, 116
Axt, Wilhelm 111

## B

Bachstitz, Kurt Walter 61
Bannas, Elfriede 105
Barbieri, Giovanni Francesco 118
Bassano, Jacopo 41, 47
Beato, Felice 102, 104
Beckmann, Heinrich 14, 16,
Beckmann, Max 12, 20, 60, 117
Behrens, Theodor 53, 114
Beijeren, Abraham van 117
Benn, Gottfried 58
Bernheim, Alexandre 73, 118
Berolzheimer, Melitta 14, 20
Berolzheimer, Michael 6, 14, 18, 20, 21
Blome, Arnold 6–37, 74–113
Blome, Helene Minna 8, 11, 12, 14, 16–22, 24, 26–37, 94, 100, 103, 105, 106, 109–113
Boer, Pitt de 60
Boerner, C. G. 12
Bolland & Marotz 18, 21, 22, 108, 111
Bollongier, Hans 60
Brandt, Paul 63–65, 70, 71, 119
Bromberger, Dora 95
Buchner, Ernst 41
Burnitz, Karl Peter 106, 107, 113
Busch, Günter 15, 17, 18, 22, 36, 42, 43, 47, 48, 50, 60, 63–66, 70, 71

## C

Calame, Alexandre 115
Cassirer, Paul 32, 55, 111, 115
Cavedone, Giacomo 6, 14, 18, 20
Cicéri, Eugène 63, 66, 71, 117
Clewing, Elisabeth 42, 47, 55, 115
Clewing, Carl Theodor Rudolph 42, 47
Clodion (Claude Michel) 68, 117
Cohn, Ernst 52
Commeter 32, 111
Corinth, Lovis 14, 41, 44, 46, 115

## D

Däubler, Johann Martin 63, 66, 117
Dannemann, Karl 36, 95, 96, 109, 112
Dauthendey, Max 79, 83
Deiters, Heinrich 110
Devéria, Achille (?) 118
Dik, Jan jun. 61
Dik, Jan sen. 61
Dix, Otto 95
Dongen, Kees van 17, 32, 34, 111
Dorotheum 22, 50, 60, 115
Duchamp, Marcel 80
Durand-Ruel, Paul 73, 118

## E

Edzard, Kurt 18, 37, 112
Elkan, Benno 63, 117
Elster, Toni 41, 43, 47
Erhardt, Christian 113
Ettle, Wilhelm 114

## F

Falciatore, Filippo 114
Fautrier, Jean 95, 97
Feder, Heinrich Wilhelm Karl 38, 45
Felsche, Wilhelm 38, 45
Fiala, Anton 112
Fischer, J. 112
Flechtheim, Alfred 7, 32, 111, Fricke, August 95
Friedländer, Max Jacob 59–61, 63–66, 69
Fyt, Jan 52, 55, 57, 116

## G

Gaul, August 14
Gebhardt, Eduard von 115
Gedon, Frederic 40, 46
Gerstenberger 54, 113
Girodet, Anne Louis 118
Glaser, Kurt 18
Glosemeyer, Aenne 38, 40
Glosemeyer, Elisabeth 38, 47, 48, 116
Glosemeyer, Heinrich 6, 38–57, 113–116
Glosemeyer, Heinzalbert 38, 45, 48
Glosemeyer, Ruth 38, 45
Göring, Hermann 60
Göpel, Erhard 60, 61, 63, 65
Goudstikker, Jacques 61
Graupe, Paul 12
Greischel, Walther 17, 20–22
Grohne, Ernst 100, 101
Gros, Antoine-Jean Baron 64, 70, 119
Grossmann, Rudolf 12, 20
Grosz, George 75, 76, 79, 82, 83
Guillemet, Antoine 64, 119
Gurlitt, Fritz 56, 116
Gutschow, Konstanty 61, 65, 66
Guys, Constantin 76

## H

Hahn, Heinrich 12
Heckel, Erich 17, 30, 31, 111
Heise, Carl Georg 44, 47, 48
Helbing, Hugo 52, 115, 116
Hemessen, Jan Sanders van 63, 69, 119
Herbst, Emil 26, 111
Herbst, Wilhelm 26, 110, 111
Hertz, Michael 44, 48
Hesterberg, Heiko 32, 34
Hilken, Fritz 21, 42, 43, 47
Hitler, Adolf 6, 40, 46, 62, 79
Hoetger, Bernhard 12, 20
Hofer, Andreas 60, 61, 63
Holblock, Jan Cornelisz. 24, 109
Holst, Niels von 41

## I

Internationales Kunst- und Auktions-Haus 32–35, 109–111

## J

Jacobs, Paul Emil 95, 108
Jördens, Heinrich 12, 16, 17, 20–22, 42, 43, 47, 83, 103, 104
Jongkind, Johan Barthold 111

## K

Kahnweiler, Daniel-Henry 32, 111
Kapff, Aline von 28, 95, 96, 109
Kern, Matthäus 112
Ketel, Cornelis 63, 69, 118
Kinbei, Kusakabe 102
Kloos, Werner 101
König, Leo von 41, 47, 53, 114
Köster, Carl Georg 108
Kohlhoff, Wilhelm 35, 110
Kolbe, Étienne Maria 113
Krause, Wilhelm 108
Kreutzer, Felix 109
Kubica, Herbert 95
Kuehl, Gotthardt 41, 47, 54, 113

## L

Lämmle, Siegfried 6, 18, 20
Lahmann, Johann 16, 21
Lange, Hans W. 56, 72, 116
Laporte, Wilhelm 24, 109
Lawrence, Thomas 40, 115
Lempertz 111, 114
Lenthe, Friedrich Christoph Georg 95
Lenthe, Gaston Camillo 17, 27, 95, 112
Lepke, Rudolph 12, 24, 52, 109, 116
Leuwer, Franz 36, 109, 111, 112
Liebermann, Max 41–43, 48, 52, 55, 57, 59, 115–117
Lütjens, Helmuth 69

## M

Macke, August 75, 76, 83
Mackensen, Fritz 41, 45, 47
Magnasco, Alessandro 25, 108
Malewitsch, Kasimir 77, 83
Malskat, Lothar 17, 22, 103
Marc, Franz 77
Marx, Karl 11
Maulbertsch (Maulpertsch), Franz Anton 112
Mecklenburg-Schwerin, Paul Friedrich von 27, 112
Meseck, Felix 110
Meyer, Erich 62, 65, 66
Meyer, Franz 12, 13, 20, 110
Meyerdierks, Clara 109
Meyerdierks, Hellmut 109
Modersohn, Otto 45, 116
Modersohn-Becker, Paula 41, 45, 47, 48, 52, 55, 57, 116
Moetter, Katharina van de 63, 66
Moholy-Nagy, László 77, 78
Morot, Léon 73, 118
Mühlmann, Kajetan 60
Müller, Hanns 95, 96
Müller, Lise Lotte 62
Müller-Wulckow, Walter 18, 83, 94–99

## N

Naecke, Gustav Heinrich 111
Nathan, Fritz 50, 115
Nathan, Otto H. 50, 115
Nawrath, Alfred 103, 104
Nemes, Marcell 40, 45, 115
Nerly, Friedrich 17, 29, 109
Neumann, Israel Ber 31, 111
Neumeister, Christa 111, 113
Neumeister, Rudolf 111, 113
Nietzsche, Friedrich 8, 97, 98

## O

Oelze, Friedrich Wilhelm 58, 65, 66, 72, 119
Oelze, Hugo 6, 58–73, 117–119
Oelze, Wilhelm 58, 65, 72, 119
Oer, Theobald Reinhold Freiherr von 109
Oertel, Peter 7, 18, 21, 83, 102, 
Ohse, Rolf 18, 19, 21, 22, 83
Orlik, Emil 114

## P

Padovani 114
Partikel, Alfred 12, 20
Perl, Max 12, 108
Petit, Georges 73
Peucker, Peter 50
Picasso, Pablo 44
Pissarro, Camille 63, 69, 73, 118
Plietzsch, Eduard 61, 63, 69
Primavesi, Johann Georg 95
Prüser, Friedrich 18, 83, 101, 103, 104
Puppel, Reinhold 14
Purrmann, Hans 12, 20

## R

Radziwill, Franz 82
Ramah 32, 34, 110
Rauschenberg, Friedrich Wilhelm 95, 100, 101
Reinhold, Franz 113
Rhode, Heinrich 61
Ribera, Jusepe di 118
Richter, Ludwig 95
Rieger, Johann 115
Rilke, Rainer Maria 57, 116
Rilke-Westhoff, Clara 57, 116
Rodtschenko, Alexander 77
Rösler, Waldemar 12, 20
Roselius, Christian 38, 39, 45
Rudolph, Hans 43, 44
Rümerskirch 52, 116

## S

Schellenberg, Carl 42, 60–62, 65, 66, 69
Schilking, Heinrich 115
Schinkel, Karl Friedrich 95
Schmidt-Rottluff, Karl 17, 30, 31
Schönberg, Mozes 62, 65
Schönberger, Arno 64, 66
Schoener, Otto 30, 31, 110, 111
Schooten, Floris van 115
Schrimpf, Georg 96, 98
Schwitters, Kurt 80, 81, 83
Schumacher, Kurt 81
Sicker, Else Sophie Susanne 24, 109
Sicker, Emil 24, 109
Sierstorpff, Kaspar Heinrich Freiherr von 24, 109
Skarbina, Franz 114
Specht, Antonie 30, 31
Specht, Kurt 30, 31
Spielmeyer, Heinz 25, 108
Spiro, Eugen 33, 109
Spitzweg, Carl 44
Sostberg, Robert 32, 34, 111
Stelljes, Peter 8, 10, 16
Stevenson Southam, H. 73, 118
Stortenbeker, C. S. 60
Streitenfeld, Elfriede 27, 112
Streitenfeld, Ludwig 27, 112
Struben, Charlotte 114
Struben, Kurt Marius Gustav 114
Sturzenegger, Eduard 50
Swarzenski, Georg 117
Swarzenski, Georg jun. 117
Swarzenski, Hans 117

## T

Tatlin, Wladimir 77
Tegtmeier, Konrad 116
Thiem, Günther 63
Thoma, Hans 44, 66, 72, 119
Töpfer, August 111
Trübner, Wilhelm 14, 44

## U

Uhde, Fritz von 45–48, 56, 116

## V

Vernet, Claude Joseph 95, 110
Vogeler, Heinrich 41
Vos, Cornelis de 117

## W

Wacker, Herbert 14, 15, 21
Wagner, Helmuth O. 103, 104
Waldmann, Emil 13, 15, 16, 20, 21, 30, 31, 41–44, 46, 47, 63, 66, 94, 96, 114
Waldmüller, Ferdinand Georg 50, 113, 115
Wedeking, August Wilhelm 51, 115
Weenix, Jan 60
Weinmüller, Adolf 12, 14, 20, 40, 46
Weiter, Adolf 113
Wiegandt, Bernhard 111
Willers, Ernst 28, 109
Wisselingh, E. J. van 73, 118
Witte, Johann Jacob 108
Wittich, G. M. 29, 109

# Dank

Marion Alpert,
Staatsarchiv Bremen

Jürgen Babendreier,
Staats- und Universitäts-
bibliothek Bremen

Christiane Baier,
Schlossmuseum Jever

Olivier Bertrand,
Galerie Georges Giroux,
Brüssel

Holger Bischoff,
Archiv der
Handelskammer Bremen

Uwe Bölts,
Archiv der Böttcherstraße,
Bremen

Nicola Borger-Keweloh,
Männer vom Morgenstern
e. V., Bremerhaven

Dorothea Breitenfeldt,
Staatsarchiv Bremen

Reinhold Brunner,
Stadtarchiv Eisenach

Hans-Georg Buchtmann,
Heimatmuseum Varel

Joachim Drews,
Staats- und Universitäts-
bibliothek Bremen

Bärbel Eilers-Spitzer,
Schulschiffverein
Großherzogin Elisabeth
e. V., Elsfleth

Udo Elerd,
Stadtmuseum Oldenburg

Katja Fischer,
Dorotheum Wien

Lars Fischer,
Staatsarchiv Bremen

Doreen Foth-Müller,
Deutsche Dienststelle,
Berlin

Céline Gaillard,
Kunstmuseum St. Gallen

Frauke Glosemeyer-de Lima,
Marbella

Sylvia Goldhammer,
Institut für Stadtgeschichte,
Frankfurt am Main

Uwe Hartmann,
Arbeitsstelle für Provenienzforschung am Institut
für Museumsforschung
der Staatlichen Museen
zu Berlin – Stiftung
Preußischer Kulturbesitz

Ute Haug,
Hamburger Kunsthalle

Anna Heckötter,
Landesmuseum für
Kunst und Kulturgeschichte
Oldenburg

Sabine Isensee,
Stadtmuseum Oldenburg

Gabriela Ivan,
Berlin

Hermann Jedding,
Hamburg

Marcus Kenzler,
Landesmuseum für Kunst
und Kulturgeschichte
Oldenburg

Peter Kroesen,
Stadtarchiv Amsterdam

Hester Kuiper,
Rijksmuseum Amsterdam

Suzanne Laemers,
Rijksbureau voor Kunst-
historische Documentatie,
Den Haag

Eva Landmann,
Warburg-Haus, Hamburg

Cornelia Leimann,
Stadtarchiv Hannover

Uwe Michael,
Galerie Michael,
Wilhelmshaven

Philip Möckel,
Bundesarchiv Koblenz

Wiebke Müller,
Hamburg Museum

Peter Oertel,
Bremen

Rolf Ohse,
Bremen

Angelika und
Claus Plückebaum,
Franz Leuwer.
Buch und Kunst, Bremen

POPO,
Bremen und Nils Holger
Moormann

Christel Rademacher,
Archiv der Böttcherstraße,
Bremen

Uta Reinhardt,
Stadtarchiv Lüneburg

Silke Reuther,
Museum für Kunst und
Gewerbe Hamburg

Thomas und Sonia Roche,
Galerie Roche, Bremen

Ingrid Scheele,
LWL-Museum für Kunst
und Kultur, Münster

Bettina Schleier,
Staatsarchiv Bremen

Perry Schrier,
Origins Unknown Agency,
Den Haag

Silke Seybold,
Übersee-Museum Bremen

Jörg Streitenfeld,
Münster

Hans Tallasch,
Archiv der Böttcherstraße,
Bremen

Fritz und Vera Vehring,
Syke-Henstedt

Karin Walter,
Focke-Museum. Bremer
Landesmuseum für Kunst
und Kulturgeschichte

# Abbildungsnachweis

Amsterdam, Stadsarchief: Foto: Annemieke van Oord-de Pee: S. 59

Amsterdam, Stedelijk Museum: S. 77

*Bergedorfer Personenlexikon*, hrsg. v. Olaf Matthes und Bardo Metzger, Hamburg 2003, Abb. S. 169 (Foto: Privatbesitz): S. 61

Berlin, Galerie Michael Haas, Foto: Lea Gryze: S. 75, 76, 78–82, 84, 85, 88–92

Bremen, Bremer Illustrierte, 1966: S. 10, 16

Bremen, Focke-Museum, Bremer Landesmuseum für Kunst und Kulturgeschichte, S. 100, 101

Bremen, Handelskammer, Archiv: S. 44

Bremen, Kunsthalle Bremen – Der Kunstverein in Bremen: S. 18, 41, 43, 62, 64
Foto: Karen Blindow: Umschlag, S. 8, 14, 24–28, 34–37, 50, 52, 68–71, 78, 86, 87, 93, 106, 107, 110–119
Foto: Lars Lohrisch: S. 29–33, 53–57, 72, 75, 108–111, 113–117, 119
Foto: Brigitte Reuter: S. 13, 15

Bremen, Staatsarchiv: S. 39, 42

Bremen, Übersee-Museum, Foto: Matthias Haase S. 102, 103

Busch, Günter: *Die Kunsthalle Bremen in vier Jahrzehnten. Eine hanseatische Bürgerinitiative 1945–1984*, Bremen 1984, Abb. S. 99: S. 63

Emden, Radziwill Sammlung Claus Hüppe, courtesy Kunsthalle Emden, Foto: Martinus Ekkenga, Norden: S. 82

Elsfleth, Schulschiffverein Großherzogin Elisabeth e. V.: S. 11

Düsseldorf, Kunstsammlung Nordrhein-Westfalen, Foto: Walter Klein, S. 82

Kat. Ausst. *Schokolade. Geschichte, Geschäft und Genuss*, Übersee Museum Bremen, Bremen 2002, Abb. S. 45: S. 39

Köln, Rheinisches Bildarchiv, rba_c001210, S. 78

*Max. J. Friedländer. Erinnerungen und Aufzeichnungen.* Aus dem Nachlaß hrsg. v. Rudolf M. Heilbrunn, Mainz/Berlin 1967, Taf. nach S. 32: S. 59

Oldenburg, Landesmuseum für Kunst und Kulturgeschichte, S. 94–98

Paris, Centre Pompidou-CNAC-MNAM / Bertrand Prévost, © bpk / RMN – Grand Palais: S. 80

Privatbesitz: S. 9, 12, 38, 39, 44, 59

Worpswede, Galerie Cohrs-Zirus: S. 77

**Copyright:**

© der Texte bei den Autoren

© Nachlass Erich Heckel, Hemmenhofen (für Erich Heckel)

© Andreas Edzard (für Kurt Edzard)

© Estate of George Grosz, Princeton, N. J. / VG Bild-Kunst, Bonn 2014 (für George Grosz)

© VG Bild-Kunst 2014 (für Werke von László Moholy-Nagy, Franz Radziwill, Kurt Schwitters, Otto Dix, Jean Fautrier, Max Beckmann, Kees van Dongen, Wilhelm Kohlhoff, Karl Schmidt-Rottluff, Eugen Spiro)

Trotz intensiver Recherchen war es nicht in allen Fällen möglich, die Rechteinhaber der Abbildungen ausfindig zu machen. Berechtigte Ansprüche werden selbstverständlich im Rahmen der üblichen Vereinbarungen abgegolten.

# Impressum

Diese Publikation erscheint anlässlich der Ausstellung *Eine Frage der Herkunft: Drei Bremer Sammler und die Wege ihrer Bilder im Nationalsozialismus* in der Kunsthalle Bremen vom 22. Oktober 2014 bis 4. Januar 2015

Der Kunstverein in Bremen
Vorsitzer: Bernd Schmielau

Kunsthalle Bremen
Direktor:
Christoph Grunenberg

Kunsthalle Bremen
Am Wall 207
28195 Bremen
Deutschland
Tel.:+49 – 421 – 329 08 2 – 0
Fax: +49 – 421 – 329 08 – 470
www.kunsthalle-bremen.de
info@kunsthallebremen.de

## Ausstellung

Kuratorinnen:
Dorothee Hansen und
Brigitte Reuter
in Zusammenarbeit mit
Henrike Hans

Registrar und
Ausstellungssekretariat:
Jutta Putschew,
Konstanze Jäger

Restauratorische Betreuung:
Iris Lasetzke,
Jutta Keddies,
Amelie Menck,
Julia Tholen

Kupferstichkabinett/
Passepartouts:
Theresa Knapstein,
Thomas Schrader,
Vianney Kreutzer

Fotoabteilung:
Tanja Borghardt

Fotoarbeiten:
Karen Blindow

Museumspädagogik:
Hartwig Dingfelder,
Sandra Kavazis,
Laila Seidel

Geschäftsführer:
Stefan Schnier

Presse und
Öffentlichkeitsarbeit:
Jasmin Mickein,
Stefanie Gliedt,
Dominika Makowski,
Christine Peters

Marketing und Sponsoring:
Dorothee Mallesch,
Marie Tentrup

Technische Leitung:
Nils Kollert

Aufbau:
Udo Finke, Joachim Kahrs,
Joachim Karstedt

Museumsshop:
Sabine Heuß und das
ehrenamtliche Team

## Katalog

Herausgeber:
Dorothee Hansen und
Brigitte Reuter

Redaktion und Lektorat:
Dorothee Hansen,
Henrike Hans,
Brigitte Reuter

Projektkoordination Verlag:
Doris Hansmann

Verlagslektorat:
Petra Böttcher

Gestaltung:
BrücknerAping, Büro für
Gestaltung, Bremen

Schriften:
Lexicon
Akzidenz-Grotesk

Papier:
150 g/m² Galaxi Supermat

Druck und Buchbinderei:
Stürtz GmbH, Würzburg

Printed in Germany

Erschienen im
Wienand Verlag, Köln
www.wienand-verlag.de

© Wienand Verlag, Köln,
Kunsthalle Bremen und
Autoren

ISBN 978-3-86832-214-9

Umschlag vorn:
Rückseite des Gemäldes
*Teich mit schilfbestandenem Ufer*
von Karl Peter Burnitz,
1948 erworben von der
Kunsthalle Bremen als
Vermächtnis Helene und
Arnold Blome

Umschlag hinten:
Karl Peter Burnitz,
*Teich mit schilfbestandenem Ufer*,
1948 erworben von der
Kunsthalle Bremen als
Vermächtnis Helene und
Arnold Blome

# Der Weg eines Bildes vom Künstleratelier ins Museum – eine Spurensuche

Fritz von Uhde, *Zwei Mädchen*, 1909
Kunsthalle Bremen – Der Kunstverein in Bremen

## Warum dauert die Provenienzforschung oft so lange?

Das liegt an den komplizierten Recherchen. Das größte Problem ist die Suche nach aussagekräftigen Dokumenten. Gemeint sind nicht nur Bücher und Kataloge, sondern vor allem Geschäftsunterlagen von Galerien, Einliefererlisten von Auktionshäusern oder Ankaufsunterlagen von Museen. Viele dieser Quellen sind unwiederbringlich verloren: So wurde zum Beispiel die Dresdner Galerie von Rudolph Axt bei einem Bombenangriff 1945 zerstört, sodass keine Unterlagen über seinen Ankauf des Bildes von Fritz von Uhde mehr vorhanden sind.
Manchmal werden jedoch verschollene Dokumente nach langer Zeit wiederentdeckt, wie beispielsweise die kommentierten Auktionskataloge des Auktionshauses Neumeister in München und jetzt auch die Unterlagen der Kunsthändlerfamilie Gurlitt.

## Warum klafft hier eine Lücke?

Weil wir nicht wissen, wer das Bild *Zwei Mädchen* von Fritz von Uhde in den Jahren von circa 1910 bis 1940 besessen hat. Es ist offen, wann und an wen die Berliner Kunsthandlung Fritz Gurlitt das Gemälde verkaufte. Es taucht erst 1940 wieder auf, im Katalog des Berliner Auktionshauses Lange. Als Besitzer ist der Berliner Sammler „L. B." angegeben – bisher konnten wir ihn nicht identifizieren. Offen bleibt auch, ob er das Bild direkt von der Galerie Gurlitt kaufte oder ob es zwischenzeitlich nochmals den Besitzer wechselte.

---

| 1871–1918 Kaiserzeit | | | 1914–1918 Erster Weltkrieg | 1918–1933 Weimarer Republik | 1933–1945 Nationalsozialismus | 1939–1945 Zweiter Weltkr... |
|---|---|---|---|---|---|---|
| **1909** | **1910** | **1911** | | | **1940** | **1942** |
| Fritz von Uhde malt das Bild *Zwei Mädchen*. Es wird in der Internationalen Kunstausstellung im königlichen Glaspalast in München ausgestellt und auch in Büchern und Zeitschriften publik gemacht. | Die Kunsthalle Bremen zeigt das Bild vom 2. bis 19. Dezember. Leihgeber ist die Berliner Galerie Fritz Gurlitt. Sie hat das Bild offenbar vom Künstler zum weiteren Verkauf übernommen. | Das Gemälde wird in Büchern von Karl Scheffler und Fritz von Ostini veröffentlicht – jeweils ohne Angabe des Besitzers. Danach taucht es nicht mehr in Publikationen auf – möglicherweise wurde es um diese Zeit verkauft und „verschwand" im Privatbesitz. | | | 18. Oktober Uhdes Gemälde *Zwei Mädchen* wird im Berliner Auktionshaus Lange versteigert. Der Einlieferer ist als „L. B., Berlin" gekennzeichnet. Bisher war es nicht möglich, die Identität dieser Person zu klären. Nachweislich handelt es sich jedoch weder um Lothar Brieger noch um Ludwig Burchardt. Das Bild wird bei der Auktion verkauft, doch es sind keine Dokumente über den Käufer erhalten. | 18. Juli Der Bremer Sammler Heinrich Glosemeyer verfasst sein Testament. Darin vermacht er der Kunsthalle Bremen elf seiner 34 aufgelisteten Gemälde. Das Bild von Fritz von Uhde befindet sich nun in seinem Besitz. |